若再一次托生为人

我将还是常书鸿

我还要去完成那些

尚未做完的工作

常书鸿传

此生只为守敦煌

叶文玲 —— 著

浙江人民出版社

魂系敦煌

八十九叟常書鴻

20世纪50年代，常书鸿在敦煌文物研究所办公室工作（孙志军供图）。

常书鸿速写《修
缮大佛殿》（浙江省博
物馆供图）。

1955 年 10 月 20
日，常书鸿在敦煌莫
高窟第 369 窟临摹
（孙志军供图）。

常书鸿油画《敦煌四月初八庙会》（浙江省博物馆供图）。

常书鸿油画《G夫人像》（浙江省博物馆供图）。

常书鸿油画《画家家庭》（浙江省博物馆供图）。

常书鸿油画《沙娜》（浙江省博物馆供图）。

敦煌莫高窟第217窟《观无量寿经变》（盛唐）（孙志军摄影）。

敦煌莫高窟第61窟《五台山图》局部（五代）（孙志军摄影）。

敦煌莫高窟
第 57 窟《胁侍菩
萨》（初唐）（孙
志军摄影）。

敦煌莫高窟第254窟《萨埵那太子舍身饲虎图》（北魏）（孙志军摄影）。

煌莫高窟
窟《化城喻
盛唐）（孙志
）。

敦煌莫高窟第275窟《出游四门》（十六国）（孙志军摄影）。

常书鸿与李承仙。

敦煌莫高窟的佛塔（孙志军摄影）。

目　录

2

西湖少年试丹青

　　第一次睁开眼睛认识世界，他最先看见的是母亲那双瞳仁墨黑的杏仁眼。

　　他降生在1904年的"惊蛰"时分。他没有听见自己落生时的雷声，倒是在6岁那年，听见了满街满巷的枪炮声。伴随着惊心动魄的声音，还有一场熊熊大火，连碧绿的西湖水都映成了一片闪闪烁烁的金红色。

　　西湖水竟会是金红色的！"惊蛰"出生的他，对颜色自小就特别的敏感。他还记得，大火烧起来的那会儿，他们全家仓皇地分头逃离了那个叫旗下营的祖居，那天他与祖母恰巧从亲戚家串门回来，被逃难的人群裹卷，祖孙两人惊恐万分地跑到南高峰的一所破庙大殿里，躲在大殿的供桌下。

　　那一年，祖父早已亡故，父亲也不在杭州。母亲和两个次第出生的弟弟还有三个姑姑，没来得及与他们一起奔逃，分头躲在城里的汉人亲戚家中。

　　幼小的他紧紧抓着祖母的衣袖，低声说着："奶奶，我怕，我怕。"祖母把他紧紧搂在怀里，一边不住地喊着他的小名"灵官"，一边喃喃地念着菩萨保佑。自此后，他记住了祖母为他取名灵官的含义。祖母后来逢人便说正是为他取了这个消灾祈福的好名字，菩萨发了慈悲显了灵，他们全家才逃过了一场灾难。

三天后，祖孙两人终于回到城里，回到旗下营的老宅院并和母亲、弟弟相聚。平日少言寡语的他突然问："奶奶，为什么我们逃，邱婆婆没有逃呢？因为我们是'鞑子'，是吗？""小孩子家别胡说！"慈祥的母亲突然瞪了他一眼，下意识地将两岁的弟弟搂在了怀里。

祖母把他从母亲身旁牵走，高高地扬起头，轻轻地咕哝："旗人有什么打紧？杭州城里的旗人，多了！灵官乖孙儿，你记着，你爷爷虽然吃皇粮，可没有打过仗杀过人，我们不怕的。灵官，我们有菩萨保佑呢！"

灵官眨巴着眼睛，似懂非懂地记住了：世上，原来有保佑人的"菩萨"。

灵官还记得，自打大火过后不久，家里的日子突然就过得紧了，许多许多日子，灶房的案板上没放过一刀新鲜的牛羊肉。

灵官当然很馋吃肉，可吃肉越来越少这个严峻的事实，由同样疼爱他的二姑挑明了：革命革到他们头上了，他们这些八旗子弟包括他们的男丁后代，原有的那份旱涝保收的皇恩官饷，统统取消了。而本来在外头做着一份小小差事的父亲，也被祖母叫回了家，家里生活断了主要来源，叔伯兄弟从此要各自单过，祖母要这个长子来主持分家。

常家这个本有四男三女二十几口的大户人家，分成了兄弟们各自独挑过日子的小家。

灵官最喜欢的长辈之一，是会画画的三叔。三叔小时候得过小儿麻痹症，走路不行，左手萎缩得厉害，能动弹的只有右手。但三叔却非常了不得，一只手的他，能画绝妙的画。三叔的画作对象虽然都是些花儿草儿、鱼儿虾儿，但这些花草鱼虾在三叔笔下，真正是花开草摇鱼游虾跳，灵动极了。看过三叔画儿的人，总是啧啧连声。

因为父亲总在外头忙，灵官和三叔接近的机会更多。灵官真想什么也不干，什么学也不用上，就和三叔一样，拿着画笔学画画。可是，三叔不让，父亲和祖母更不肯，在他们眼里，灵官以后一定会出息成更有用的人物，当务之急自然是读书。哪怕典家产卖田地。

有天下午，灵官去看三叔画画，他看着三叔的额头渗出一颗颗汗珠，就懂事地拿来一把大芭蕉扇，要为三叔打扇。刚扇了两下，三叔就喊："别扇别扇！"灵官一看，果然，画纸被风一扇，叔叔没法画了。

三叔看他转来转去没着没落的样子，就说："好孩子，你真想帮三叔的忙，就给这些花瓣添添色，怎么样？"灵官咧开了嘴——三叔指点他如何在每张画片的花瓣上涂颜色，灵官也真灵，没过一会，他就对三叔说："我知道怎么做了！"

灵官涂得飞快，快得将三叔画好的所有小画片都涂完了，他得意地催着三叔说："三叔，你可快点呀，我这里就剩最后一张了！"三叔闻声迈着不灵便的步子过来一看，连声"哎呀"道："灵官，你帮了倒忙了！你看，荷花的花瓣是外缘红还是里心红？你再仔细看看三叔刚才教你画的样子！"

灵官仔细一看，脸红了。刚才粗枝大叶只图快，全弄颠倒了。看着这些涂走了样的画片，他难过极了，嗫嚅道："三叔，我，我弄坏了……"

三叔并没责备他，只是说："灵官，学画画，第一要心细，第二还是要心细，不光心细，还得学会看，不光看我画的现成的画，还要到处留神，喏，外头不是有现成的荷花吗，仔细看看去，看熟了再动手就不会出错了！"

画画儿，第一要心细，第二还是要心细！要不懂，就到实地去看看！

三叔没有一句责备灵官的话，可这些话语，一句句像秤杆钉星，星星点点，全钉进了灵官小小的心里。

三叔这几年来一直在为文具店画小画片，教堂的福姑娘见他画得好，就请他画圣诞节、复活节的贺卡，这一来，三叔得到的报酬就多了起来，三叔将所得全部交给祖母，常家的饭桌上也渐渐有了荤腥。对祖母来说，让儿孙们吃到一点荤腥，还远远不够，不是目标。常家老太太的目标很明确：有朝一日搬回城里祖居的"存德堂"去。

很多很多年后，灵官还记得，当年为了大家庭那二十几口人的生计，为能有比较可观的租金贴补家用，祖母断然决定搬出了"存德堂"。可临到搬家那日，祖母伤心哭泣，真有点生离死别之味，院中的那棵百年老槐树上，东一把西一把地抹着老人家的斑斑泪痕。

"奶奶，别伤心，爹爹说我很快就长大了，我长大了念书挣钱，挣许多许多钱给奶奶！"对于祖母来说，最最安慰的，莫过于听到懂事的孙孙灵官的这句话了。

六月是荷花的季节。西子湖畔的荷花特别有灵性，有一种特别的摄人魂魄的魅力。

1912年，西湖柳浪闻莺附近有个叫荷花池头的地方。荷花池头有荷有池，有草有树，白墙黑瓦的房舍参差，比起那些闹热地场，这荷花池头显得格外清静。常家是新近搬来的住户，左邻右舍后来知道，这个祖上姓着伊尔根觉罗姓氏、现在改姓常的人家，进进出出有着一二十口人，他们是旗人。常家那小小的厅堂挂着去世的先人的大照片。这位穿过镶金黄袍、头戴红缨帽的常家先人，曾经是一名驻防的云骑尉。

灵官最爱流连的地方就是荷花池畔。这里不光有水有荷花，不远处的园中还有梧桐树和橘子树，树下常常有许多蛐蛐。更重要的是，搬到这儿，有了几个很会玩的小伙伴，钓鱼、捉虾，常常玩得像只泥猴。

天蒙蒙亮，灵官就蹑手蹑脚爬起来了。钓虾用的几根细竹竿，预先已放在伙伴阿五家，昨天傍晚挖好的大蚯蚓，装了一只空铁皮罐头，就用树叶遮埋在池塘边的梧桐树下。灵官一气儿跑到池塘边，好家伙，半浮在水面的石头上，黑黝黝地爬着的，竟全是河虾！灵官按着阿五昨天教他的方法，将蚯蚓一一穿在竿子上，悄悄地沉下了钓竿。这时，揉着眼睛呵欠连连的阿五来了。灵官兴奋地大叫："阿五，看，看，全是，全是虾！"

阿五做了个叫他切勿声张的手势，轻轻地对他耳语："莫吵，莫吵，虾儿也有耳朵的，你一惊它，它马上就蹦回水底去了。"灵官咯咯地笑起来："虾儿也有耳朵？"莫看阿五才比他大半岁，在这些事上，阿五可比三叔和先生还在行。

两个小伙伴不慌不忙地下竿、收竿，哇哈，活蹦乱跳的虾儿，一只只地"收"到他们准备的面盆里。

一盆活蹦乱跳的虾儿端进了厨房中。刚刚将一锅泡饭烧好的母亲和闻声出来的奶奶，又喜又惊地瞪圆了眼睛。

六月十八，西湖上年年要举行"荷花灯会"。杭州在外乡的亲亲眷眷，这天都来串门走亲戚，为的是晚上好到西湖边看热闹。嫁在诸暨的小姑母，也回娘家来了。

吃了热热闹闹的团圆饭，除了走动不便的三叔，全家老小都到西湖边去看荷花灯会。这一天，只要是有城门的入城口，大清早就四门大开，杭州城外的人源源不绝地涌进城里、涌向湖滨，清波门、涌金门、武林门、清泰门的各路小巷，人们扶老携幼，人声欢动。

真是火树银花不夜湖！一年一度的西湖荷花灯会，成了人间美丽而极具诗意的一道风景。盈盈十里方圆的西子湖，今晚越发碧水如镜。湖面上绽放了一朵朵别样的莲荷，一盏盏扎制得美丽精致的荷花灯，如朵朵飘在水上的彩云，悠悠浮荡。

没有谁划分区域，也没有谁规定样板，大大小小的荷花灯，全出自放灯人自己的心裁；华丽的，玲珑的，一盏盏花心透明、竞放异彩的荷花灯，带着万千放灯人的迎佛心意，渐渐漂向镜湖深处。

今晚也是西湖船家最忙的时刻。平日所摇的载人小船，都早早地有了主；那几条五彩缤纷的画舫，更像竞渡的龙舟，在湖心摇曳穿梭，直待满湖的盏盏荷花灯大放异彩时，龙舟内早已倩影翩跹，笙歌阵阵了。

挤在岸边观景的人们，蜂拥着，评说着，忽然间，只听得吱的一声长啸，一支烟火的火箭飞向夜空，霎时间，镜湖上撒下了一阵炫目的五彩光雨！人们欢声雷动。

灵官被这美丽的景象深深迷醉了。他循着人流尽量朝前挤，济济人头却挡住了他的视线。他一急，忘乎所以地往前一挤，不料脚下一滑，"扑通"一声掉下湖去了！

"哎呀，灵官！灵官！"祖母忙将手中的拐杖递了过去，着急地喊："快快，快抓住！"灵官连忙伸手去抓，拐杖虽然近在眼前，却怎么也抓不住，"咕咚"一声喝了一大口水……突然，一只不知从何处伸来的大手，像拎小鸡似的将他拎出了水面。

"哎呀，好险，好险！"人们又是一阵欢叫。母亲和祖母一边念着"阿弥陀佛，菩萨保佑"，一边忙着为水淋淋的灵官揩抹。

灵官抹着脸上的水珠，回头看看自己刚才落水之处，不过二尺深。"妈妈，奶奶，让我再看一会吧！"他轻声说。祖母说："得得，灵官明天就要去读书了，今晚难得的，就让他再看一会吧。六月天，浸点水不妨事的。"祖母越说声音越大，"今天晚上浸点水真当是好事吗，我们灵官是条小龙，真真当当是龙年午时生的，就是要下水去迎迎观音菩萨呢！"

灯尽人散，他们才回到家。三叔的屋里还亮着灯，灵官顾不得别的，一步就蹦到了三叔屋里。他要跟三叔尽情描述刚才看到的景致。

一进门，灵官的眼睛瞪得溜圆。西湖荷花灯会的景象，在三叔屋里墙上再次展现了——那湖光湖水、那龙舟小船、那一盏盏玲珑剔透的荷花灯，还有那扶老携幼的尽展欢颜的人群，无不惟妙惟肖……"三叔，你又没有去看，你怎么知道这些?"

"是的，三叔没有看，可三叔能想象呀！"三叔笑眯眯地举着画笔，为这幅《西湖灯会图》涂上了最后一笔。"知道吗，三叔靠的是想象。想象，懂吗? 画画，不光是用手去画，还要用心去画。要会想象。"

灵官把三叔的这些话，吞进了心里。

学业有成艺渐长

快乐的辰光如同虹霓，总是分外短暂。

当灵官跨入时敏小学的大门时，总要想起刚刚离开的梅青书院。梅青书院是私塾，且又是亲戚办的，他跟着那个蓄着山羊胡的叔伯公公之乎者也地读了两年，竟难以记得读了些什么。可这时敏小学，就不一样。它是辛亥革命后，正儿八经办的"洋学堂"。

在这里读书，半点都不能含糊。第一次看见章校长，光校长的神情，就令他十分敬畏。章校长倒背两手，威严地干咳了两声，跟在校长身后的那个胖校工就喊起了口令："大家快站好，向孔夫子孔圣人神座一鞠躬！二鞠躬！三鞠躬！"

鞠完这三个躬后，他走向校工指定的座位，发现座位的小桌上贴着一个正楷书写的名字：常书鸿。

这个名字是父亲为他起的，略通文墨的父亲为取意这个"往来有鸿儒"的大名，与三叔四叔商量了大半夜。

虽然他在这个小学只读了一年，这个大名却伴随了他一生。

一年后，常书鸿转到了学习环境更好的蕙兰高小。

蕙兰高小的操场上，一群刚下课的孩子嬉笑着奔跑，一个篮球成了孩子们欢乐的中心。

常书鸿照例也离开了教室。但他不是去操场游戏，而是跑向五年级的一个教室，去找一个叫陈永安的同学。陈永安功课好，又画得一手极好的水墨画。常书鸿一有空就到班上找他。

"永安，校长已经答应我跳级上你们这一班了！""真的吗？真有你的，书鸿！"瘦高个子的陈永安，听了这话，由衷地为他高兴。他想了想，转身又从抽屉里的一个大书包里掏着什么。"好，书鸿，闭上眼睛，转过身去。"

常书鸿睁开了眼。哎呀，永安送他一叠不算齐全但地道的线装《芥子园画谱》。常书鸿感激莫名。前些年，三叔曾不止一次向他提起，家里曾经也有一套印制精美的《芥子园画谱》，可是，它们在战乱和搬迁中遗失了。三叔每每提起此事痛心疾首的样子令书鸿难以忘怀。

常书鸿郑重而珍爱地接了过来。他曾在永安家中看到一本《东方杂志》，里头印了几幅彩色的"泰西名画"。他一看就着迷了。画画要能画到那个分上，多好啊！

"书鸿，你也不小了，凡事都要有自己的主张。"每当父亲用这种口气开始他的"常氏家训"时，书鸿就知道：父亲又要发表他对于儿子是从事画艺还是去考工业学校的见解了。

常书鸿低眉顺眼，垂手而立，略显厚实而又棱角分明的嘴唇，抿成了地地道道的"一横"。

常庚吉视而不顾儿子的表情神色，任自己的语言之河汩汩流泻。"我们的家境，你是知道的。虽说现在分成几拨人吃饭，到底是一二十口人二十来张嘴啊。你爷爷过世早，长兄为父，我这个老大没有能耐挑好这个担子，真是愧对列祖列宗。我这份工艺厂录事的差事，薪水太薄。多亏你祖母她老人家还硬朗，心气强，多年来将她的那些首饰——变卖了贴补家用，我们才勉强维持。可如今，你祖母也老了，首饰卖完了又上哪里找贴补呢？所以，你得体谅父母的难处，画画是消闲事，不能当饭吃。你三叔他是身手残了没办法，他不捡起这行当，又怎么办呢？常言道，知书达理，你上了学堂，知了书就要达理。我们和陈家是不能比的，陈永安家有做生意的铺子，乡下有田地……"

沉默了半天的书鸿，嘴巴一张，蹦出一句："我没有和他比。"

"这就对了。常言说，人比人，气死人。我知道你有画画的天分，可如今不是靠画画吃饭的年代，什么唐伯虎、文徵明，那是戏文里唱唱的，人家茶坊里当消闲事讲讲的。这么大一个杭州城，现今我还没听说谁是真正靠画画养家糊口的呢！你要报上了这个工业学校，读完三年毕了业就有一份差事好寻，不管到哪里做职员，薪水总是不低的。在我们这样的人家，有职业就是正道，就是活路。明白吗？书鸿，我知道你是听话的孩子，报学堂的事就这样定吧。好了，不早了，去睡吧，明天早早起来！"

"听话"的儿子，顺从地回转了身。严厉而固执的父亲，没有看出来：厅堂的地板——儿子站立过的地方，有一小摊湿印。那是书鸿流下的眼泪。

去，还是不去？常书鸿在报名处的牌子前走过来又走过去，徘徊了不知多少个时辰。他睨着学校斜对过的那间小小酒铺，心想：我数到五十，如果里边再出来一个人，我就去报名，如果没有人出来，就放弃……他翻来覆去地"占卜"着，可是，每每"应验"到"不去"，却又不甘心了：重来重来。

当然，他心底还是想去，毕竟是去考留法勤工俭学，而且是去巴黎。巴黎！只要想想这个名字，就叫人心里一片醉意。可是，去巴黎，有那么容易吗？父亲他不是说过……

父亲那副疲惫而严厉的面容，蓦地跳上了脑海。还有母亲。母亲那双原本十分美丽的眼睛，这两年忽然就没有了光泽，眼神中总有一丝淡淡的忧伤。母亲从一个美丽的少妇，这么快就未老先衰地变成一个小老太太了。面对这样两双眼睛，他无论如何硬不起心肠，做出违拂父母心意的事来。

可是，难道要放弃吗？机会多难得呵！陈永安说，那个在明光中学教图画的老师，画的素描远远不如他们，可人家前天就去报了名。报了名一出来，他就对人竖起了大拇指，那意思是明白不过的：大有希望！是的，希望对于每个人都是存在的，但假如不去实践，不去争取，那就永远没有希望。怎么办？怎么办？去，还是不去？

常书鸿心里苦恼极了。

名是报了，背着父母偷偷地报了，这在他而言是"大不孝"。因为报的是"勤工俭学"，连报名费，也是一向友爱的陈永安替他出的。于是，他就将这事对父母瞒了个严严实实。

"榜"很快就"发"了：尽管他别的功课都优秀，但人家要考法文。法文对他来说是"白板"一块。

他落选了。落选了，暂时死心了。

那就投考"浙江省立甲种工业学校电机科"吧——这一来，在父亲跟前大可交代了。

这份"榜"，也很快发了出来，如愿以偿——不，应该说父亲如愿了：他们常家最聪明、读书最好的常书鸿，在1918年的冬天，遵父亲之嘱，成了"浙江省立甲种工业学校电机科"的学生。

十四五岁的少年常书鸿，当然不会想到，若干年后，这个"浙江省立甲种工业学校"成了全国一流的大学：浙江大学。

学是上了，可是，书鸿还是天生跟数学、电机这类理工学科无缘。

伊尔根觉罗这个姓，没有数学遗传因子；常家的这个在画画上绝顶聪明的少年常书鸿，拿回家的成绩表上，数学才得了45分！

善解人意的母亲替他出主意："灵官，别给你父亲看，要晓得你父亲他也不会算术呢。他要不问起，你不声张就是。灵官，反正我们又不是做生意的人家。算术好不好不关紧的。"

常书鸿苦恼地笑笑。可怜天下慈母心！是的，他要不说，父亲自然不会盘问，可是，自欺欺人的行为多可耻！假如下个学期、再下个学期也不及格，难道，就让父亲蒙在鼓里自己侥幸过关？

他有了主意，而且是绝好的主意。

"妈妈，下学期，我去读染织科，老师说，我的图画很有基础，将来学染织会有出息的。"

一丝星光在母亲眼里闪烁起来。好儿子！她的灵官就是天生跟画画有缘分！

"书鸿！书鸿！"校园的一条小径上，有人气喘吁吁地喊着奔跑过来。常书鸿从一个支起的小画架上偏过了头，整个神魂还没从心灵里的一片绿荫中走出来。

这两天，他心里充溢着由莫名的温馨和无边的暖意所交织成的冲动，像眼下四处弥漫的桂花的芳香，令他有受用不尽的欢悦。灿烂的秋光遍地漫流，校园秋树似金，丹枫如火。

枫树，枫树，为什么他会对枫树情有独钟呢？是枫树中的这个"枫"字与枫桥的"枫"同音同字？一种从未有过的感觉在他心中萌动，一股亮晶晶的温情，就像荷花池畔的雨后莲叶，化为一串串水珠，在心中悠悠碰撞……

上周，回娘家的小姑，从婆家诸暨枫桥带来了一位"不速之客"，令19岁的书鸿一见就难以忘怀。小姑是"她"的继母，没有血缘关系，可从辈分说，他和"她"是姑表兄妹。

三年前，祖母按风俗，早早给灵官和另一个表妹订了婚，那时，他心里并不乐意。但为不让祖母生气，他听从了母亲的劝说，忍住了。可是自从上了这个省立学校，他就有了解除这个婚约的决心，自从见了那个"她"，他"解约"的心更坚定了。

姑娘就在枫桥，就在那个跟枫树同一字音的枫桥镇。她的身材，是那样苗条婀娜。她那双眼睛，黑如点漆，朝人一瞥时，书鸿就真的被"摄魂夺魄"……

不不，不能想她，也不能想其他一切。现在的他，只不过是省立甲种工业学校的学生，染织科的插班生。从原先的电机科到染织科，只不过使他稍稍接近了自己的兴趣爱好，多了一些遐想的机会，离真正的绘画之梦，还有十万八千里。虽然每有空暇，他就千方百计去与山水自然相亲，但现在的他，除了自己的学业，什么都不能多想。

常书鸿迷迷惘惘抬起头来，一见来人，两眼顿时闪亮起来。

常书鸿家贫，在交友上却不"贫穷"。转到染织科时，他又碰到了一个好友，叫沈西苓。沈家也是家境富裕的望族。沈西苓父亲在名噪一时的丝绸世家、浙江规模最大的伟成丝织公司当账房。常书鸿和沈西苓，很快就成了好朋友。

染织科是他们"望梅止渴"的好所在；丝织公司工场提供给他们观摩的五彩缤纷的染织图案，更是最好的"直观教具"。

面对着一堆堆的染织图案纹样，面对着一匹匹美丽光滑的丝绸，心灵的闸门总是那么轻易地被打开，他们无话不谈。一种色泽的变化，一种图案的设计，都能在他们心中激起万千涟漪，有关印象主义、象征主义，有关高更及其因塔伊底土人服装受到启发而创造的崭新画派，都是他们讨论不休的话题。

今天，沈西苓一到他跟前，就晃着一张请束，兴冲冲地说："书鸿，星期六下午，我们可以去参加西湖画会的聚会了。"

"真的?"常书鸿大喜过望。

平湖秋月。水榭的里里外外，坐得满满的。尽管是"西湖画会"的平常聚会，却总能吸引许多在校就读的学生，常书鸿就是其中的新客。

几张紫檀木的茶几，一杯清澈的龙井，身旁三两知己，眼前一池秋荷。就此一派湖光山色，就足令他们陶醉。

这次，画会的主要议题是前不久在沪上举行的关于中西美术交流的讨论，当议论到最近报上讨论热烈的一个话题——北大校长蔡元培发表的"以美育代替宗教"的主张时，一个个更是兴致高昂。

常书鸿两手抱膝坐在角落里，静静地听。这次画会的组织者——首脑人物丰子恺没能来，使他略感惆怅。丰先生尽管去了上海，还是由画会的负责人周天初，向他们传达了吸收沈西苓和常书鸿加入西湖画会的喜讯。这个喜讯使腼腆的常书鸿既喜出望外又略感愧疚。他知道，若不是西苓的鼎力推荐，就凭他这连"茅庐"也未出的工校学生，就凭他的那些为减轻家庭负担而为小作坊画的木炭人像画，是绝难成为画会一员的。

当然，对于好友西苓来说，这个喜讯，只不过是对自己即将成行的留学生涯的一种奖掖。在来路上，西苓告诉常书鸿，沈父已答应送他去日本留学了。

画会上，常书鸿自始至终默不作声，但他对别人的话语一句也不曾漏过。这些在工校里难得听到的谈论，对他来说，太有意思了。不是吗？纵然看遍千万种染织图样，何曾得知"思想自由，兼容并蓄"这样高明之至的办学主张？纵然你画得山青水白，可曾听说过"介绍西洋艺术，整理中国艺术，调和中西艺术，创造时代艺术"这样鼓舞人心的学术目标？外面的世界多么精彩，等着他去认识去发现啊！

是啊，假如他也有沈西苓这样的家庭条件，无疑也会选择去留学，当然，不一定去日本，因为他醉心西画，而要学好西画，法国巴黎是首选。可家里……

一想到家里，祖母那份过于殷切的期盼、父亲那严厉的眼神和母亲瘦削的面容，又在他眼前浮现出来。他的心一下子沉下去了。

丹桂的香氛还未散尽，枫叶又染出了它的第一缕杏黄和酡红。

常书鸿步履轻快地走在南山路的小道上，他经常从这儿抄小路回家。毕业文凭已经拿在手里，虽然不过是一张硬纸，却是父母盼了多年的。

刚才，在毕业典礼上，校长已宣布他作为成绩最优秀的毕业生留校任教，担任染织科纹工场管理和预科的美术教员。这一双重职务对期盼多年的父母来说，是最好不过的佳音。而后一项——预科美术教员一职的任命，则更是令他喜出望外。这个好消息多少冲淡了他未能与沈西苓同去日本留学的惆怅。

典礼之前，即将启程赴日本的沈西苓在同学们的包围圈中，将他拉过一旁，悄声说，昨晚他已与父亲商量好了，父亲愿意资助书鸿和他一块去日本留学的费用。这对书鸿不啻是件天大的好事。可是，经过长时间思考的书鸿已经拿定了主意：对家庭经济状况全盘考虑后，他终于认定了自己的责任。面对着已有衣食之虞的父母，他是不能决然只顾自己远走他乡的，在这样的情形下即使能够暂时成行，也会无限牵挂，现在他的唯一出路就是先解决生存问题。

人类的第一需要是生存。这是他在成长岁月中悟到的人生第一要义。

他婉言谢绝了西苓的好意，却铭记了好友的这份真挚的情谊，谙熟他心思的西苓马上爽言快语地表示：我知道你真正想去的是法国，日后如有机会，即便我远在东洋，也照样会让我父亲在经济上予以关顾的。

听他如此言说，书鸿心中一热，立刻鼻酸起来。他伸出骨节宽大的手掌，将西苓的那双白皙而纤细的手紧紧地攥住了。那未曾道出口的"将来定去法国"的誓言，像热血一样流遍了他的全身。

从公园折向拐弯处时，常书鸿忍不住在路边折了一片亮丽的枫叶，托在手心，定睛凝视。沉思默想的常书鸿，忍不住将这片叶子放到唇边，亲了一下。

他现在的好心情，不光是因为今天下午的毕业典礼，还有毕业典礼上由校长亲自宣布的"留校任教"的佳音，还有……母亲昨天说：诸暨的那个"她"，明天将会随姑父来他们家中做客，并且在姑姑的说服下，祖母终于同意他和"她"好了……

纹工场的管理室。常书鸿与都锦生对面相坐。

尽管都锦生是比他高两届的老同学，尽管在此之前他与沈西苓已不知多少次来过这里，但面临正式的工作交接，寡言的常书鸿还是一如既往，心里虽然很有成算，却还是听得多说得少，很有几分紧张和羞怯。

都锦生却很兴奋。对于已经在家中开办了一个小作坊的他来说，作坊的开办是他在丝织业上大展宏图的前奏。他早就想物色一个尽职并恪守岗位的纹工场的管理员，现在，校方委任了在毕业生中成绩出色的常书鸿，这真令他喜出望外。

都锦生开启了管理室中一只只存放制图资料的大柜，又把钥匙一一交到常书鸿的手里，动情地说："书鸿，哎，从今后，我要正式称呼你常管理常先生了。你来了，我可以放下纹工场的工作，专心于我自己的那个小作坊了。我真是万分高兴你的到来，这将使我没有后顾之忧。我可以在丝织品上另辟蹊径，在我的小小丝织厂生产一些别的厂家从未生产过的东西，将教从未到过杭州的人从我们的丝织品上好好认识杭州……"

书鸿忍不住插问："你说从未生产过的丝织品是什么？哎，如果这是生产秘密的话，那么请恕我……"

都锦生哈哈大笑："对你，我还有什么秘密吗？我要生产的，是我们杭州人看不够爱不尽的西湖风景呀！"都锦生打开一只抽屉，抽出一件样品。一幅平湖秋月织锦图，生动地展现在常书鸿面前。

常书鸿连连点头称赞，说："那么，以后这些织锦是否都以西湖实景为表现对象呢？"

"那只是一部分。至于这织锦内容，我想以后还可以扩展到别的名山大川，还有，中西名画所表现的种种题材都可以设计……"都锦生继续兴致勃勃地告诉常书鸿：待这些产品形成有规模的生产并投入市场后，就要正式打出牌子去，他对这种有名画观赏效果的织锦的推向市场，十分有信心。

常书鸿听得入迷，又忍不住问："那你的作坊，不，不，以后应该称工厂了吧？将打什么旗号，叫什么名字呢？"

踌躇满志的都锦生，一脸矜持的微笑："对于有志于创办企业的人来说，还会绕开自己的名字吗？都锦生办的工厂，自然就叫'都锦生'！"

都锦生说着，推开里屋的门吩咐了一声。

常书鸿立刻看到十余个在纹工场学艺的后生小伙，像一行春天的青竹笋，整整齐齐地站在他的面前。

1924年9月的一个下午，常书鸿带领着他所任教的班上三十多名学生来到孤山。他选中的是远眺时望见的雷峰塔。

"雷峰夕照"是西湖十景之一，也是他一向认为最具意韵的西湖美景。常书鸿创作的著名西湖景点的画稿，日积月累，已是画稿盈尺。这些画作，有的他当时觉得还可以，但过些日子再看看，就又不满意了。比方这雷峰塔，他也曾或远或近，画过无数次，但还没有一张特别满意，虽然有一些乍一看，还真有点逼真，可仔细琢磨，总还觉得少了点什么。这也是他今天特地再度到湖对岸为雷峰塔写生的原因。

在孤山的华严塔旁，常书鸿已经领着学生们一丝不苟地涂抹了一个多小时了。

距学校规定的下课时间尚早，常书鸿放下画笔，巡视了一圈。他发现还有好几个学生尚未完成画稿，于是便又回到了自己的画架前。

天色向晚，一抹渐弱的阳光，斜斜地照在了眼前的雷峰塔顶。视野中，那圆锥形的塔顶在日晖中呈现出一圈柔和的光影；一种凄清的美丽映现在湖中。

常书鸿画着思索着，突然悟出：以往画这雷峰塔，是只求形似，只求比例的真实，却没有在所画对象的"神魂"中进行联想。比如，他以往画的仅仅只是塔，却从未想过即便是静物，也是有生命、有灵魂的……

突然，一声震天动地的巨响，从远处传来。常书鸿诧异地抬头一看，只见对岸一团灰雾弥漫，原先倒映在湖水中的雷峰塔影，倏忽不见了。

灰沙伴着隆隆如雷的声音，飘扬在西湖上空。

常书鸿好不惊心！亲见这一幕的学生们，纷纷跑拢来，几十张嘴巴发出同一声呼喊："塔！塔！雷峰塔倒了！"大家目瞪口呆。

多少年后，只要回忆起这一幕，常书鸿还是忘不了当时心惊肉跳的感觉。不是吗，一个美丽而又悠久传说的象征，一座本应是千秋万载耸立着的宝塔，说倒就倒了！

世上什么东西才是永恒的呢？

孤身万里渡重洋

　　欢快的唢呐声在常家所居的院子上空响彻云霄。常家的二儿子常书鸿，今日完婚。

　　含羞带娇的新娘，像一朵带露的玫瑰，灿然绽放在新房中。幸福得发晕的常书鸿，紧张得几乎手足无措。

　　"洞房花烛夜，金榜题名时"——他突然想起了这一俗话。相恋已久的爱人终于投入了他的怀抱。刚才，按照母亲选定的吉辰，在一幅猩红的毡毯上，行过了三跪九叩的拜堂大礼。按常家那么多七大姑八大姨的主张，"跳火盆""揭红盖头"这类乡俗本来也少不了，可在具有新思想的美术教员常书鸿的坚持下，这些俗套全都免了！

　　新娘因娇羞而更显妩媚。雪肤花貌的她，站立时似一株水竹，坐下时就是一茎莲荷。

　　对于这位令他朝思暮念的姑娘，书鸿心里涌上千般爱意。

　　一年前，当他终于克服羞怯之情向她微露爱意之时，正是她的勇敢，使两人坚定了相爱的决心，也初尝了禁果。要知道，女孩几次来杭州，原也是为相看另一位亲戚家的小伙子。可是，一见了书鸿，她说，自己霎时像喝了迷魂药："心里装不下任何人了！"

这是她初次躺在他怀里时喃喃道出的第一句话。

听了这样的爱情表白，书鸿像喝了浓酽的绍兴"十年陈"，立时就醉了。他相信，世上决没有比这更动人的情话。霎时间，他快乐得几乎窒息。

一切等待的苦恼都化为乌有，剩下的就是如鱼得水的幸福和甜蜜。此后，他将为这份如火如荼的爱情，承担起为夫为父的全部责任。

他怀着满腔感动，将娇羞的新娘拉向怀里，声音颤颤地说："我这一辈子没向任何人发过誓，但我要向你发誓：陈芝秀，不管山崩海裂，我都会好好待你！你信吗？陈芝秀！"

浑身战栗的新娘眼睛湿润了。她没有看错他。不会花言巧语的男人，是世上最可爱的男人。他爱她！刚才，他说什么来着？他连姓带名叫她的名字，而不是柔柔地叫她"秀"，就像他平日在课堂点学生的名。听，他竟然叫她：陈芝秀！

多可笑又多可爱的常书鸿啊！陈芝秀娇嗔地噙着泪花，再次笑了。

常书鸿就要乘坐大邮船去法国了！法国，那是他昼思夜想的艺术天堂！

家里经济依然拮据，这张从上海开往法国马赛的统舱票，还是沈西苓的父亲慷慨解囊花了100大洋买来送他的。常书鸿自己的口袋里，只有母亲给的几块曾是她陪嫁压箱的银圆；祖母曾执意要将身上唯一一件首饰——银耳环摘下给他作盘缠，被他坚决地谢绝了。唯有母亲这几块银圆他无法也不能谢却。这银圆在这几天里都教他摩挲得通体溜光了。

父亲肩负常家长子之责，他在这样的场合说的话语自是越发地郑重。

"书鸿，大丈夫志在四方，既然出去了就不要牵挂家中。好在我还有点事做，粗茶淡饭总能顾牢家里，况且你哥哥、你三个弟弟现在均能自立。你此番出去我没有二话，只要你好好学习，光耀常家的门楣，我们就放心了！"

一向寡言的母亲没有说什么，只用手帕揩去了眼角的泪花，比出一个手势示意芝秀跟她去，而当芝秀回到他们的小房中时，便有了这六块尚存母亲体温的大洋。

"'无论去与往，俱是梦中人'，看来，我们也要如此了！"离别前的那个晚上，常书鸿喃喃地说。依依惜别的愁绪像猛涨的潮水，漫涌他的胸中。

"什么？你说什么？"珠泪纷纷的陈芝秀一时没听明白，抽泣了好一会的她，突然侧身坐起，掀开常书鸿的圆领汗衫，在他的右肩头轻轻地而又飞快地咬了一口。

常书鸿一哆嗦，立刻明白了爱妻的用意。

"痛吗？知道痛你就不会忘了我……"她娇嗔地喃喃着，用小巧的嘴唇和纤细的手指亲吻并轻抚被她咬过的地方。

"芝秀，我们想想高兴的事吧！"他动情地安慰她，"我记牢祖母的话、父亲的话，一定会好好的，一定会有出息的。你放心，也许用不了三年五载，只要我学有所成，有了立足谋生之职，我就将你接出来！"

陈芝秀噘起嘴，说："说得再好，也是口说无凭！"

"那你说怎么办？"

陈芝秀捉起他的手，放在自己的胸口上，撒娇道："那你写下来，写在我的心上，一个字一个字写下来！"

他顺从地做了。相恋感觉真是奇妙，平时他觉得自己还是很有男儿气概的，可这时候他就是想对妻子百依百顺。

百般恩爱的缠绵，都留在了昨日。

面对大江大海，常书鸿豪情顿生！为这一天，他期盼了多少时日。现在，他终于能够攀上这架舷梯，在蓝天白云下飞向艺术的世界了！这天是1927年6月16日。

三个月前，他报考了浙江省教育厅选拔赴法国里昂中法大学浙籍公费生的考试。但是，录取日期都过了，就是迟迟不发榜！后来有人传下信来：考试是假的，录取的名额早就叫那几个有名的大学争去了，那些有权有势的七大姑子八大姨的小舅子们早都将名额瓜分完了！你们这帮老实人还在死等，真可怜！

一瓢冷水泼头，他被激怒了，却没有死心。不过，公费留学无论如何是水中月镜中花了。

公费不成，不是还有自费留学吗？他只能破釜沉舟，自费留学！在得知了原委后，拍案而起的父亲收回了前些年的固执：只要你自己能去得成，家里照顾芝秀。从下了决心出去，他一直忙得像走马灯。能够帮忙的朋友，都去联络了一番。

幸亏有都锦生这样的朋友，已经小有名声的都锦生出面与校方商议，学校给了都老板面子。工学院的李熙谋院长慨然答应他带职自费赴法留学，同学也都给他打气。沈西苓从日本捎回消息来，他父亲再次许诺：旅费船票，就由他家负担。

常书鸿拎着一只藤篮，抱着一只包袱，站在甲板的舷梯旁，耳听声声洪亮的汽笛，目睹外滩的景物渐渐模糊。

"你这是统舱票，怎么好站在这里？"一个船员走过来，看了他手中的票，立即挥手道："快下去，到下面去！"

常书鸿赶紧护住了那只藤篮。篮子里有只小小的瓷罐，那是细心的母亲为他装的一罐雪里蕻咸菜。

这个长一脸络腮胡的人的模样，使他心中一动。

"先生，你要画像吗？我会给人画像。"常书鸿说着，放下手中的行李包袱，飞快地抽出纸笔。说话间，他已经为眼前的这个人，画了张速写。

"嗬，你还真有两下子！"络腮胡眉开眼笑，"你这画一张要多少钱？我可没钱给你。"

"没关系，你给不给都可以。"常书鸿说，他只是想在甲板上逗留，好看看沿途风光。

络腮胡眼珠一转，有了主意。"那你跟我来！"

络腮胡带着他到了船上的伙房，向一个厨子咕哝了两句。厨子吐掉叼在嘴角的烟头，指着一大摞用过的碗碟说："洗吧！"常书鸿卷起袖子，快手快脚地洗完了。厨子又拎过来一只盛满山芋的大筐，说："削皮！"

这满满一筐山芋，一时半会是干不完的，常书鸿看了看，问道："我能把它们抱到上面去做吗？"

"你是说到甲板上？那怎么行！"

常书鸿无奈地坐下来，低头开始削皮。但他很快发现，厨房里有两面窗子，是可以看见大海的。他将这筐子拖到了面对大海的那个窗口前，又垫高了坐凳。这下，成了。

山芋皮和削净的山芋，在常书鸿的手下渐渐堆起了一座小山。

他不后悔选择帮工。头天傍晚他下到统舱去看了眼，舱内挤满了人，直感气闷。不管怎么说，在厨房帮工，至少在空闲时，可以到甲板上透透气。熬过这一个月，除省了伙食钱，还可以拿到200法郎。拿这钱以后租个只供自己住的"蛋壳屋"，足够住上个把月。

可船至重洋分外颠簸，不消说看海，常书鸿只觉得自己的五脏六腑都要被吐出来了。他本来饭量不错，现在却一口也吃不下。那些经他的手收拾出来的鸡鸭鱼肉，一闻就恶心。甲板上，常有人从各舱跑出来，扒着栏杆大吐，连胆汁都吐出来了。

多亏了母亲给的那罐雪里蕻咸菜。他一直没舍得吃，现在晕船时，他就用两根指头钳一点出来，嚼着，真香呵，浑身都舒坦了！伟大的母亲，这哪里只是一小罐咸菜，这是救命的药食啊！

过了孟加拉湾，邮船驶入印度洋。可惜，船不在印度的口岸停靠，如果有机会上去看看，看看这个佛教盛行的国家，将是一件多么有趣的事。这世界真是神奇。你看，这么大的海洋，一处处都有疆界并各有名字。船过印度洋就开向红海。哦，明明茫茫天边也是一片蓝色的海洋，却叫作红海。还有这海水，粗看起来是一色的蓝，实际上却大不一样，有深蓝、明蓝，还有靛蓝、墨蓝。艺术的基础就在于发现，艺术的着眼点也在于发现差别，发现不了差别的，就成不了艺术家……

马赛到了！法国到了！欢悦像泉水般淌过心头，一个多月在大邮轮厨房苦熬的日子总算结束了。

常书鸿一如上船时那样，手挽着装了不少速写画稿的藤篮，怀抱包袱上了岸。

这就是马赛！常书鸿东张西望，喃喃自语。马赛是法国的南方名城。眼下，他无法也不能在这个港口城市多作逗留。他的目的地在巴黎。他留恋地张望了一下夜色中的马赛，随即乘上了前往巴黎的火车。

1927年的法国，火车是最主要的交通工具。装饰豪华的一等、二等车厢，他是不敢问津的。一如来时手执的是轮船的统舱票一样，他问明了价钱，便买了张三等车厢的票。

巴黎，巴黎，你到底有什么样的神力，使得那么多的人像百鸟朝凤一样，全都奔向你呢？

巴黎！巴黎到了！——不知是谁发出了第一声欢呼！

晨光熹微中，埃菲尔铁塔的尖顶在一层薄雾中闪着柔和的青色的光。

清晨。拉丁区科技路一家叫"五月蓓蕾"的小旅馆。

常书鸿从小旅馆的顶层——五楼的一间阁楼窗户内探出上半身来，舒展了一下胳膊，深深地吸了一口清凉的空气。

他住的这种房子真该叫"鸡蛋壳"。按实情，还只能算半只蛋壳。他一伸手，就好像要碰翻什么，而一低头，又差点撞了额头。

小心，小心，尽管老乡郎鲁逊不断警告，他还是连着碰了好几个响头。

不管怎样，他对房间很满意，毕竟房租一个月才80法郎，而更打动他的，是这里离巴黎的艺术中心蒙巴那斯极近。就像郎鲁逊说的，以后若要去参观一个什么展览，连车资都省了。热情的郎鲁逊，帮常书鸿在巴黎的繁华地段以这样低廉的价格租到房子，让他很满意。

这天，郎鲁逊带常书鸿参观卢浮宫。说好9点出发，可常书鸿6点就睁开了眼，勉强熬到7点起了床。郎鲁逊知道他的急脾气，昨天就说了，卢浮宫一般是9点开门，去早了也没有用。郎鲁逊比常书鸿早来了两年，已经是半个"巴黎通"，从帮他找房子到在一个中国饭店找到一份打半日工的工作，已经竭尽全力。常书鸿对他简直是感激涕零。

天光早已大亮，本来，他也可以像往常一样，随便拿支笔画点什么。晨雾中的铁塔、巴黎圣母院，还有凯旋门……令他迷醉的东西太多太多了。对巴黎，对这个940年前被卡佩王朝确立建都的大都会，对这个教他苦苦害了五年"相思"的巴黎，他得沉下心来，好好地感受她，然后才能描摹她。

"书鸿！书鸿！"像每次见面一样，郎鲁逊总是举起拳头擂鼓般边敲门边叫喊。

常书鸿走出卢浮宫的最后一道大门时，已经暮色苍茫。

他眯起酸胀的两眼，只见无数星星在他眼前闪烁。他走向来时经过的方形庭院，这才注意到庭院地面的砖石很不平整，有许多地方明显砖石残缺。与刚才宫内的一片金碧辉煌相比，这片地面为什么是这样的？他突然想起来，郎鲁逊告诉过他：不管是卢浮宫还是其他闻名于世的建筑，法国人的维修方案一向是"修旧如旧"，绝不推倒重来，所以许多地方即使日日年年维修，也绝对看不出来新修的迹象。别小看这里残缺不全的砖石，可是13世纪的国王奥古斯特·菲利普二世留下来的哩！这就是历史。

在进入大门时，郎鲁逊说过他今天只行使"师傅领进门，修行在自身"的职责。进了第二重门后，他便顾自先走了。

郎鲁逊真有预见，早上被书鸿揣在口袋里的面包，现在还鼓鼓囊囊地照旧揣着。整整一天，他竟忘了进食，奇怪的是，他一点也不知道饿。他被另一种东西填饱了！现在，刚刚走出大门，他就下了决心：明天还来！

从明天起，他就用不着再烦劳郎鲁逊带领，也将像许多在展室内架起画架临摹的学生一样，一进去，就待上一天，画上一天！能够与这个辉煌无比的艺术宫相邻，做它的常客，真是人生一件最最快意的事啊！

不远处的街区，一盏盏街灯已经开始闪烁。

第二天早晨，常书鸿复又出现在等待开门的行列里。

这次，他决定改变一下参观路线，不用像第一次来的大批观众一样，在每个展厅前作平均停留。因为他已知道，卢浮宫的艺术品数量是近40万件，他即便掠过那些金碧辉煌的皇宫陈列品，即便舍弃在门厅过道摆置的那些纯粹作为装饰的雕塑，就是光在那些举世无双的名画前每幅逗留一两分钟，再连着看上三天三夜，也看不过来。

"古埃及、希腊、埃特鲁里亚、罗马……"常书鸿掐着指头盘算着今天的参观路线，看着迎面的指示牌，忽然改了主意：哦，先沿着这柱廊走一圈，看看源出于17世纪的意大利艺术家贝尔尼尼的这一著名设计。

怀旧和回归古典大概是每个时代都会产生的一种情结。正因如此，才会有艺术的最初构思和继承这种前人栽树、后人乘凉的普遍过程。贝尔尼尼的原设计是毫无疑问的巴洛克风格，可是因为不讨法国宫廷人士的喜欢，并没有得到更多的重视。那些戴着雪白的山羊尾式头套的王室成员，太留恋过去的时代了，在新古典主义的大旗下，要求再享学院文化的氛围，这对于他们来说是一种新的时髦。于是，贝尔尼尼苦心孤诣的设计落在了另一位设计师克劳德·佩罗手里。幸运的佩罗在贝尔尼尼的树上长出了自己的绿叶，这座著名的纪念性柱廊就这样落成了。

艺术需要才智，才智在很多时候的表现是善于嫁接别人的聪明。常书鸿边看边想。你看这个聪明的佩罗，将这座柱廊都建成高大的双置柱，而为加固，他将它们都包上铁皮。这条沿着高台延伸、不时为窗户所隔断的长廊，本来是单调的，可在佩罗的匠心下，正面伸展出的三大块结构以及中间上部的山墙，就成了它化解单调的最好点缀；这两个相背的L形花纹被内带花冠的圆雕饰所环绕，这一看上去很美的雕饰也恰恰最符合王室的口味——因为这一花饰，正是路易十四的象征性徽记啊！

艺术假如不从属于权力，就能释放出最大的自由。常书鸿边走边想。可是，在一切都被权力所强化的社会，完全的自由不要说那个时代的设计师做不到，就是现在又谈何容易？哪怕是有幸成为宫廷画师的达·芬奇、米开朗琪罗、拉斐尔也同样做不到，法国如此，中国更是如此。

一般游客不大会注意这座柱廊，因为人们一进入方形庭院，最先看到的往往是位于中央的那座楼台，这座由大钟楼和开着一系列大窗户、顶部有阁楼的三层楼房组成的楼台，是方形庭院的主体建筑，楼台一侧的整个正面全部是精美至极的精细雕刻——让·古戎和他的学生们在这上头实现了他们流芳百世的梦想——这些难以数计的雕饰以它们精细中的生动或者说生动中的精细，博取了参观者的永远赞叹。

在这里，你可以看到艺术的伟大也来自合力，有多少人为艺术作锦上添花的加工啊！布伊斯太、普瓦桑和盖兰这些雕刻家们所设计的穹顶下的一只只气势宏伟的女像柱；路易·勒沃为庭院设计的其他三面建筑；在拿破仑之后，佩尔歇和封丹那所增建的第三层，都是这锦上添花的最好说明。卢浮宫，卢浮宫，无怪你是名垂千古的人类杰作啊！

一到《米罗的维纳斯》和《萨莫特拉斯的胜利女神》雕像前，常书鸿便又像被钉子钉住似的不动了。世上，还有什么艺术能将"残缺美"表现得如此完美而有更永恒的话题呢？

若说维纳斯这断臂是雅典娜故意让普拉克西特留给人间的一个永世破译不了的谜，那么，这个无头又断臂的胜利女神雕像的创作和它的缺失，也可谓是无独有偶！若说维纳斯静态的美是美之极致，那么，这位昂然挺立在战船船首的女神，那任凭狂风吹打她单薄衣衫而巍然屹立的飒爽英姿、那似有千钧之力的张扬的双臂、那与肌肤相贴的飘拂衣带，则是古希腊艺术馈赠给世人的表现人物雕塑动态美的最好摹本。

真恨不能变成这些内墙的一条石柱，可以成为这些雕塑的组成部分！

真恨不能变成这些内墙的一条石柱，可以日日凝望这些名画！

阿维尼雍画派的《阿维尼雍的悲切》、枫丹白露画派的《油灯前的玛德兰娜》；还有，从普桑的以表现激动和纷乱的人物形象著称的《劫掠萨宾妇女》、欧仁·德拉克洛瓦最著名的《西岛的大屠杀》《自由之神引导人民》到路易·勒南的充满了生活气息和安宁的美感的《农民家庭》、加米·柯罗的《头戴珍珠的女郎》乃至夏尔丹的《静物》……

德拉克洛瓦真是令人激动！真是令人感佩！大画家在表现这种大题材时的大气磅礴，可真不单是画布上的功夫！

多少令他心醉引他沉思默想的画啊！达维德的这幅巨作《拿破仑加冕》，简直就是上一个世纪拿破仑王朝最轰动人世事件的辉煌再现——在巴黎圣母院为拿破仑一世所举行的这一盛典，成了后来多少艺术经久不衰的表现主题呵！画面的150多个人物形象个个惟妙惟肖，庄严华贵，每一个人物都是一幅肖像画，150个人物！想想吧，150个人物，让他们准确地站在各自的位置，让他们个个以当时自然流露的生动而又专注的神情，而这一切，使过了百年千年的人们来观瞻也有亲临其境之感，这就是油画巨作的妙处，这就是这幅著名巨作魅力不朽的所在！

啊！世上还有什么杰作，能与这些举世无双的油画媲美呢？

常书鸿再次站在最为天下人倾倒的《蒙娜丽莎》前了。

和昨天一样，在这幅画前拥挤着那么多的观众，他只能站在"三层"以外作远观。他随着观众游来移去，始终挤不到跟前。

他耐心地等待着。瞧，修行必有正果！他终于挨到跟前了！现在，他可以像细品醍醐一样，慢慢地一点一点地品赏"她"了！

《蒙娜丽莎》是无可言说的！从开始迷醉西方的油画艺术起，对这幅画的袖珍式的复制品，他在出洋之前就看了无数遍。关于这幅画的谈论，是艺术家永无休止的话题。现在，他面对面地站在这幅不朽之作跟前，他觉得，他简直表达不出任何一点独特的见解和思想了！

在"她"面前，人所感觉的是一种永恒的震撼，除了迷醉还是迷醉，除了一个"美"，再没有第二个字。

常书鸿摸出了身边仅有的两张20法郎的纸票，犹豫着是去买一件必须更换的衬衫还是去买下个月的画室门票。

夜洗日穿的这两件衬衫，特别是领子，已经到了"一触即碎"的地步。

可是，画室老早就打出海报的以弗朗索瓦·布歇为首的"洛可可艺术七人画展"的开幕消息，这是最强烈的诱惑。这场为时不长的画展，将为每个参观者免费提供一本非常珍贵的大画册，当然，这画册的费用就含在那价格不菲的门票内。

怎么办？怎么办？

常书鸿看着自己钉在墙上的几幅未完成的素描，发着呆。不知为什么，这两天，如此这般的情形连续发生——他心神不宁，几次想要一气呵成地完成这些素描，却没有如愿。这些在他眼前的景物，本来可以说闭着眼都能画出来，可是，现在他却没有这种一鼓作气的心劲。

他叹了口气，再次试图将不堪触碰的衬衫衣领，小心翼翼地缝补好，谁知用的线太粗，破绽处非但没有如愿地"合拢"，却事与愿违地越拉越大。

常书鸿垂头丧气地丢下针线。叹息间，一阵"嘭嘭嘭"的敲门声将他惊得一跳。

凭这声音他就知道是多日不见的郎鲁逊。

一开门，郎鲁逊便大呼小叫地喊了起来："书鸿，今天，你得请客！"

常书鸿莫名其妙。

"哎呀，我的老弟，知道吗，你的通知书来了！"

郎鲁逊手忙脚乱地从口袋里掏出一张刚刚收到的《申报》，指头像敲击琴键似的点着一排醒目的名单——"你看！快看看呀！"这是教育部刚刚公布的公费留学生名单，在留法的里昂中法大学的公费生名单中，常书鸿三字赫然列于其中。

"这是真……真的？"常书鸿几乎不相信自己的眼睛了。

"这还有假？报纸上千真万确的白纸黑字，你还不信？"

啊，以庚子赔款创办的里昂中法大学，常书鸿出来之前拼命用功报考的就是它！那些掌握大权的官僚用了障眼法，把这份原本可以早早属于他的幸运，拖延到现在！

常书鸿从兴奋中清醒过来，气壮山河地对郎鲁逊说："走！"

"做什么？"

"我们吃牛排去！我请客！"

师从名家在里昂

在对比中想象，已经成了常书鸿的习惯。一迈进里昂中法大学的门槛，常书鸿就觉得好像迈进了他的母校——省立甲种工业学校的西大门。

土黄色的山墙，半尺高的门槛，嵌着大铜钉的铁大门，特别是这条通向草地的小径，多像母校的校园呵！特别是那几个浑厚遒劲、用中国文字写的颜体大字：中法大学。

中法大学有好几个专科，他如愿以偿地来到这个"里昂国立美术专科学校"，学习图画和染织图案两项。

一报到，他却尴尬了——一群穿着短裤大叫大嚷的中学生模样的少年正在操场上踢足球——这些人都是他的同班同学！可他，是个成年的有了家室的男子，已经23岁。现在，叫他这个23岁的人与这群半大孩子为友为伴？！

校方婉言谢绝了他的插班请求。原因很简单，因为他没有在国内专业美术学校就读过的证书。现在，他只能再次从一年级读起，从石膏素描开始学起。

常书鸿想了想，忍受了这一难堪，不再坚持。上学背景不同，条件有异，这是明摆着的事。辞家别妻历尽艰难千辛万苦地来到这里，不就是为了学习吗？从石膏素描学起也好，他正好将基本功学得再扎实一些。"磨刀不误砍柴工"，唯有将这基本功练到得心应手的地步，日后才会实现艺术的飞跃。一想通，他就如入无人之境，再不会为自己形体上的"鹤立鸡群"而赧颜。是的，常书鸿希望的是将来在学业上"鹤立鸡群"！一想通，他在学习上就轻松得如鱼得水，他的素描作业水平很快赶上了二年级学生。

学期终了，指导老师毫不掩饰他的兴奋，激动地在班上当着全体同学的面大叫："常，你马上可以离开我的班了，下学期开始，我举荐你直接上三年级的人体素描考试！"

常书鸿开心极了。跳级的人体素描考试结果出来了：优等。

此时，南京中央大学艺术系的吕斯百和王临乙也到这里留学来了。这两个由当时的美术界名流徐悲鸿亲自推荐的高才生，也是得了庚子赔款的奖学金来里昂美专学习的。他们一来，就分别转入了三年级的油画班和雕塑班。没多久，他们的出色成绩就在里昂美专传开了，教授们对这几个中国学生非常中意。

这时，恰逢常书鸿再次参加了全校性的以"木工"为题的素描康德考试，他获得了第一名，同时有一笔奖金。这份奖金的附带好处是：成绩优异的他，提前升入了油画班。

当他和吕、王两人成了同窗日日同进同出时，喜出望外的常书鸿，再次觉得恍然如梦。

天才之间常能同心相应，同气相求；天才也比常人更能赏识天才。常书鸿很快和他们两位成了莫逆之交。

常书鸿听从召唤，忐忑不安地走向油画班主任窦古特教授的画室。

还没进入这个班时，他就认得了这位教授，从同学们的嘴里，他不止一次听说过这位教授的严厉和某些执拗。他在门外犹豫了一下，轻轻地按了门铃。

"自己推门进来吧！"一个瓮声瓮气的声音从门里传出来。

常书鸿轻轻推开门。果然，窦古特教授坐在他的那张硬木椅子里，一只手搔着脑门上稀疏的头发，正俯身在桌上用铅笔飞快地写着什么。

"下午好！窦古特先生！"常书鸿进门就向他鞠了一躬。"听吕斯百同学说，您让我来……"

窦古特教授只从鼻子里轻轻哼了一声，将嘴巴朝旁边的一张空椅上一努，仍旧自顾自写着。

常书鸿并不敢就座，只是诚惶诚恐地立在一边，不出一声地打量这间对他来说是神圣殿堂的画室。不管怎么说，只要窦古特教授接受他，他就成了教授的入室弟子。这可是许久以来梦寐以求的事呵！

"喂，我说，常，你怎么不坐哇？好，你愿意站就站。"窦古特教授不知什么时候把椅子一转，完全面对着他。"你不会没听说过我的教学主张吧？你说说，我的主张是什么？"

常书鸿吃了一惊。他没有想到窦古特教授以这种方式，开始他的面试。当然，他知道，窦古特教授是古典主义大卫的忠实信徒，是大卫以来的画院传统教学最坚决的维护者，他在这一点上特别严厉，决不容许别人改变他的这一主张……可常书鸿什么也没有说，只是谦恭地摇头微笑，垂目而听。

窦古特教授把手一挥，说："好吧，你不说就不说，常，你能画一些不坏的素描，这是好的，但是，我告诉你，你到我的画室来，你得把你的素描统统'忘'在一边！对，就是要忘在一边！听懂我的意思了吗？"

常书鸿又诚惶诚恐地点点头。

窦古特教授依旧用那种不冷不热的声调说："我是说，现在，你得完全丢开那些素描，因为你到我这里来，从某种意义上说，我是要教你重新认识如何用色浆来涂抹油画。你知道吗，用色彩及光暗的块和面织成的造型的总体，将会向你显示多么奇妙的作用，既有色彩的运用，也有光暗远近的总体塑造。大师们之所以不朽，就在于他们都是最巧妙地运用色彩的上帝！呶，我是说，从文艺复兴时期的达·芬奇、米开朗琪罗、拉斐尔、丹都来都、提香……"

窦古特教授的脸，此时显得明朗而容光焕发。他扳着指头，一一说着这些使他动情的名字。"还有德意志的霍尔本，荷兰的伦勃朗，至于我们的法兰西，从达维、安格尔、德拉克洛瓦、米罗、塞尚、马纳、莫奈、雷诺阿、西斯莱、马蒂斯、毕加索！无与伦比的毕加索！常，你听听这一群！"窦古特教授如数家珍地越说越激动，他的眼睛也因激动的叙说而发亮了。"记住他们吧，常，这些大师们为我们刻画的谨严生动的形象，他们给这个世界留下的印象，是永存于大自然的一个完整的构图，是一块隽永的纪念碑！"

常书鸿深深地被感动了。他突然觉得：这位外表严厉的老头，其实很可爱，很善良，对他这个初次登门入室的弟子，骨子里十分友爱。

友爱的表示还在后头呢，当常书鸿告辞出门时，窦古特教授将一双骨节宽大的手掌拍在他的肩头："常，我这里，以后你想什么时候来都行，而且，无须敲门！"

周末下午4点，常书鸿的这间被自己称作"荷花池头"的小小卧室，是他和吕斯百、王临乙三位好友的聚谈场所。他们不约而同地说起前些日子所拜访的庞薰琹，在庞的画室画模特的情形，令他们十分新鲜。比较这位中国教授和几位法国教授的教学方法，是他们最为津津有味的话题。

吕斯百见常书鸿似在出神，问道："怎么啦？你在想什么？"

"是不是在想嫂夫人？"三人中，王临乙最爱开玩笑。

常书鸿忽的脸红了。他不知道临乙怎会猜中他的心事，刚才，他是在想芝秀。

自从转到里昂当了名正言顺的留学生，生活费有了着落，再不用为生活用度操心，他的心就落定了。于是，这一阵，他几乎夜夜梦见芝秀，他想把她接来的念头日渐强烈。"哦，我在想，杭州的龙井虾仁、东坡肉，还有奎元馆的虾爆鳝面、知味观的小馄饨，多鲜美啊！"

"你再说都教我要流口水了！你们杭州菜，光听听名字就是一首诗。"

"快别王顾左右而言他了，想嫂子就是想嫂子。嫂夫人一来，不是什么都有了吗？"王临乙不依不饶地笑他。"这里不也有好几家中国餐馆吗？可他们做的东坡肉也比不上嫂夫人做的，你说是不是？"

"说真的，书鸿，你倒是真应该将嫂夫人接来了。这样，对你生活上也好有个照应。"

"我是这样想，可眼前我不能离开，她一个人怎么来呀，万一有个意外怎么办？"

"你别担心，我听说北京、上海有留学同学要来巴黎，你先写信回去，让嫂夫人早早准备好，到时候与他们搭伴同来。"吕斯百很热心地出着主意。"现在，上海到法国的轮船班次多了，先到德国汉堡转道也有。还可以选择更快捷的，到巴黎，再坐火车来里昂。"

常书鸿点头。作为丈夫，他不会让妻子为他吃苦受罪，他一定要让芝秀跟他过上好日子。

"如果嫂夫人对油画感兴趣，也可以让她在这里的画室再学习一段，不更好吗？"

常书鸿答道："这倒是的。我走后，她就跟着我三叔看画学画，所谓耳濡目染。嗯，还有，她每天还去夜校旁听法文课，为的是以后到这里不犯愁呢！"他说着，掏出一只信封，"你们看，这几个法文字母写得还可以吧？"

吕斯百和王临乙一看，大为赞赏。而常书鸿的眼神——那憨憨的而又不好意思直接表达赞美的眼神，明确无误地流露着他的幸福。

窦古特教授的油画课开始了。

这堂课的内容是为一个老模特儿作画——早在两个星期前，常书鸿就按教授的指点准备好了上这堂油画课的一切用具：油画颜料不是买现成的锡管，而是在绘画原料公司买那种粉状的原料，然后根据自己学习掌握的有关颜料配制的化学知识，自己根据需要调研配制。还有，笔的选择、画箱、画凳，全都是自己动手制作。

常书鸿屏气静心地凝望着面前的这位已经有六十开外的老模特儿，用眼睛熟悉着他身上的每一个部位，凝视着投射到他身上的每一片光斑……

这堂练习课，整整用了一星期。第二步，也就是第二个星期，他们习作的课题才是用土红、黑、白三种颜色作油画人体的

常书鸿在法国里昂。

练习。

虽然是用了"颜色"，对象却还是这位身上肌肤已无光泽的老模特儿。

窦古特教育法的"三部曲"，有条不紊地进行到了第三步。

第三步，是让他们这些学生使用全色油画绘制一幅色彩非常鲜艳的花果静物写生——这次练习持续了两个星期。

两个星期后，作为"范本"被挂在墙上供下一轮同学们观摩的，是常书鸿的那幅练习。

每天上午学习油画，下午去美术和织染图案系听选修课，晚上再去里昂市立业余丝织学校学习。里昂美术馆就在学校内，参观解剖学、西洋美术史和幻灯教学，可谓方便之至。他常常带着面包和简单的冷菜，在美术馆边参观边吃。真正是废寝忘食，如醉如迷。深夜回家，他就将一天的所学所得，再做一个简单的笔记。

还在巴黎的时候，他就收到过沈西苓的来信，沈和在日本结识的好友冼星海都曾来信，劝他去里昂学习。现在看来，来里昂真是莫大的幸运。

"对于你来说，法国是艺术的最佳世界，谁不向往巴黎呢，书鸿，我期待着有朝一日我们在巴黎相见……"

巴黎，是的，有朝一日，他常书鸿也要回到巴黎去的。就在西苓这封信到来之前，"三结义"的两位好友吕斯百和王临乙，也准备到巴黎扎下他们的"营盘"。

巴黎，巴黎……疲倦已极的常书鸿喃喃着，头往床栏上一靠，信纸从他手中滑了下来。

常书鸿一下醒了过来。

这时，里昂的圣玛丽教堂的钟声，清晰洪亮地传了过来。他一下弹跳而起。

刚才的梦境很美妙，他梦见芝秀来了。但眼前的现实更美妙——陈芝秀确实是今天到里昂，教堂的钟声准确无误地提醒他：一个钟头后，脸颊粉嫩、有着娇媚笑容的她，将出现在里昂车站的出口处。

1932年，常书鸿夫妇与王临乙、吕斯百等在里昂合影。

崭露头角诚快意

塞纳河在城市的一角，弯出半圈小小而优美的弧线。弧线的临河坡上，散落着几幢小小的尖顶木头房子。"你怎么挑到这里的？"陈芝秀打量着这所刚刚油漆过的房子，惊奇地问。

"怎么，不好吗？"常书鸿眯着眼反问。两人共同度过的幸福日子就要开始，他的心无时不沉浸在无边的幸福之中。

"好，当然好！"陈芝秀欢容满面，望着比她想象中清瘦得多的书鸿，心疼地说："我是说，这房子很贵吧？你哪来这么多钱租它呢？"

"我说过，你来了，我就不能叫你受罪。钱吗，有的，我有！"常书鸿气壮山河地说："你看，除了奖学金，这也能变成钱！"说着，他一一搬出他的画作：彩色铅笔画《木工》，获康德铅笔公司速写绘画奖第一名；另外，他在业余为丝织厂所设计的美术图案，也可以挣到一些他们日常生活所需要的钱，还有两幅油画习作，也已被这儿的画室认可，将在展出后出售。

常书鸿将《暴风雨之前》《里昂裴鲁奇风景》的两幅草稿，

小心地摆在陈芝秀的面前。"你看，你来了后，我会画得更快更好的！"他不无得意地晃着大脑袋。只有在妻子面前，他才流露出这样毫不掩饰的骄傲。"莫奈在有了卡蜜儿以后，就灵思涌动，佳作迭出……"

"哎，你呀，别成天莫奈呀雷诺阿的，我又不是卡蜜儿……"陈芝秀故意嘟起嘴巴说。

"哎，叫我这个画画的不提莫奈呀雷诺阿的，行吗？临乙兄还说，将来我们到巴黎去，他说一定让你去学雕塑，他和斯百都是成绩数一数二的佼佼者，至于我说的卡蜜儿，当然，她是她，你是你，但卡蜜儿着绿衣的全身肖像，就使莫奈在第一次沙龙展中一举成名。"常书鸿热烈地说，"那幅画真是传神，每个人在这样的肖像画前都不可能移开眼睛。嗯，我要给你买一件绿色的长裙，真的，绿色和你很般配……"

"嗯，假如你需要，我也会做你的首席模特儿的！"陈芝秀忽然说，昂起了她那白皙而颀长的颈项。

常书鸿愣了。芝秀的这句话，使他惊异莫名。他早已熟悉并习惯了芝秀那常常因含羞带娇而佯作嗔怒的说话方式，但现在，分别仅仅一年，远在家乡的她不仅努力做了学习上的一切准备，还变得这么勇敢！他再次将芝秀一把拥在怀里。

灵感如张起风帆的船只，驶向鱼儿成群的港湾。

常书鸿飞快地画着，夜以继日，一张又一张。《暴风雨之前》《里昂裴鲁奇风景》以最快的速度完成，这两幅画和而后画成的《某夫人像》都教窦古特再次露出了温和的笑容。

给芝秀画的几张裸体肖像，情形就不同了。常常是画完最后一笔，芝秀就说：比真正的我还美！说罢，便收起来了——她与他是订了条约的：不到时候，这些以展现她的胴体美的画，决不示人。

陈芝秀心情紧张地跨进塞万提斯医生诊所的大门。

医生的助手安妮迎过来，朝她闪烁着明亮的眼睛，笑眯眯地说："常太太，恭喜你……"

她明白了。霎时间，塞纳河那欢快的水声仿佛就在她心中流淌。

医生随即走了过来，吩咐了好一通注意事项。而她的第一个念头是想与书鸿分享快乐，不，不能这么快向他泄露天机，要向他卖个小小的关子。

傍晚，当木门边响起熟悉的脚步声时，陈芝秀立即飞奔上前，什么等待呀关子呀全忘得一干二净。她迎上去，两手环住常书鸿的脖子，用快乐得发颤的声音说："书鸿，我们马上要有一个小小傻瓜了！"

常书鸿大瞪双眼。等他明白过来是怎么回事时，立马拦腰抱起妻子飞转，慌得陈芝秀连连大叫："快放下我！你要把他给震坏了！"

常书鸿一愣，这才小心翼翼地放下爱妻，捉起芝秀的手，打着自己的脑袋说："真该死，该打，该打，打，使劲打这个大大的傻瓜！"

夕阳尚未收尽余晖，月亮就在空中挑出一弯纤纤细眉。

一只小小的铁丝烛台上点了三根金色的锥形烛。常书鸿夫妇忙忙碌碌、大动干戈，将小屋里的东西都腾挪在一边，将一张小小的铁脚圆桌摆在中央。陈芝秀将她所有能招待好友的东西都摆出来了，红玛瑙似的葡萄酒、烤肉、炖鸡和自己动手做的比萨饼，还有在市场上买的鳟鱼和虾，再是水果和甜点，丰盛得犹如过圣诞。

她已经大腹便便，可是，只要吕斯百和王临乙来欢聚，常家就是过大年。几个朋友进门一坐下，常书鸿就首先提议："来，我们为斯百的旗开得胜举杯庆贺！"

吕斯百愣了。他原以为只是平常的聚会，原来，这满桌的菜肴、这摇曳的烛光都是为了他，为了他临摹夏凡纳的《乐园》被老师向画廊推荐！书鸿对他这小试锋芒的成功如此看重！

深重的情谊似潮水一般在斯百的胸中漫涨，生性诚厚的他涨红了脸摇摇头说："书鸿兄，你，为我，这，这样，我真，真是不，不敢当……"他因为激动而口吃起来。

常书鸿诚挚地说："朋友之间有什么敢不敢当的？我们就是要为你好好庆贺一下，要知道多少双眼睛盯着你的成功呀，这可是为我们中国学生大长志气的成功！况且，你这是第一次临摹名人名画，就取得这样的成绩，真了不起！斯百，你为我们做出了榜样！"

王临乙也说："斯百，看来你是没有白白崇拜夏凡纳，我们也没有白白来到夏凡纳的故乡学习！是夏凡纳的诗意征服了你！我祝你将来也用你的诗意去征服巴黎的画坛！"

吕斯百说："不，不光是我或你，而应该是我们！我们的目标是巴黎！"

常书鸿一个劲地点头说："对，巴黎，巴黎永远是我们进取的目的地！"

巴黎和美术，是他们永远谈论不休的话题，这话题和杯中的酒一样教他们五内俱热。

酒至半酣，吕斯百又问："书鸿兄，上个月你就答应说要为《艺风》写篇文章，完成了没有？如果写完了，我给你一块寄过去。"

常书鸿摇摇头说："还没有，真不好意思，这个头都起了无数遍了，提纲也列了七八条，可是，到现在还是八字只有一撇。现在，我们家的中心议题是这，一切都要为她让路。"他指指陈芝秀隆得高高的腹部，泛着红光的脸又漾出无比幸福的笑容。

王临乙很感兴趣地问："书鸿兄，你是准备就什么问题发表高见呢？"

常书鸿放下刀叉，起身去里屋找他的那叠稿纸，陈芝秀忙拦住说："先别忙，你就让大家先好好吃饭，吃完了再看嘛。"

常书鸿只好又坐下说："嗯，我是想就国画与洋画的分途发表点看法，我说给两位听听，看看怎么表达才好。我一直觉得国内不少人在西画和国画的看法上很有点偏激，比如说，我们在国内设立美术学校，本来是为了使青年画家接近自然，领受自然，应用西洋现有的成法，使学生由领会摹写入手，从而纯化和神化自然。可是，因为国画的绘画用材不完备，于是采用木炭、油色还有西洋的种种用具来作表现工具。但这只是工具而已，就像中医和西医一样，其实质是治病，而并非由于方法不同而对峙。可是，我们画坛上的不少'洋画家'在看待那些使用宣纸、花青、赭石、墨色的国画家时，却是心眼各异，一个劲地唾骂他们思想迂腐啦，守旧啦，而那些口口声声标榜自己是爱国者的呢，又总是起劲地批评我们这些醉心学习西画的，是'摒弃国粹'啦，'甘心附异'啦……"

吕斯百沉思地说："凡事一到有成见的地步，再有不同意见就很难说得清是非，我认为无论是国画还是洋画，真正要表现的还应是人的精神。"

王临乙说："确实是这样，有些人总是声称为了保存国粹，决不用所谓的洋画颜色。"

吕斯百点头说："所以说嘛，我认为国画也好，洋画也好，说一千道一万，手法各异，但真正要表现的，就是人的精神！比如说，鲁迅的《阿Q正传》难道就因为印在道林纸上就成了洋文、阿Q就成了洋鬼子不成？"

常书鸿连忙从口袋中拔出一截铅笔，说道："慢着慢着，你们说的这点很有意思，我要把它记下来！人的精神，对，就是要强调人的精神。前些日子我曾听一位以国画出名的洋画家说'国画的Charm（魅力）就在赭石花青那些沉着的色彩与高雅纯正的墨色的调和'。听听，好像一用了洋颜色就变得庸俗肤浅了似的，就不成为国画了。依我看，这也是又一种偏激，所以我想在这篇小文中努力呼吁去掉偏见。斯百说得对，凡事到了有成见的地步，一有不同意见就很难说得清是非，更没有互相采纳的可能。所以我要呼吁去掉偏见，唯有这样才能打破国画的昏沉局面。"

陈芝秀忍不住说："哎，书鸿，你倒是请大家来吃饭还是让他们帮你写文章的？吃了饭坐下慢慢说嘛！"

"书鸿兄，看嫂夫人现在把你照料得多周到！哎，嫂夫人的产期在什么时候？"

陈芝秀羞答答地说："按医生算的，这个星期就该到了，可现在还没什么动静。"

"嫂夫人你和书鸿兄是巴望先有男孩还是女孩？"

常书鸿呵呵大笑："只要聪明健康，男孩女孩一个样！"

王临乙说："别说大话，大多数人都是重男轻女，难道你父母亲不盼着先有孙子？哎，依我说，最好来个双胞胎，一男一女，一下解决问题！"

陈芝秀脸孔红红地说："哟，这样的任务太艰巨了，让我们未来的弟妹来完成吧！斯百，你说是不是？"她听说吕斯百正和马光璇小姐热恋，就想开个小小的玩笑。

仗着酒兴，素来儒雅的吕斯百也不腼腆了，笑着说："嘿嘿，我们两个还早呢！倒是我很急着想先当这个义父，哎，我还想自告奋勇为孩子取名，你们反不反对？"

"起名？那好呀！芝秀把一本中法字典翻了个来回，也没想出个合意的名来！"

陈芝秀说："对啰，说不定还是你们能想出个最合适的来呢，你们来起吧！"

王临乙又说："依我说，先取两个预备着，男孩女孩都要有。"

常书鸿又拿起酒瓶，给他们再斟上酒，笑嘻嘻地说："说得对，男孩女孩都要有，孩子在里昂出生，最好能起一个跟里昂有关的。"

红玛瑙般的酒水咕咚咕咚地流进晶亮的高脚杯子里，恰似窗外隐隐的流水声。

"有了！你们听，多现成的名字！"吕斯百双眉一扬，欢悦地说："里昂这两条河，塞纳河，温和驯服；罗纳河，勇猛刚烈。哦，如果是男孩，就叫罗纳，罗纳是阳性；如果是女孩子，那么，就叫个塞纳，塞纳是阴性。嗯，写成中国文字，就是罗那和沙娜，你们说好不好？"

"罗那？沙娜？好！太好了！"三个人一起叫道。

常书鸿笑哈哈地说："在我们老家，给人起名要拿红包的，斯百，我可是半个子儿也没有给你准备！"

吕斯百那两道好看的英眉再次弯成了两个圆弧，说："我现成当了'干爸爸'，还要什么红包？当干爸爸比拿什么红包都快活！"

常书鸿和陈芝秀一齐说："一言为定，将来，我们的孩子就叫你吕爸爸！"

"看来，就苦了我这光棍汉了！"王临乙故意重重地叹着气。"哼，我可要跟你们说在头里，别看我现在还是光棍汉一条，这个干爸爸我也有份的。"

"那当然，斯百是吕爸爸，你当然是王爸爸了！至于这王妈妈嘛，日后也包在我们身上！"

笑声飞扬中，烛光摇曳，夜色正浓。

一个星期后，从医院飞奔回家的常书鸿，在晨雾中一头撞进吕斯百的住室，快乐地大叫："斯百，我先向你这个吕爸爸报告，我们的沙娜出世了！"

"真的?!"吕斯百从床上跃身而起，欢喜的神情就像自己当了爸爸。他将记着"1931年3月26日"的这页纸揭了下来。又习惯地将桌上的一支画笔握在了手里，若有所思地喃喃自语："沙娜，沙娜……"说着，他裁下一块硬纸，飞快地写画了一张贺卡，又在贺卡的四周，画上一束色泽缤纷的鸢尾花，末了又说："书鸿，请，请先把这送给我们的小沙娜！"

常书鸿立刻会意了挚友浓浓的心意。鸢尾花在希腊语里，寓意彩虹女神爱丽丝，"吕爸爸"这信手画成的鸢尾花，是纯真友谊的象征，是吉祥的祝福和无限爱意的表达。

1931年的秋天，与收获的喜悦同时爆响的，是一张法国报纸——刊登着九一八事变消息的报纸。

报纸是常书鸿在窦古特教授的工作室里看到的。刹那间，侵略者的铁蹄声仿佛在他头顶响过，一阵响似一阵……

教授见他失魂落魄的样子，安慰道："常，我看你今天画不了什么了，你先回家吧！"

他刚刚走到门口，窦古特又叫住了他。"常，日本的侵略是不能容忍的，但你们是有4亿人民的大国，不是吗？你们国家内部的病因，是当权者软弱，是连年军阀横行各自为政的结果，所以民众要奋起，要团结一致才能救亡，你作为一个画家，应该用绘画的才能，搞一点反映爱国思想的作品。这就是英雄用武的时候，你说是不是呢，常？"

纷乱的思绪顿时理顺了头绪，常书鸿感激地朝老师点点头，心事重重地回了家。

芝秀将刚刚睡着的沙娜放在摇篮里。一看芝秀的神情，他明白她也知道这一消息了。

"书鸿，这一打仗，我发愁家里人不知会怎样了。"芝秀面容惨白，忧戚地说。

"你在这里担心有什么用呢！"他心乱如麻。

"做得到不担心？"陈芝秀重重地叹着气，"明知没有用，又不能长翅膀飞回去……"

常书鸿目不转睛地盯着她，忽然说："芝秀，你不是会吹笛子吗？"

"吹笛子？"芝秀茫然地反问，"好久没有摸它了，你要听？"她说着，走进屋里，将箱子里那根笛子找了出来。当她将笛子拭净，又换上新笛膜将笛子举到嘴边时，书鸿已将画板画具移在了她的对面。

她骤然明白了。她看看身上的衣裳，便问："要不要换件衣服？"

常书鸿沉思一下，点点头："也好。哦，你就换上来时穿的那件旗袍吧！"

穿上这件在成婚第二天穿过的、他和她都格外喜爱的绛红色旗袍，陈芝秀今天却感到一丝莫名的忧伤。

虽然将那管笛子送在了嘴边，她的双眉却皱了起来，这眉尖若蹙难掩愁痕的表情，使黄昏灯影中的她，有了几分难以诉说的凄婉之美，格外楚楚动人。

常书鸿全神贯注地盯着事事处处都与自己配合默契的爱妻，一块块被他调匀了的颜料，在那支饱蘸感情的画笔下，释放着色彩的全部魅力。

好像是得了神助，几乎不费踌躇，他画得那样快，从构图到最后完成，几乎一气呵成，这在以往是没有过的。

他悟出来：过去只是画画，为画而画，这次，是融入了他的感情。画的时候，只觉得感情在燃烧，心中有股热力在奔流；只感觉落下去的每一笔，每一块颜色，都在急欲向人倾诉，倾诉他对故国家园的牵挂。

《乡愁曲》这个题名，从他落下第一块颜料起，就跳入了胸臆。

一个星期后，《乡愁曲》在油画班里像长了翅膀似的从一个人手上转到另一个人手上。

这情形很快被窦古特发现了。

教授暴跳如雷，对常书鸿这样随随便便让别人"先睹为快"的行为，气坏了，他毫不客气地对着常书鸿大喊大叫："这，这简直是亵渎艺术！我还没有见过像你这样不珍惜自己的作品，不珍惜自己才华的人！"

常书鸿一头雾水。他不知道教授为什么突然发这么大的火，他胆战心惊地听着，以为教授是气他画得太快了。

待满腔怒气发泄得够了，教授才又厉声下令将这幅画好好地送到他的画室保管间去。

末了，他又严厉地叮嘱道："没有得到我的准许，谁都不能先看，常，包括你自己！"

常书鸿更加莫名其妙。但老师的意志，他丝毫也不敢抗拒。

教授的苦心孤诣终于"真相大白"了。原来，他要常书鸿先藏起《乡愁曲》，是为了日后力荐它，让它和吕斯百那幅出色的《乐园》一样，参加即将开幕的里昂春季沙龙展。

画家成名的标志，或者说画家能够被社会承认，一年一度或一年两季的沙龙展是最好也是唯一的机会。当然，沙龙展的竞争异常残酷，淘汰率之高也常使许多未出道的画家一蹶不振。因此，许多画家总是想方设法要"打"进这个圈子中去。

《乡愁曲》终于获选参展了。在画展上引起了窦古特教授所期望的好评和轰动，常书鸿获得了"优秀画"奖状。

常书鸿心里一块石头落地。他小心又恭敬地再次登门向教授发出了邀请，问他是否愿意和他一块去喝咖啡。

窦古特高兴得眯起双眼，欢喜至极地接受了这一邀请。

侍者将小盘送上时，教授眉开眼笑地侃侃而谈："你知道我为什么如此重视你这幅画吗？常，这是你第一次在画中显示了你的风格。唔，拿你们中国话来说，也许是'初露端倪'。可是，你显现了人的一种精神，而且有风格，而且是地地道道的中国风格！"

哦，"人的一种精神"！几个月前，他和斯百、临乙，不就议论到这个话题吗？风格，是的，地道的中国风格，即便学的是西洋油画，他应该切记和牢牢掌握的就是这一点！

巴黎深造登殿堂

常书鸿在抽屉里翻来翻去，终于找出那份早已写了开头的信。

斯百、临乙兄：

又是一个多月没给你们寄信了，心里无时不在惦念。记得上次跟你们说过，这一阵，我正在画那两幅《里昂公园风景》的大画，教授对我的要求也越来越严格，他老是拿你们两位的优秀榜样来要求我，可是……

可是什么呢？里昂的景致于如今的他，早已耳熟能详；塞纳河和罗纳河的水声，连他这个没有多少音乐细胞的人都能谱出它们的韵律，作为与里昂已经耳鬓厮磨了四年多的他来说，现在，就是闭着眼他也能画出里昂公园的景致。可是，作为已经在全校的应届毕业生中名声顶呱呱的他来说，难道，画得出来就能满足吗？斯百、临乙在里昂的时候，他们在茶余饭后，每天的话题除了绘画还是绘画。"要做一名真正的画家，脑子就不能是白板，就必须像夏凡纳那样富有想象力！懂吗？"这也是窦古特教授经常"训导"他的话。

教授过于严厉，但教授是对的，吕、王两人就是榜样，斯百是以全班第一名的成绩获取公费奖学金到巴黎美专的。临乙也是，在雕塑系，谁不知道大名鼎鼎的中国学生王临乙？

要想赶上他们，目标只有一个：像他们一样，以优异的成绩，获得奖学金，再到艺术之都巴黎去！

梧桐树上的声声蝉鸣，催来了1932年的夏天。常书鸿以油画静物《鱼》《菜花》《蚕豆》等，写满了这个夏天的每一页。

作为里昂美术专科学校油画系和纺织图案系的毕业生，紧接着出手的油画《G夫人像》使他再度名声大噪——此画获得全校毕业生作品第一名。

只有严厉的窦古特教授知道他付出了怎样的努力；只有爱妻陈芝秀知道在这些日子里他曾经怎样的夜以继日。当里昂全市油画家都参加的赴巴黎深造公费奖学金选拔考试举行在即时，常书鸿已经胜券稳操，他拿出了又一幅使观者无不动心的好画——《浴后梳妆》。

一个活力充沛的生命，被常书鸿那神奇的妙笔，神韵生动地呈现在大家面前。

观者自然不知《浴后梳妆》的模特儿是谁，只有画家才明白妻子为他点燃的灵感是多么奇妙。曲线优美的人体，极其随意的动作，在毫无"摆置"姿态的瞬间定格为女性最生动的具象：那湿漉漉的黑发、湿润的颈项仿佛还蒸腾着蒙蒙水汽，那饱满而细腻的皮肤仿佛更传递出极具弹性的质感，哦，一个青春而活泼的身体本身就是不可言传的美神维纳斯。

他画着，一点没有刻意和渲染，只是为了传递美的本身而画，他只知道在画这幅画时，他的每一笔、每一色块都浸透了他对她的无限爱意，这其中还包括了可爱至极的女儿沙娜。

画这幅画时，常书鸿好像也没有刻意追求他过去曾认真想过的国画所最讲究的笔触，而就这一点来说，连那位处处苛刻的教授，也并不着意要求他。可是，仿佛鬼使神差，他在关键和用力处无不感觉到了自己激烈的心跳，那近乎战栗的激动通过他的手指传递到彩笔的每一下落色。

这是个不可颠覆的真理：要想感动别人，必须首先感动自己。

里昂的观众和评委全都被感动了，《浴后梳妆》获得选拔考试的第一名！

到巴黎去！到巴黎去！

春风得意马蹄疾，一日看遍长安花！

常书鸿现在就是"春风得意马蹄疾"，他要看遍繁茂辉煌的巴黎艺术之花！

四年前他在巴黎住了近半年，虽然也参加了蒙巴那斯的那些自由画室的学习，可那时候为了节省每一个法郎乃至每一个生丁，除了每月必不可省的画室门票，除了郎鲁逊带他去的那些不花钱的参观外，他甚至一次都没有好好看过巴黎这个大都会，没有舍得坐车去尽情游逛巴黎近郊和远郊，包括那些向往已久的名人故居和王宫花园。而从现在起，可以了，他可以到每一个他想去的地方，可以随心所欲，尽情浸沉，直至全身心地淹没在这个艺术之海。

这次去巴黎，再不是形单影只，而是带着爱妻和娇女，她们是他的灵感之源，是他生命的组成部分和无价之宝。

到了巴黎，他就又可以和斯百、临乙朝夕相处，而且他们将再次在同一学校——巴黎国立高等美术学校学习，他和斯百将一同师从著名的新古典主义画家、法兰西艺术院院士劳朗斯。以谨严画风著称的劳朗斯以及他的劳朗斯家族，或以素描或以历史人物画独步法国画坛，且安享了200余年的荣耀。常书鸿之所以能得他的亲炙，也正是这位大师级的人物看了他的所有素描和油画而"钦点"的。

巴黎第十六区的巴丁南路，住了许多中国画家。吕斯百、王临乙帮助常书鸿夫妇在此安了家，建立了工作室。陈芝秀在王临乙的热情动员下，进了附近的一家业余美术学校学习雕塑，她将女儿托给人照看，放学后再接回来。生活忙碌而充实。

使她十分开怀的是，生活的变动又牵动了另一段姻缘——和陈芝秀同班的一个女生合内，因为她的介绍结识了王临乙，两人的感情进展非常迅速。嗣后，合内成了小沙娜的"王妈妈"。

主雅客来勤。和在里昂时一样，常家再度成了大家聚集和聚餐的中心。

这时的巴黎，已有更多的中国画家云集。现在，常家的常客除了吕斯百和王临乙外，还有曾竹韶、唐一禾、秦宣夫、陈士文、刘开渠、王子云、余炳烈、程鸿寿等人。这些从事建筑、雕塑、绘画的能手，穿梭似的来到常家，画家家庭的温馨分外能感染大家。

"知道吗，芝秀，普希金结婚的那个秋天是多产的秋天……"

沉浸在艺术和家庭的双重幸福之中的常书鸿，常常以这句

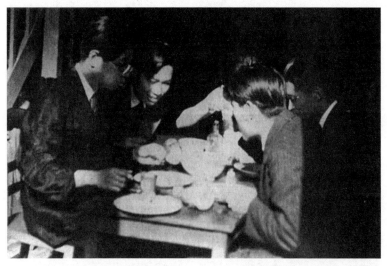

1934年，常书鸿夫妇在巴黎家中与好友王临乙、周思聪、吕斯百等人在一起。

戏谑的话开头，便挥起了画笔。因"有感"而画的这些作品诞生得分外顺当：《野兔》《湖畔》《鸡》《人体》《鱼虾》《画家家庭》，接二连三地从他手下流泻而出。

常书鸿步履生风地朝回家的路上走着。他要将两个大喜讯告诉芝秀，这两个消息都来自器重他的教授劳朗斯：一是经教授推荐的一幅近作，选送去参加里昂1933年春季沙龙展，已获银质奖；由于这个大好消息的鼓舞，劳朗斯还建议他筹备举行一次个人画展。

"常，有什么困难，告诉我，我帮你！"满头银发的教授说。这无疑是对他最大的褒奖。

1933年，常书鸿一家在巴黎。

个展！画家们梦寐以求的愿望。六年前的达达尼号邮轮载来身世寒微而又满怀希望的他时，"个展"仅仅是梦想的火花，而今，火花将成瑰丽的花朵择日开放！喜从中来的他，只觉得巴黎这个街区的每间门楼每扇窗户都向他张开了微笑的眼睛。

"爸爸！爸爸回来了！"小沙娜张着两只小手，向他扑来。

他一把抱起女儿，亲了又亲，等在厨房里忙碌的芝秀解下围裙，他先说了第二个消息。

"你知道我一路都想了什么吗？"

"谁知道你想的什么呀！"陈芝秀不紧不慢地笑着说。

"这是我第一次'个展'，我要将所有的作品都好好过一下'筛子'，然后挑出最满意的。教授说，现在我的作品数量，足够了。喂，你知道我打算将哪一幅放在最显眼的位置吗？"

"哪一幅？"陈芝秀明知故问。

"你猜嘛！猜猜！"常书鸿兴冲冲地说，憨厚而热烈的眼睛充满了爱意。

"我猜不着。"性情绵软的她，用的是激将法。"等你展出后不就知道了吗？"

"哎呀，你呀你！《湖畔》！我们的《湖畔》，也是你的《湖畔》！"常书鸿果然中计，他放下沙娜，一迭连声地喊了起来。

《湖畔》！是的，是她和他共同的"湖畔"——那是比《浴后梳妆》更勇敢展示的裸体，那是她和丈夫都特别珍视的作品。

那天，正是被头天在卢浮宫的观赏所深深激动后，他们来到了一个小小的湖畔。初夏的早晨，晨雾迷茫，略呈银灰的湖水微波荡漾，宁谧的湖畔静寂无人。当她按着丈夫的指点坐在石头上，徐徐褪下那件雪白的羊绒披风后，连她自己都觉得恍若置身在布歇和雷诺阿笔下所描绘过的天地中，那种了无尘嚣天人合一的和谐，使她如享天籁，在丈夫从头到脚的笔触中，她始终保持着那种迷人而又纯真的微笑。

那天，书鸿也像得了神助似的，画得飞快。

"芝秀，你知道吗？我们的《湖畔》得了奖！是今年的里昂春季沙龙展银质奖！这也是劳朗斯教授告诉我的！"常书鸿不待说完又一把抱起她，在房间里打起转来。

"中国留法艺术家学会"在大家的共同操持下成立了。为了有更宽敞的住所方便工作和生活，常书鸿夫妇搬到了塔格尔路。中国画家们依然是三天两头聚会，依然是对这一个画派那一种画风的热烈讨论，塔格尔路的常家小屋，依然是大家最爱来的场所。

画家们为一个消息激奋着：巴黎将举办"中国绘画展览"，徐悲鸿夫妇也要来了。

徐悲鸿是吕、王两人的恩师，常书鸿对这位未曾谋面的大画家也敬仰莫名。他很希望徐先生这次来巴黎时能够有时间指点他的画作。

而令大家更为振奋的是，这次"中国绘画展览"将在卜姆美术馆举行。卜姆美术馆是巴黎的中心，那是皇帝花园的"福地"，那是六年前他仰望众家名作羡叹不止的地方呀！也许正是展览地的不同寻常，关于这些画的评价，连日来又成了巴黎画坛热烈议论的话题。

连素来矜持于家世的荣誉和自己画派主张的劳朗斯教授，也被这个画展和学生们的议论吸引了。下课时，他叫住了常书鸿说："常，我已经听过许多朋友对我提到这个中国画展了，礼拜三下午下课后，劳你陪我去，好吗？请你给我作点解释，对于中国画，我还是个外行呢！"

想不到劳朗斯教授这么谦逊！常书鸿连连点头，满口答应。

周三那天下午，美术馆仍像开幕那天一样漂亮非凡，精心制作的中国绘画展览的广告也是中法合璧，别致已极。

常书鸿掐指一算：展览从开幕到今天已经是第15天，5法郎一张参观券也算价格不菲。已是下午5点，美术馆关门时间是6点，售票处还有许多人来买票。常书鸿在大门厅里等待着教授的到来，目睹自己国家的画展在巴黎能有如此盛况，欢欣中再次漾起无尽的感动和自豪。

劳朗斯教授和夫人准时来到。一进门，教授二话不说就要常书鸿带他们去看近代中国画展。

常书鸿劝说道："劳朗斯先生，我们中国有个词叫'追根溯源'，您不是要明了近代中国画的根源吗？依我说还是应该循序进行，从古代的开始观看为好。"

劳朗斯同意了。

精心布置的这个中国画展，虽然只是教人知豹的"一斑"，但作品无疑是精选的。这个展室的古代作品虽然只有四五十件，却包罗了自唐宋元明直至清朝的有代表性的画作。

"常，你看，这多动人啊！"劳朗斯突然指着其中的一幅画高声叫了起来。常书鸿走过去一看，那是一幅明朝画家的作品。画纸已然是棕黑色，可画中的三只绵羊，卷曲的毛虽然硬化但不失自然，线条的构成、曲线的布置都非常调和，无怪劳朗斯啧啧称赞。

"常，你看，这就是自然，我们所要的毫不矫揉的自然！你看，虽然是三只小羊，可是画面所表现的那份内在的安详，那份生命的伟大，呵，真是了不起！这才是地道的纯洁的画风！我觉得这位画家简直比达·芬奇的圣母还要神圣崇高！常，明白吗？这是从文艺复兴后多少画家追求而尚未达到的境地呐！这真是中国的画圣啊！"

常书鸿点点头。教授的鉴赏力真是没话说，这位权威人士衷心的赞美，冲刷了他此前的那种莫名而难言的忧郁。

接着又是赵子昂的骏马图、元代画家画的鹿、唐人的一幅很有 17 世纪意大利画派构图风味的"醉酒图"……

劳朗斯赞不绝口，好像一个业余勘探队意外探得了一处"富矿"。

"你还不睡？"深夜，陈芝秀见常书鸿还在案头信笔疾书，便翻身下床，为他披上了一件外衣，又俯身看看他在写什么。

"我要将教授今天在参观中说的所有的话都记下来！我看他真是着迷了！"常书鸿头也不抬地说，"他对许多画的评价是非常中肯的，这真叫作'旁观者清'呵！"

陈芝秀摇摇头。着迷的岂止是劳朗斯？瞧，书鸿这些日子也简直像入魔一样。她轻轻地叹息一声，"老是这样没日没夜的，你不累？"

"不不，不累。哦，芝秀，你先睡吧！"

"不，你不困，我也不困。"陈芝秀立在他身后，轻声地将他疾书的文稿念了出来，"……中国画自有中国特色，中国古代画家对绘画艺术的理解，他们对于自然的认识都超过我们不少。人说，近代的西洋画受了中国的影响，这没有错。依我看，中国画的历史还在日本三四百年前，远东流传的只有中国画而没有日本画，自然，我们受的才是中国画的影响……书鸿，劳朗斯是这么说的？"她兴奋地问。

"那是当然。"常书鸿满脸严肃地答，"他对许多人的画都很欣赏，像齐白石，他说他是一个杰出人才，说张大千的画，有诗意，又有熟练的技巧，还有高奇峰的山水，郑岳的荷花，陈树人的花与竹……他都认为是有诗情画意的，嗯，但他也认为作为一个艺术家仅仅有诗情画意还远远不够，而伟大、丰厚与正气，才是我们穷毕生精力追求的目标。否则将会永远是一个平庸的画家！嗯，教授很坦率，他对悲鸿先生的《九方皋》也有尖锐的评说呢！"

"啊？真的？"

"教授赞成我们多从事人物创作，他赞扬徐先生画这张大画的勇敢，可他不喜欢徐的素描，还像对待初学者一样数着画中表示人物肌肉的圆圈数好一番指批，说是缺少真实……"

"哎，你可不能把这些话也写出来！徐先生可不是一般人，你千万不能因教授的一时之语贬损了徐先生！"陈芝秀提醒说。

"那有什么！你真是多虑了，我心里有数。'兼听则明'

嘛，谁不明白这个道理？"常书鸿不以为然地微微一笑。如果有意略去批评的话不写，而光传递赞扬，岂不正是教授所抨击的"不真实"？唯有准确地将一个外国画坛权威人士的批评如实表达出来，才是艺术所应追求的诚实态度。而更主要的是，他一直很崇拜大名鼎鼎的徐悲鸿，徐先生在国内与齐白石先生享有"北齐南徐"的美誉。因此，正如他尊重劳朗斯一样，同样尊重并信赖才名赫赫的徐先生，他相信徐先生绝对是个虚怀若谷的人，一个大度的人。徐先生多次在国外开过画展，难道还会在意人家的评头论足？对于画家来说，悲哀的是开过展览后波澜不起，了无声音。而且这篇文章他就是为《艺风》而写的，作为中国留法艺术家学会的成员，就想以这篇文稿起到应有的影响和作用，要想方设法在国内外为中国的绘画艺术鼓与呼。

唯有天才才会理解天才——常书鸿的这番心理活动，再次印证了这一名言。

八年后，徐悲鸿为常书鸿在重庆举行的个人画展作序。文中有"在留学国，目睹艺事之衰微"，"在祖国，则复兴之期待迫切"，"于是素有抱负、而身怀异秉之士，莫不挺身而起，共襄大业。常书鸿先生亦其中之一，而艺坛之雄也"之句。最后又提道："常先生此展，必将一新耳目也。"

纵横捭阖，洋洋洒洒的序言，证实了常书鸿对徐悲鸿的判断。

天才与天才之间的理解，的确不止是艺路相通的惺惺相惜。

连获大奖露峥嵘

    灯影惨淡。常书鸿一动不动地坐在窗下的那张硬木靠背椅上。

    他的恩师劳朗斯猝然去世了！三天前，他和艺术学院的一群学生在墓地送别了这位杰出的教授。三年前，正是教授的青睐，他得以实现再来巴黎深造之梦，与斯百和临乙重续同窗之缘；正是这三年在教授门下的悉心学习，他才一点点地重新认识了巴黎；正是教授的亲炙，他才得益多多。教授在课堂上对众多学生的教诲也好，茶余饭后对他说的那些关于艺术的言论也好，现在细细回味；都是那样鞭辟入里令人玩味。滴水之恩，当涌泉相报。他还没有来得及报答师恩，老师竟因为一场流感撒手人寰！天人永隔真是无从言说的悲哀。

    教授夫人握着他的手，泪花晶莹："你知道吗，常，教授在世时常常对我说，你是他所有学生中最听话、最用功、最有成就的一个！你要继续努力，教授在天之灵也在望着你呵！"

    他被震撼了。这话语、这泪光都令他心痛。他要怎样才能不辜负教授的在天之灵呢?

"常,我希望辉煌的是你们。"——这是教授常说的话。

常书鸿掌着灯,心烦意乱地从画室的这头走到那头。

四壁墙上,挂满了他这些年来的作品:《塞纳河畔》《吴夫人像》《神父》《浴后梳妆》《人体习作》《两姐妹》《苏联姑娘》《静物》《巴黎菜市》《巴黎卢佛公园》《鱼》《紫葡萄》《火腿》《同学》《顾维钧大使像》《特弗利夫人像》……

他的目光在《特弗利夫人像》上停住了。在这以后,就应该是《病妇》和《裸妇》。可这两幅画,现在并不存在他的手边。

《病妇》依然以陈芝秀为模特。那回他因画事出门。芝秀受了风寒竟发了高烧,待书鸿闻讯赶到医院时,躺在病床上的她,高烧刚退,头上包着一块雪白的手帕,两颊潮红。

"哎呀,你呀你,你真是个女巫,我一不在你就生这样的毛病吓我!"从医生嘴里,他知道她已经脱离了危险,心里一块石头落地,便故意逗一逗她。

他终于赶回来到她身边,陈芝秀心里立刻熨帖了。她见他连画夹都还背在身上,便也回报他一个玩笑:"你才是魔怪呢,总不会我生毛病了你也来画我吧?"她有气无力地说着,努力想做出一个微笑,谁知只是龇了一下牙。

"别,别动!你这一说倒提醒我了!你这会儿瘦嶙嶙的样子很美,真的很美,怪不得人说病了的'西施'是最美的!"书鸿凝神注视着她,真的放下了画夹动起手来。

"讨厌！"她终于笑出声来。尽管那声音还是软软而无力的，却有说不尽的娇媚。

《病妇》就在这样的情况下画出了草稿，然后在家里加工完成了。

她注定了要成为他的"对象"，她成为他的"对象"，他就获得极大的成功——《病妇》再次被选送去里昂参加春季沙龙展，获金质奖。

"好，如果我的病容也能使你获得灵感和幸运，那我哪怕病死了也心甘情愿！"

"嘘！"常书鸿举起一根指头按着了她的嘴。他不迷信，但也不想听这不吉利的话。

与此同时，在教授画室里所作的《裸妇》也享殊荣——在次年的春季沙龙，也获金质奖。

1934—1935年，常书鸿在法国获得的金质奖章。1939年，寓居贵阳时住处遭日机轰炸，书画尽毁，奖章从灰烬中找出。

《裸妇》的模特是法国女子洛丽特，她的美貌足使任何看见的人一见而倾心。在常书鸿的笔下，"这位模特的裸体活脱脱是又一位出浴的维纳斯……"这是劳朗斯教授和评委们的赞语。

在获得众多的赞誉后，他终于举办了令人瞩目的个人油画展，展品50余幅。

画展之后，常书鸿当选为巴黎美术家协会超选会员，参加了法国巴黎肖像画协会。

这些殊荣，同时带给了常书鸿又一种幸运——《病妇》和《裸妇》这两幅画，在展出后都被收藏在了里昂博物馆。

画完《裸妇》后，他又为小沙娜画了一幅肖像。这幅肖像，也和那两幅画一样，被收购珍藏在法国国家博物馆。

现在，在事业上，常书鸿可以说已经功成名就。在生活上，更是高枕无忧了。

可不知为什么，他却又渐渐陷入一种焦虑的心情中。巴黎和里昂的沙龙展一次又一次，画家们像各路神仙似的在这儿施展拳脚，精彩和不太精彩的作品走马灯一般展露在公众面前，各大画室的咖啡馆里日日聚集着一群又一群的高谈阔论者。常书鸿有时也是热心的听众，有时则对一些装腔作势的过火言论感到厌恶。他常常一回家就开始写文章。他已经成了《艺风》的专栏作者之一，《法国近代装饰艺术运动概况》与《中国新艺术运动过去的错误与今后的展望》发表后，反响强烈，使他备受鼓舞。于是，他又发表了《巴黎中国画展与中国画前途》以及《雷诺阿的胜利》。

这些文章都是他深思熟虑后的缜密之作。上万字的篇幅，纵横捭阖地述说他的观点。

当他兴致勃勃欲罢不能时，吕斯百却给他泼了一瓢冷水。吕斯百寄了一张《欧华时报》给他，报上刊登着一篇文章，语气很尖刻，讽刺他们这些在外头吃洋面包的好汉，是又一种邯郸学步者，学的步也是自我标榜的浪漫派加印象派的小碎步，他们于国家于人民于艺术，都没有什么真情实感，他们的才学充其量也不过是一群夸夸其谈的踯躅在蒙巴那斯街头的可怜虫为大家端来的一杯不伦不类的"鸡尾茶"罢了。

"当然，这冷水也不是专向你泼的……"斯百在信上写道。

常书鸿愣怔了半晌，拿着报纸反反复复地看。说实在，开始的那么一点刺痛感消失后，他越来越觉得人家"刺"得并非全然无理。

他转身往王临乙家跑。合内见他来了就起身要为他冲一杯红茶，临乙提醒说："冲绿茶嘛，你忘了书鸿是喝绿茶的。"

"家里的绿茶没了。"合内抱歉地说，她拿出那个见了底的茶罐。

常书鸿却自个儿动手，快手快脚地将罐底的一点绿茶末倒在杯里，又将一小袋红茶包丢了进去，说："没关系，我就喝这两种混合的……哦，对，我就爱喝'鸡尾茶'！"

他哈哈大笑。临乙一愣，也笑了："书鸿，别在意报上的话，有些人是出于无聊和妒忌。"

"临乙，我倒觉得这些话不无道理。真的，我们来这里快十年了，可都做了些什么？"

"你不是也画过《乡愁曲》那样的好作品吗？"

"那，微不足道！那幅画从思想到意境都很苍白，很无力。看了德拉克洛瓦的《西岛大屠杀》，再看我的《乡愁曲》，真是为它惭愧都来不及呢！临乙，《欧华时报》的这篇文章，让我想起尚彼隆的观点……"

"人家是法国人嘛，感受深切，有那样的观点是很自然的。"

"不不，他山之石可以攻玉，我觉得尚彼隆在一定程度上指出了当今画坛上五花八门的艺术倾向，反映了这个世界所面临的几乎崩溃的危殆现象，你说对不对？你知道的，整个欧洲的艺术不是完全操纵在那些画商手里吗？现在，欧洲画坛热闹倒是很热闹，今天是这几个红极一时，明天又是另一些人红得发紫，可真正为人民所关注所接受的艺术呢？在哪里？在哪里？一会儿立方主义，一会儿超现实主义，昨天还在为浪漫派引吭高歌，今天又在大唱印象派的赞美诗！一转眼，又冒出个'涂鸦主义'，真胡闹！如果'涂鸦主义'也可以成立，那么，谁提个油漆桶，拿个拖把，谁就是画家了！"

"书鸿，别光激愤，还应该再写东西，将这些丑化、恶化文化的现象加以抨击和揭露。"

"你也写吧，临乙，写文章你比我还强。"

"不行，不行，我这里有她呢！"王临乙悄声说着，睨了合内一眼，"人家可是法兰西艺术的坚决维护者。"

"不不，我这样说决不是要否定我们在这儿学到的一切！"

常书鸿为了让合内听得明白，干脆用法语大声嚷起来，"我是说，我一方面既厌恶文学艺术上的那些形式主义的没落和颓废现象，另一方面对我们学院派的一些陈陈相因趑趄不前的绘画理论与实践也非常失望。"

"常，您是不是认为我们学院的老师包括劳朗斯教授的理论也有问题了？"合内插话道。

"不，劳朗斯先生关于艺术来自生活真实的教导没有错，我是认为现在嚷嚷得很厉害的所谓'新现实主义'，只不过是老现实主义的简单改良而已！我很奇怪巴黎这个笼罩着最美丽面纱的大都市，这个世界艺术的奥林匹斯山，为什么在意识形态上也很贫乏呢？"

"嘘！"王临乙刚向他示意，合内的脸色就倏地由白变红了，大而蔚蓝的眼睛盯着常书鸿，愤愤地说："常，幸亏这话是您说的，要不，我还真以为是一个从来没到过巴黎的人在口出狂言！常，要知道，死心塌地热爱法兰西和法兰西艺术的不仅仅是我，连您的夫人都是罗丹和米开朗琪罗的忠实门徒！"

"不，你听我说……"常书鸿着急地说。要想用法语让合内完全明白并接受他的观点是困难的，他无法用最简洁的语言说出这些在他脑海里旋风般的思想。"合内，这我一点都不怀疑。我是说，越是感受到这些艺术的不可替代，我就越想要……"

要什么呢？难道欧洲和法国的艺术家们都没有这样那样的"痛感"吗？要不，怎么解释为了追求真理离开巴黎到非洲、亚洲、拉丁美洲、东南亚、埃及、印度去的那些画家呢？巴黎的沙龙里，不也日日传递着他们的这些消息吗？

"如果日后果然成得了凡·高和高更，我宁愿我们今天也吵得天翻地覆！"常书鸿嘟嘟囔囔地说。画坛的人没有不知道凡·高和高更曾经在阿尔发生的一场又一场的争吵。象征派的创始人之一高更，就因为不满于绘画的种种形式主义的陋习，在将所有的亲戚朋友邀集在一家咖啡店中，慷慨激昂而又戏剧性十足地向大家发表了一篇告别演说后，次日就整理行装到非洲的塔西堤去寻找他的艺术天国去了。而凡·高也是在到了阿尔后才成了一架疯狂的绘画机器。他的《秋天的花园》和那些令人一见血液都要燃烧起来的向日葵，就是在阿尔诞生的。

哦，凡·高的阿尔！高更的塔西堤！那么，他，常书鸿的塔西堤和阿尔又在哪里呢？

他在临乙家呆了许久才起身告辞。几次的话题都让合内大光其火，可是这些争论一点也不影响友谊。临出门，他还没忘了玩笑地大嚷，下回非让合内再给他冲一杯"鸡尾茶"不可！

常书鸿到家一进门，芝秀就递给他一封信。

他一看，原来是他的母校——浙江大学工学院的院长李熙谋写来的。李院长不久前曾与教育部参事郭有守一块儿来巴黎考察，看了他的画展。信中说，郭参事回去后一直在教育部夸奖他在巴黎取得的成就，他们力荐他回国从事高等教育，为国出力，至于待遇条件将是最优厚的。教育部王世杰部长听了他的情况介绍也很为之动心，授意李院长来信询问他的意向。信的末尾还说，国内正需用人，希望他不要错失机会云云……

"这个李院长也是的，上次在这里时你不是明确对他表示过不回去了吗？"陈芝秀说，"怎么又来信提这件事呢？"

"作为院长，他有这个职责呀！我出来时是带职自费的，这个'职'现在还在嘛！"

"那么，难道你心动了？真想回去了？"陈芝秀惊觉地问。

常书鸿摇摇头。"不，不到时候嘛，现在我回去能做什么？"他矜持而自语般地说，是在劝慰芝秀也是在鼓励自己。

机缘巧合识敦煌

从卢浮宫出来，经过卢森堡公园，走圣杰曼大道，顺便沿着塞纳河畔摆放的书摊遛一趟——这是他搬到塔格尔路后常走的散步路线。

冬天的夜晚，塞纳河像一条凝固的冰河，闪闪烁烁反射着玻璃似的光，往常很热闹的河上游轮，现在也减少了班次，河畔比往常时节安静了许多。

毕竟是隆冬了。常书鸿想，他伸出插在大衣口袋里的手搓了搓，就近走向一个书摊。

这是一家专售美术图片的书摊。若说平日到此只是无意的浏览，那么，今日则是有意的搜寻。他已经不知多少次去过卢浮宫，今天参观回来却心血来潮地想在书摊上买一点可资纪念的美术品。

他在这里停下，饶有兴味地翻寻着，忽然，他两眼一亮。

那是一部《敦煌石窟图录》，由六本小册子合订而成。

他打开了合装的书壳。哦，甘肃敦煌千佛洞壁画和塑像图片，他先看末页：第312幅。于是，他一幅幅翻了开来，天啊！这是从哪里冒出来的宝贝啊！

不是明明写着吗？甘肃敦煌千佛洞！

甘肃敦煌千佛洞?!甘肃敦煌千佛洞!!!

它们太陌生了。

甘肃？敦煌千佛洞？敦煌的千佛洞有着如此精美的壁画，敦煌千佛洞有着如此雄伟的塑像！瞧这构图，瞧这遒劲有力的笔触。啊，几天前在伦敦参观过的大英博物馆，不止一次看过的卢浮宫，你不是总是为拜占庭基督教绘画中的人物刻画惊叹不已吗？可这些壁画中的神和人像，不是同样生动有力吗？不不，它们比之"洋塑"和"洋画"，还多了许多他所熟悉的亲切；这些神和人的豪雄奔放形态，比现代的马蒂斯的野兽派还要粗野。可这是5世纪北魏的早期壁画呀，目录的序言中明白不过地说明这是5世纪的作品，这是说，它们都是距今至少1500年的古画了。1500年，我的天！

他目瞪口呆，像被钉子钉在书摊前了，唯有一双急速翻动的手，从第一页到最后一页，再回过头来翻一遍，一遍又一遍。

这些拍摄下来的图片，没有颜色，但看得出来，拍摄者是行家，他叫伯希和。伯希和在1907年就到了甘肃敦煌，在敦煌的千佛洞拍摄了这些图片，然后翻印成这样规模可观的合订本。

瞧，这个法国人伯希和一定是个中国通，他的目录序言是用法文写的，但在图片上却注明了藏文和蒙文的题词和说明。

常书鸿呆立着，书页像秋风中的落叶在他手中簌簌翻飞，一遍又一遍。

"喂，先生，您是不是很想要这本书？"书摊的主人问他了。

他这才长吁一口气，抬起了头。天已黑了。他已站了多少时候？

他不好意思地将书合上，却不舍得放回去。"先生，我很喜欢这本书，我是中国人，这本书是介绍我们中国古代壁画和石窟艺术的，我想买，不知要多少钱？"

"100法郎。"

他越发不好意思起来。今天他身边根本没有带这么多钱。

"啊，对不起！"他讪讪地说着，将书犹犹豫豫地放了回去。

摊主早看出了他的心思。"没有关系，先生，您不必买它，离这里不远的吉美博物馆，您知道吧？那儿还有许多来自敦煌的彩色绢画和资料，明天您到那里去看个痛快吧！"

第二天一早，常书鸿是吉美博物馆的第一个参观者。

伯希和，伯希和，你真是一个举世无双的"大盗"啊！

这里展览着伯希和从敦煌盗来的大量的唐代的大幅绢画——时间是1907年。这是说，在他3岁时，这个叫伯希和的法国人，就来到了甘肃敦煌，在千佛洞随心所欲"拿"走了这些举世无双的宝贝。

看看吧，看看吧，这一幅，那一幅，哦，最精彩的还是这一幅：7世纪敦煌的佛教信徒们捐献给敦煌寺院的《父母恩重记》。这幅彩色绢画呈浅灰绿色，高134厘米，宽102厘米，内容布局分上下两段，上段绘着变相图；下段书发愿文，绘着施主的像，画面四周饰有两到三层叠晕的菱形纹花边；上下段之间，也用这种花边相隔。上段变相图从内容布局上讲又可分为上下两部分：上部绘佛说法图，以释迦为中心，佛左右有听法眷属，佛的头顶置华盖，远景绘山林云气；下部为经文所讲父母对子女如何恩重如山的各种情节……画工的精细，技巧的熟练，尤其是人物的肤体着色明快润泽，晕染柔和自然，端端是绢画肖像画中的杰作！

且慢！且看看年代，哦，是北宋的，那么，这该比文艺复兴时期意大利佛罗伦萨画派的祖先乔托还要早两三百年；比油画技术革新者文艺复兴佛拉蒙学派的大师凡·艾克兄弟早三四百年！天！这就是说，即使拿西洋文艺发展的早期历史与我们的敦煌石窟艺术相比较，敦煌艺术明显更隽永，技术水平更先进。

奇迹！中国人创造的奇迹老早就在中国的土地上发生了。你这个自以为很得艺术要领，一直为西洋文化倾倒，言必称希腊罗马、行必以蒙巴拿斯画家自居的中国人，你对祖国如此灿烂而悠久的文化竟然毫无所知，真正是数典忘祖，你还有什么颜面在此大言而不惭啊！

哦，你不是要寻找你的阿尔，你的塔西堤吗？这就是！常书鸿，这就是！！

回祖国去！

接连几天，他都在吉美博物馆流连，那套100法郎的图录，则早早被他买回并且翻了不知多少回。

常书鸿回到家时，芝秀和孩子早已入睡。像以往独自画到夜静更深一样，他悄悄地在画室的一张沙发上和衣躺下，还是无法入睡，在沙发上来回"折饼子"，做了一夜的乱梦。

梦一个接一个，最后差不多都回到这样的场景：无数个香音神，从天上蹁跹飞来，个个蟑首蛾眉，容颜姣丽，裙裾飘带在他头顶缭绕似五彩祥云；磬鼓云板，声若天籁地响彻云霄；而他自己，也和众多僧人盘坐在浩荡碧水中，神定气闲，身轻如莲……

……不不，他喊着，我要沉下去了，我不在这里，不在这里……他大声嚷嚷着。

"书鸿，你醒醒，你喊什么呀？"陈芝秀摇醒了他。"哎，怎么不到床上去睡哇？"

他一个翻身坐起，呆愣愣地望着芝秀，刚才的梦境清晰如画。

"啊，芝秀，我下定决心了，不管你反不反对，我都要同你说：我们回国去！"

陈芝秀吃了一惊。随即微笑着给了这个书呆子一个甜吻：他是在说梦话。

"真的，芝秀，我不是同你开玩笑！"常书鸿用手抹了一把脸，立即站起来。

陈芝秀这才认真地盯着他。从常书鸿的眼神她可以判断：他说这话，就像十年前新婚不久的那个晚上，他向她宣布一定要去法国留学一样，那口气，那眼神，都是绝无回旋余地的。

陈芝秀纳闷了：下午，又接到教育部部长王世杰的电报，再次邀请常书鸿回国，任国立北平艺术专科学校教授。晚上他回来得晚，她还没来得及告诉他呢，他怎么就知道了？她想：书鸿肯定是受了什么刺激，这么重要的事，他不会不同她商量就下决心的。

"书鸿，什么事你都别放在心上，王部长的电报你先不回复也不是不可以的……"

"王部长的电报？"

"是呀。"陈芝秀从抽屉里拿了出来。

"哦，这电报，哈，来得正是时候……"常书鸿一看，眉头一松。"好，既这样，回去我也就不考虑在别的地方落脚了，我们就先到北平去！"

"书鸿，这么说你果然当真了？"

"那还用说，当然是真的。"

陈芝秀倒抽了一口凉气。她张了张嘴，又忍住了。今天已经太晚。她不想与他争论，一切都到明天再说。

回中国去?! 说得轻巧！她愤愤而又不安地想。放弃这里的一切，放弃含辛茹苦所挣得的一切，人家真会以为他们是发疯了！

"书鸿，你再睡一觉吧，这些天你也太疲劳了。"

"我睡什么，我清醒得很，芝秀，我是同你说真的。"

"可你总是……前些天你还根本没有这念头，现在好端端的忽然又要回去？"

"芝秀，你难道没有想过吗？艺术家是不能没有根的，不管我们在这里多么成功，可这里毕竟不是我们的祖国，归根结底我们是要回去的。"

"回去当教授？你不来法国，呆在浙江大学也早稳稳当上这个教授了。"

"不，当教授不是我的最终目的，你知道我的人生主张，艺术高于一切。"

陈芝秀沉默了。以往的年月里，她不止一次听到过他的这种宣言。在中法大学，在巴黎，都有不少国民党人，也有共产党人，他和他们都曾是朋友，他们也先后都曾邀请书鸿加入他们所信奉的党派，书鸿总是一概以"我不问政治，我的信仰就是艺术"加以回绝。

"我找到我的艺术之根了，我的根就在中国，在敦煌。我要为弘扬敦煌艺术努力。"

敦煌？陌生而又恍如得闻的名字！陈芝秀想起来，这几天，书鸿老是在翻阅一本有许多画片的册子，好像是敦煌……

"我这个人，就是要为艺术而艺术的，我死也要死在艺术上！"常书鸿喃喃地说。他已经完全沉浸在自己的遐想中了。"芝秀，巴黎虽好，非久留之地，我的理想是将来能让全世界的人像知道巴黎一样知道敦煌，让全世界的人像喜欢巴黎一样喜欢敦煌，我的这个理想只有回祖国去才能实现。"

"那，"陈芝秀心情复杂地叫了起来，"我怎么办？我的学业还没有完呀！"

"这倒也是……芝秀，请原谅，我常常是只想着自己而忽略了你。不过，回国这个决心我是下定了的，这样吧，我先回去，你在这儿继续学习，等我回去安定下来，你再回来，这样，你在这儿的学业也完成了，两不耽误，岂不是好？"

"好什么好，你又要教我和你分开，还有沙娜……"

"分开是暂时的，最终我们还会在一起。至于沙娜，当然，我也很想让她和我在一起，可你比我会照顾她，你愿意让她在这里多受些教育也好，等我接你们时再带她一起回去。芝秀，你还不知道我是多么爱你们两个吗，离开你们我心里也是舍不得的。"

陈芝秀不言语了，眼泪却扑簌簌地滚了下来。

"看看你，看看你，还没到走呢就又哭鼻子了，这样叫我以后怎么放心？"

"叫人不放心的是你，你一点也不会照顾自己。"

"我怎么不会照顾自己，你没有来时我不一样过得不错吗？"

"那好，我就不回去，让你一直一个人过下去！"

"别尽耍小孩子脾气呀，我敢说，我回去三个月你就会急着要飞到我身边了。"

"我才不呢，我回去能干什么？除了当你的大保姆……"

"别这么悲观，芝秀，你学的是雕塑，这里的雕塑家太多太多了，你再努力，也是在鲁班门前弄斧头，可是回国去，那就能有大作为了。现在我们国内的雕塑家真是凤毛麟角。我们的一切艺术理想只有回国去才能充分实现，芝秀，只有回祖国去……"

回祖国去！回祖国去！

常书鸿终于坐在回祖国的火车上了。从下定决心起，从与芝秀争辩到劝说到终于说得她眉开眼笑地同意，从办理各种手续到买好车票终于坐在火车上，从刚才与芝秀的长长吻别直到小沙娜往他手心里塞了一个小纸盒后，揪心的离别终告结束。

这是1936年的深秋。蒙蒙细雨在车窗的玻璃上凝成一条条细细的水线，散串珠儿似的滚落下来，就像芝秀刚才拼命噙在眼里而没能噙住的眼泪……不，不能再想她，不能再想她们母女了，否则，他只有撕掉车票跳下车厢飞奔回去……

巴黎的这种如雾细雨在秋天最多，如果仍坐船，还得去马赛，而轮船的声声汽笛也特别能让人伤怀。就是为了消减别离的凄楚，他才选择了乘坐火车，而且，现在也毕竟不同当年，再不会像当年那样锱铢必较地计算坐船要比坐车更省钱。在巴黎直接坐火车，芝秀就可以和一大群朋友一起来送行。好，从现在起，暂时不能再想她们母女了。

他展开了手中的纸盒——哦，可爱的小沙娜刚才是叫他闭着眼睛才塞到他手心的，还一再嚷嚷要他等火车开了再打开……

盒中放着三颗巧克力。另外是一张折着的纸片，他小心地打开来，那是沙娜的一幅小小的作品——模仿他在前年画过而得奖的作品《画家家庭》。画纸的下方，用法文写着一行歪歪扭扭的字：爸爸，我们三人永远在一起。

这个孩子，太聪明了……常书鸿的眼眶润湿了。

"呵，常先生，这是你的女儿给你的礼物吗？我刚才看到她，她太可爱了！"邻座的布里埃先生伸过头来说。

常书鸿这才缓和了情绪，注意到自己的同车厢人。除了这位法国人布里埃先生，还有一个日本人中村、苏联人鲍里斯，这三位都会讲法语的同行，都是到中国去的。

话题随着小沙娜打开，常书鸿立刻谈笑风生了。

列车风驰电掣般经过了比利时。德国马上就要到了。

"真想在每一站都下去看看啊！"鲍里斯一直把头伸向窗外，盯着远去的这个比利时的边境小站，不无惋惜地说。

"要是那样的话，我们到北平的行程不是十五六天，而是五六十天了！"布里埃说，神情充满了无比自豪。"欧洲啊，可以说是世界上最可爱的地方，每一寸土地都是黄金之地，每个地方都令人神往。"

"哈依，哈依。"中村的法语虽然流利，但在表达这个"同意"时还是一副十足的日本腔。

要是在以前，布里埃先生的这句话常书鸿也不无赞同，可这会儿听他这么一说，特别是看了中村的这一神态，不知怎的，他立刻反感起来，板着脸抢白说：

"每一寸土地？不见得吧？要不你们怎么也会老想着到别的

地方去？比如说你们不都是到过北平并且刚才还说一直很喜欢
那儿吗？"

布里埃一愣，马上解嘲地笑笑，摊着两手说："那是，那
是，我说的可爱地方，当然也包括中国，包括北平。"

常书鸿的脸色这才又由阴转晴了。

到了柏林。

按照大家原先的计划，他们下车去拜访萝西女士。

乳黄色的两层小楼，青藤环绕的百叶窗，钢琴家萝西太太
在她美丽的家园中迎接了他们。

热情非凡的萝西太太是常书鸿在巴黎开画展时相识的，她
被学绘画的女儿领着来参观他的画展，赞叹不已，并一再对他
和芝秀说，希望他们能当她女儿的红娘，她极想女儿能嫁给中
国的画家，而邀他来柏林，也是她多次在信中所表达的愿望。

在柏林逗留的三天，萝西成了最热情的导游。

柏林也是个艺术之乡，真可惜啊，以前没能将欧洲游历遍，
而以后，这样的机会是不是还有很多呢？……他边走边想。

记得那年见到徐悲鸿先生，徐先生没有多说别的，就说要
他多去看一些地方。而徐先生自己，真可以说是游遍世界的，
所以才眼界高阔，成就惊人。

这天，萝西带他参观柏林的博物馆。

他还是如以前一样，一见博物馆就灵魂出窍，一间又一间
的不放过任何一件细物地游走下来。

在第五展室厅内，又一幅壁画令他目瞪口呆——

那是一幅非常精美的新疆吐鲁番的壁画。

他心里一咯噔，这次，虽然不像在巴黎时那样震惊，但也泛起一股酸酸的滋味！

是谁又是经过怎样的手，将这壁画弄到这里的博物馆的呢？

这自然无从问起。但是，这里的人，世界各地的人视这些中国的壁画为至高无上的艺术品，那是毫无疑问的。

是否视为至高无上的艺术品，就要将它据为己有呢？

中国，我的中国，是谁使你的宝贝一而再再而三地流失了啊?！……

"常，您怎么啦？没有什么不舒服吧？"萝西盯着他的脸问。

"不，没什么，没什么。"他摇摇头，抱歉地笑笑。

在柏林的游览，以这样的心情告终，是他始料未及的。

列车经过了华沙，几个同伴又相约到虞和瑞家过了一夜。

在欧洲的城市中，华沙算得上是极为漂亮和古色古香的。这儿的许多建筑物，都和巴黎的一些名胜一样年代久远。

"喂，我说布里埃先生，假如让你选择生活之地，你是选择华沙呢还是巴黎？抑或是柏林？"鲍里斯在卧铺上直起身子说。

"我嘛，当然……"布里埃看看常书鸿的神色，突然改口说："我选择火车。"

"火车？"

"是的，像这趟国际列车一样，跑遍全世界的火车。"

三人会意地相视，终于又哈哈大笑起来。

常书鸿没有笑。他听见了同伴们的对话，他也觉察了刚才布里埃特意避开正面回答的体贴，但他笑不出来。虽然早已离开柏林，但他却像中了魔似的，思绪还停留在那幅新疆的吐鲁番壁画上，它和敦煌的那些壁画一样，勾去了他的魂。

列车风驰电掣般经过了比利时、德国、波兰、莫斯科……汽笛再次长嘶——

满洲里到了！满洲里！中国的满洲里！常书鸿心情激动地收拾了自己的行李，准备下车。

车厢里忽然进来了几个日本宪兵。"你的，拿出证件看看！"

常书鸿皱起眉头，在皮箱里掏出护照证件时，一本法国地图和世界地图也掉了出来。

"你的，带这个干什么？"

"地图嘛，当然是旅行用的。"

两个宪兵捡起地图翻了一气，做着手势要检查他的行李。

还有一个看样子就是个汉奸模样的人，叽里咕噜地朝日本宪兵说了一番话，然后就说："叫你快打开箱子看看！"

一股热血冲上了常书鸿的头顶，他气呼呼地指着护照上的一行字说："认得吗？我是艺术家、画家，回自己的祖国来工作的！你们凭什么要检查行李？"

这帮家伙不理会，将他箱子里所有的东西都倒了出来，七弄八翻地看了一遍。

常书鸿气坏了。"刚才，与我同车厢的那三位先生下车，也没见你们检查，为什么独独对我……"

那汉奸皮笑肉不笑地说："对了，因为皇军认得他们不是中国人……"

这帮家伙终于扬长而去。

常书鸿气得目瞪口呆。祖国，祖国，这就是阔别十年后你给我上的第一堂课？

颠沛流离难如意

北平车站。迎接常书鸿的北平国立艺专的师生正在静静地等候。

神情抑郁的常书鸿，对欢迎的掌声和鲜花茫无所觉，他朝迎候者劈头就问："你们打算叫我什么时候去敦煌？"

大家都为之一愣。知情人将他悄悄拉过一旁耳语，常书鸿这才不说话了。木偶似的随着人流走出车站，扫视着一片灰雾中的北平，他的心忽然紧缩起来。

北平国立艺术专科学校西画系的教室。西画系主任常书鸿教授赴任后上的第一堂课。

这是他给祖国和给祖国学子的第一份"见面礼"，为这堂课他在离开巴黎时就作了精心准备。可是，临上课前他忽然改了主意，将原先准备的讲课提纲夹到了讲义夹的最后一页。

他要修改讲稿，要从到达满洲里和哈尔滨后的遭遇和见闻讲起——

"……同学们，在哈尔滨，街上的饭馆卖饭用的筷子都是日本式的，所有的人进了馆子都不说话，低着头吃了就走。大家知道哈尔滨是北国，现在不是最冷的时候，可是现在街上的人连扫地都戴着大口罩，不是因为冷，而是不愿说话，怕因说话而招惹是非，到处都是日本宪兵、特务，那种沉默、沉闷，真是可怕极了！同学们，哈尔滨是什么地方？是我们中国的领土呀！可现在，那儿是日本人的天下！我们中国同胞在自己的土地上不敢讲话！第一天到北平，不少老朋友来欢迎我，好多人几年不见，对祖国对亲朋好友，我是满心期待，我想好了一肚子话语要对他们说，可是，什么话也说不出来，满脑子盘旋的，就是在满洲里被日本宪兵检查的屈辱，在哈尔滨被恶魔般的气氛封杀了一般，只有冰冷的感觉，我一句热烈的话也说不出来。同学们，现在，我想说的第一句话就是：一个被侵略的国家是没有快乐可言的，一个没有政治自由的国家是根本没有幸福可言的，这是我在回国以前断断没有想到过的……"

教室里霎时一阵静默，不一会，掌声像暴风骤雨般响了起来。

常书鸿顿了一下，语调越发慷慨激昂："同学们，我一向是不问政治的，我一向认为艺术家可以远离政治，不瞒你们说，为艺术而艺术是我坚决的主张，可是进关的诸多波折，把我激醒了，艺术家一定要背依祖国这棵大树，没有国家的强盛，艺术也强盛不了！国家兴亡，匹夫有责。我们一定要振兴中华，挺起我们民族的脊梁！"

"老师，你说得好！我来说，我是东北来的学生！"

"老师，我说说我的感受……"发言一个接一个，美术课成了控诉日本侵华罪行的课堂。

失望的情绪紧攫了常书鸿的心，他悲哀地感到：原先在巴黎想得太天真了。

朋友们在车站就明确地告诉他：现在时局不稳，西北尤其混乱，敦煌地处大沙漠，满目荒凉，旅途非常不便，眼下根本去不了。

没办法。只好暂且稳下心来教书。幸亏教书是他乐意的事。

他很快就感觉闲得无味了，那就作画，画画是唯一能教他安于斗室不问世事的乐事。

他边教边画，一张又一张：《街头幼女》《任重道远》《金瓜葡萄》……

一张请柬赫然来至案头。那是国民党教育次长张道藩亲手签发的，张次长请他参加第二届全国美展筹委会，与刘海粟一起担任全国美展的评审委员。

对这种在别人眼里是至高无上的荣誉，常书鸿却显得波澜不惊，宠辱不惊。时下很多人都认为被红得发紫的张道藩看上是一件了不得的幸事，他却十分淡然。理由很简单：张道藩的老婆素珊是法国人，张道藩也学过美术，同是画界出身，有些共同语言，如此而已。

常书鸿没有多想，淡淡地接受了邀请。刚回国，这样一个能教他全面熟悉国内美术情况的画展，不管怎么说，是个机会。

到了南京他才看出端倪，此时的美术界分成三派：南京徐悲鸿、上海刘海粟、杭州林风眠。三派都有力量。有职有权的张道藩独独在画艺才学上稍逊一筹，他想独树一帜，想拉拢一支特别出色的人马跟从，于是，常书鸿便成了他格外要网罗的对象。常书鸿心里明白，他跟三派都有很好的关系，不想作帮派之争的附从。保持人格的独立，是他做人的根本宗旨。

到南京后，张道藩对他热情备至，常书鸿心明如镜，一涉及派别间的事端，便哼哼哈哈佯作不知。他不是耍滑头，也不会耍滑头，只是不想卷入除艺术之外的任何争执。

美展开始，盛况空前。常书鸿为数众多的油画，获得观众的青睐。

德国公使陶德曼当场买了他两张静物画。接着，大使求见了画家常书鸿，请他到公使馆做客。公使与其夫人热情备至，殷勤款待，常书鸿盛情难却，同时觉得这位陶德曼大使是个十分诚挚的人。人敬一尺，我报一丈。他应邀为大使与其夫人画了两幅肖像。

画展还在热热闹闹地举行，常书鸿却为一事不安——别离家乡十年了，他要回杭州老家去看看。

十年不见，荷花池头已不复旧模样！

他见到的父母双亲，已是两座并立的坟茔。坟茔简陋，荒草蔓生。常书鸿将两座坟茔好好修筑了一番。

他向叔嫂侄辈问清了家里所欠的旧债，然后一笔一笔地还清。还债的同时，他的眼前不时晃现起在巴黎所见的那幅壁画：《父母恩重记》。他觉得即使让他再多还上两三倍的钱，也难报还父母的养育之恩。

祖母还健在，与叔父同住。老人家老眼昏花，抚摸他的手颤颤巍巍；她还是一口一声叫他灵官，虽然叫出来的声音都像游丝断线。

再次别了朝思暮想的家乡，他心事重重地从杭州乘车径直回北平。

火车过了梅花碑。汽笛长鸣声中，怅望着白雾中一晃而过的吴山，常书鸿忽然一阵心酸。

"父亲，母亲，请原谅你们的不孝之子吧！"他哑声说道，泪花盈眶。

刚到北平，传来了第二届全国美展最后评定的消息：他参展的两幅作品——油画《裸妇》和静物《乳酪》获奖，其中《裸妇》获第一名。

带学生到北海公园画画，是常书鸿思谋多时的主意。

他来北平快一年了，北平的主要景点他都去过。这些地方的实际景观和京城的皇家气象是那样相悖，除了故宫那一片红墙黄瓦是紫禁城该有的宏大以外，其余无不笼罩着颓败的气息而现出一种灰灰的死相。京城故都弄到这般地步是他这个第一次光顾的人惊异不已的。

正因为这样，他连地处城郊的颐和园都懒得光顾。而唯有这个北海公园是最能教他想起杭州西湖的地方，他想等学生们画出来后，再告诉大家南方和北方的不同。

"你们看，北海最显眼的标志就是这个白塔，不管从什么角度，你都是无法忽略它的。"常书鸿架好了画架，指着湖对面的白塔说。

他忽然想起来，1924年在杭州西湖的那次写生。对面是雷峰塔，画着画着，雷峰塔就倒了。转眼13年了！

"13年前的一个早晨，也是个天气晴好的日子，我带都锦生纹工场的一班学生在西湖写生，湖对面清楚地矗立着雷峰塔，同学们都选择好了自己的角度，当然，无论从哪一个角度，雷峰塔都是最醒目的景点。忽然一阵烟雾弥漫，雷峰塔竟然轰轰隆隆地倒了……"

"轰隆！轰隆！！轰隆！！！"

就像为常书鸿的话佐证，远处突然传来了几声巨响。炮声！是大炮的声音！

学生们呆成一片，乱成一片。常书鸿愣怔一下，随即让同学们收拾了画具。

中华民族的一场灾难就这么降临了，卢沟桥的炮声震碎了所有人的幻梦。

"常先生，您准备到哪儿去呢？"

"我？回家，我准备先回杭州去。"常书鸿捆扎着收拾着一大堆行李，心烦意乱地答。

行李太多了，新近从巴黎装箱运来了他的全部家当——他在巴黎留学十年的全部成果：画作。这些被芝秀一幅幅装裱好的带画框的油画，现在显得格外笨重。现在，这一切东西，他的心血和宝贝，就要在战乱中成为他决不能舍弃又无法一路带着的累赘。

学校里自是一番离散景象。常书鸿皱着眉头看着四处一片狼藉，他想只能将自己的一切物具从简。一决定，他又拆开了原先捆扎停当的物件，精心挑选了自己的50多幅作品，一一拆了架，将它们捆成一卷，又抽下床上的那条花床单包好。这是他的至宝，十年的心血结晶全在这里了，他准备带着它上路。其余的家具书籍，就只好先托付于人。他找到了学校的秘书长赵先生，像老臣托孤一样郑重地交代于他。

赵先生虽然接受托付，但也是心神紊乱。常书鸿看着他那双慌乱不安而四下游弋的眼睛，心里认定留下来的这些东西以后将难逃厄运。

卢沟桥的炮声响过了一星期。常书鸿坐在北平开往南京的火车上，心情十分烦乱。

他准备去上海迎接芝秀母女。如果没发生战事，这团聚将令他们多么快活！可现在，相聚的欢乐还没品尝，却要从此卷入战事中的教学生活。要求安稳，唯有将她们母女送到杭州或上海的亲友家。主意打定，他先奔南京，他想起了曾经买过他的画的德国公使陶德曼。

在中国待了一些年头的陶德曼果然很够朋友，他非常欣赏常书鸿的作品，一再说常书鸿的画与16世纪德国肖像画家霍尔本的作品很像。大使热忱地欢迎了常书鸿的来访，并关注地问他准备到哪里去安身。

"大使，我要带家眷回杭州老家去。"

陶德曼又问："常先生，您刚回来就碰上了这场中日战争，不知对此有什么看法？"

"日本是在找借口侵略我们，这是明摆着的事，不过我想非正义的战争总不会持久，世界舆论一起，也许很快就会结束吧？"

"您太天真了，尊敬的常先生，战争是无情的，这仗不但会打大，还会长时间打呢！"

陶德曼见他随身带了一大卷东西，便猜到了："是你的画？"常书鸿点点头。

陶德曼说："常先生，您带着这样多的东西东奔西走，很不方便，万一丢了就可惜了。如果你愿意，就将这些画留在我这里，我替你保存，好吗？"

正中下怀，常书鸿点点头。陶德曼立刻叫来秘书，让他把这卷画收好。

秘书抱着这卷画走的时候，常书鸿心头再次闪过留恋和不安。继而一想：算了，陶德曼先生有此好意，放在他这里总比自己带着到处跑强得多。

事实很快证明了陶德曼的预见。不光常书鸿自己陷入了战争中的颠沛流离，陶德曼大使也很快撤离，留下的这批画就像泥牛入海，再无消息。

他更没有想到，世事总是一波三折——这批留存的画，竟在14年以后完璧归赵。

期盼中的温柔似梦的相见，被现实的严酷，撕扯得一塌糊涂。但是，毕竟团聚了，只要她们母女平安回来就好。没想到的是相聚未几，他们又要作短暂的离别——学校要迁江西。

分别前，小沙娜蹦跳着来到他面前。流利的法语在娇小的女儿嘴里，珠滚玉盘似的清脆。

"爸爸，这是我送你的礼物。你猜，这是什么？哎，你闭着眼睛转过身去！"

"什么东西，这么沉呀！"常书鸿松手一看，是一只马蹄铁。"沙娜，你从哪里弄的？"

"你忘了？爸爸，那次你带我们去玩，我在路上捡的。"

"你捡这做什么？"

"妈妈要我捡的嘛！"沙娜噘着嘴说，"嗨，爸爸，你怎么忘了？妈妈说马蹄铁是……"

"沙娜，别告诉他，看他还记不记得，才回来一年，他把什么都忘了！"

常书鸿幸福地闭起眼睛。怎么会忘呢？在欧洲，马蹄铁是幸福的象征。年轻的情侣之间常常用此作信物。只是他此时无暇浪漫而已。他乐哈哈地笑着，将这块马蹄铁收起来了。

"芝秀，忘事的是你们，看你们母女俩，满口法语，说的话没人懂,小心上街时人家把你们俩当外国佬痛打一顿。"

"爸爸,你一定要放好哟!"沙娜跳起来,两手围着他的脖子,"它会保你平安!"

南昌火车站的看守所里。常书鸿在简陋的睡铺上辗转反侧。

他那高大魁梧的身躯根本无法在这张"床上"委屈,"四大火炉"之一的南昌,现在就是开着电扇也让人大汗淋漓,何况是这间斗室?极度的愤怒焦躁,使他越发像笼中的困兽。

横祸飞来,"虎落平阳被犬欺"。但他无计可施,只能静待结果。

北平艺专校长赵太侔来电,要他到江西牯岭报到:学校南迁,又要搬到江西庐山去。

大概是他那身笔挺的西装革履太惹人注目了吧?他一出火车站,就见几个警察围了上来。他们要检查他的皮包。皮包内有一张巴黎美专的学生证。警察不认得花里胡哨的法文,却马马虎虎认得他的那个中文签名。"你叫什么?"

"叫什么,你们不会看吗?"

"常什么,常……常青川?"

常书鸿觉得好笑。他的签名是用草书签的,中国的书法,他们不懂,竟将书鸿二字看成了"青川"。他不想与这帮蠢驴分说,就马马虎虎地点了点头。

"唔?!"那几个警察面面相觑一下,马上把他的东西全都翻了个个儿。

他气坏了。有过在满洲里的经历，他知道这又是一桩秀才遇见兵的事。他决定缄默不理。只有这样才能保持他这个回国艺术家的尊严。

沙娜给他的马蹄铁也给倒出来了。警察们如获至宝："嗨，这是什么？"

"连马蹄铁也不认识吗？"

"你带这有什么用？"

"没有什么用，只是一个象征，欧洲人认为幸福的象征。"

"象征？欧洲人？哼，别说了，跟我们走一趟吧！"

"凭什么？我是堂堂国立艺专的教授，你们这样对我……"

"闲话少说，你是教授？我们怀疑你是地下共产党的常青川！跟我们到局子里去一趟！"

什么？共产党？常青川？

根本不容他分说，也不分青红皂白，他被弄到了这里。

他知道，现在必须用第二句老古话来拯救自己了：钱能通神。他摸出内衣口袋里的几块大洋，给了那个看守，让他去替他发一份救急的电报。等教育部有了回电才能救他出来！

他心如油煎地在这见鬼的看守所熬了一夜。第二天行李到，教育部长的电报也到了。

走出看守所的常书鸿长长地吁了一口气！

1939年的早春悄然来临。北平的艺专和杭州的艺专，在从牯岭搬到湖南的沅陵后，已经合并成为"国立艺术专科学校"。

艺专这两年搬迁频频，先是搬到牯岭，后来又搬到沅陵，再后来，又从沅陵搬至贵阳，听说以后还要搬到昆明去。

从牯岭到沅陵，从沅陵到贵阳，常书鸿当过校务委员，又当了驻校的常务负责人。

世事多舛，同仁离散，只有一样对常书鸿来说是万变不离其宗——那就是他的教职：造型艺术部主任兼西画系教授。

在忙乱的教学生涯中，令他最欣慰的是：发现了许多有才华的学生，其中，来自浙江绍兴的董希文就是最令他赏识的一位。还有一件事对他来说是须臾不可离的——那就是作画。即便在忙乱无序的日子里，他依然曲不离口拳不离手地画出了《沅陵雪景》《野渡船家》……现在作画，与其说是出于创作热情，不如说是心情的排遣。

　　1938年，迁至湖南沅陵的北平艺专与杭州艺专合并为国立艺术专科学校，常书鸿成为驻校的常务负责人，艰难地处理着办学、生活等多种事务。图为常书鸿一家与艺专师生们在一起。

当他带着妻女再次在贵阳的旅馆住下时，同样不知道这儿能否成为他们长久的归宿。

最近，连贵阳也成了日寇飞机轰炸的目标，躲空袭成了大家生活中最重要的内容，人人的心都悬在半空中。颠沛流离之苦，搬迁调集之艰，作为学校的负责人之一，他重任在肩不胜其累。光是体力之劳累倒也罢了，常书鸿现在觉得最难调排的是离乱中的学校风潮和人事纠葛；最教他愧疚的是难以面对芝秀那双惊惶不安的眼睛。

幸亏从北平任教起，有王临乙夫妇做伴。吕斯百去南京任教后，"三结义"的弟兄中只剩两人，现在，临乙夫妇也住在这儿，就住在他们的楼下。

又是夜深了。他两臂枕头，毫无睡意。一年来发生的事像电影镜头似的从他眼前闪现。

大搬迁是学校的大事，为了学校的这件大事，他耗尽了精力。为此，他常常顾不得芝秀母女，在这样的战乱中，没有尽到为父为夫的责任，他深深自责。

但是，他又无法丢下学校的许多大事不管。明天，他必须过河进城去看望住在医院的校长滕固，商量有关学校的教学大事。这一来一回起码又得一天。他想对芝秀说明，但实在怕看芝秀的这双哀怨的眼睛。在法国呆了七年多的芝秀，好不容易在他千呼万唤下回来了。起初她也有兴致，他去上海接她们母女时，她还买这买那，连窗帘都左挑右拣，非要买到最漂亮的不可，一心一意要打扮好他们的家，完全一副安心居家过日子的样子。可是平安日子没过两天，就转入了这样东奔西走的颠沛流离。她手脚无措一筹莫展孤苦无依的样子，让他觉得每次离开她出门都是一桩罪过。

人一着急就上火，他的牙突然异常疼痛起来。

芝秀听说他有病总是急得不得了，一定让他进城去看看牙医。

这天是2月4日，1939年2月4日。常书鸿和陈芝秀都记住了这个日子。

常书鸿刚进城，日寇的飞机往城郊接合部投了炸弹！燃烧弹直直落在了他们所住的旅馆，旅馆顿成一片火海。陈芝秀和沙娜所住的那一层屋顶，立刻砸了下来！

不幸中有万幸——爸爸进城了，没着没落的小沙娜提议去看王妈妈。于是，那一刻，她们正巧到了楼下王临乙夫人合内那里。

爆炸声起时，两个大人与孩子靠躲在房中那张四方桌子下避过了祸难，而楼上她们自己的房间，却被炸了一个大洞！

她们吓傻了。爆炸过后，合内带着哭声说："芝秀，我们避到教堂去吧！让主保佑我们！"

芝秀完全没了主意，两人扯起一条毯子裹了沙娜，没命似的往附近的一家教堂跑，身后的旅馆在一片火海中成了废墟。

常书鸿等不及空袭结束就往回赶，但他此时就是有三头六臂也无法过河——船与桥都被封锁了。等他冲回来终于在天主教堂找到她们时，死里逃生的合内和芝秀泪流满面，冲口而出的话就是：上帝保佑！

"上帝保佑！"从此成了合内和芝秀的口头禅，她们同时成了虔诚的天主教徒。

这次空袭中，常书鸿的全部书画和学校的部分校产，都化为灰烬。常书鸿呆在废墟中，心犹不甘地搜寻着尚存的余物。终于，在法国历次参展所得的两块奖牌还在！他从灰烬中扒拉出了这两块奖牌。那拿着橄榄枝的女神雅典娜依然一副永远令他迷醉的神态……

他吹掉两手的黑灰，笑道："还算好啊！五块奖牌还剩两块，总算没有全军覆没！"

陈芝秀哭笑不得地望着他："你呀你！亏你还笑得出来！"

"芝秀，只要你和沙娜安然无恙，就是所有的财物、奖牌全没了，我也能笑得出来！"

春天将尽时，学校几经艰难终于搬到了昆明。愤怒出诗人，愤怒也出画作，油画《寒江》《蒲公英》《野花》《日寇暴行录》等在常书鸿的笔下倾泻而出。

到昆明后，常书鸿因为筹备复课而更加忙碌。初夏，他与人去越南河内购买了一大批油画颜料和画布画笔……秋天到来的时候，他们先借昆明市昆华小学临时上课，后来，终在云南晋宁县安江村正式安排上了课程。这时，常书鸿感到一颗心又踏实下来。

踏实的心使他的笔又风快起来：《沙娜像》《梳妆》《夏收》《静物》《平地一声雷》等，像开闸之水，汹涌而出。

西南联大的闻一多、王逊、颜良，云南大学校长熊庆来，他们一一欣赏了他的作品并一再鼓励他在这儿开个画展。这几位著名人士的赏识可不是一般人的泛泛赞扬，常书鸿心动了，创作的热情再度燃起，水粉《丁香花》《仙人掌》《葡萄》《云南腊肝菌》《安江村溪》……这期间画出的油画，缤纷五彩共30余幅。他觉得：小型的画展可以开了。

四季如春的云南，秋天也像春天，常书鸿在昆明举办的个人油画展持续了一星期。

这是他回国后开的第一次个展，热烈的反响是意料中的。看来，艺术的婵娟在巴黎在昆明，同样能圆。千祝万祈的就是"但愿人长久"！自从回国以后，芝秀第一次笑得这么灿烂！

因福招祸，祸不单行，福无双至。就在他画展得意事业顺遂的日子刚开了头的时候，学校因人事派别纷争所起的学潮又波及了他——因为他是原校长

1939年，常书鸿一家在昆明郊区。

滕固聘用的，新任校长上台后，坚持不用前任的原则，他和王临乙、秦宣夫等人，因了这条原则未得聘任而解职。

"书鸿，现在你我都是失马的塞翁，焉知非福？"王临乙笑哈哈地宽慰着双眉紧皱的他。"此处不留爷，自有留爷处！教育部总有我们的饭吃，学校反正要迁重庆，我们都是艺委会的委员，大家都到重庆去，斯百也在那儿，我们又可'三雄会'了，岂不是大好事一桩？"

"你呀，什么时候都是这副安乐王脾气！"常书鸿长叹，"说实在，我是不愿意这一派那一派地闹的，我就是我，我谁也不亲谁也不疏，不管东西南北风，我就是常书鸿派！不在学校也好。说真的，到重庆去能与斯百一起有各自的画室，倒真是成全了你我呢！"

魂牵梦萦思敦煌

到重庆后，果然如他所愿，常书鸿和斯百、临乙这些艺委会的委员，都是"闲职"，可在美术教育委员会支薪，有自己的画室，可以从从容容地画画、相互观摩切磋，这真是又一次的因祸得福啊！

他还去成都、灌县、郫县青城山画了几十幅风景，而后又在当地开了画展。

闲来无事，他喜欢到嘉陵江边去，一坐就是一两个钟头。

江水汹涌咆哮，澎湃东去，熙熙攘攘的挑夫川流不绝，山崖一般的江岸，天梯一样的石级，如蚁的人群和如山的货物，纤夫、轿夫，密密麻麻地织成了江城山城的一幅特殊的图画。

听着时高时低、夹杂着沉重的喘息的号子，望着这些劳苦万分的"芸芸众生"，他时时有一种负疚感。"今我何功德，曾不事农桑？"他不时萌生起要画他们的欲望，却不知为什么，一旦举起这杆画笔时，却一点也不自如轻松。

他不解的是：画过了那么多人体和各种人物，为什么把握不了一位普通的四川农民呢？不是笔力弱，而是自己心重。日后我一定要好好画他们的……他喃喃自语。

凤凰山半坡清水溪畔的这两间茅屋，是吕斯百先到重庆后置下的家。

1940年，常书鸿离开国立艺专，到教育部美术教育研究所任职，他在重庆沙坪坝凤凰山安了家，并与留法时期的同窗好友吕斯百、王临乙等重聚，这也是他回国后难得的一段安定时期。图为1941年，常书鸿在凤凰山作画。

常书鸿夫妇来了后，斯百夫妇接纳他们同住这儿，两家人一起过日子，和谐又温馨。

这天来团聚的，还有王临乙夫妇、秦宣夫夫妇和吴作人夫妇。五家人聚在一起，好不热闹。老朋友之间，话题总离不开大家所关切的人事。

"书鸿兄，张道藩倒蛮诚心，对你很器重呢！是不是？听说他把自己的印章都交给你？"

"你这已是迟到消息了，就在昨天，书鸿这个秘书已被免职了！"

"真的？怎么回事？"

常书鸿习惯地皱起了浓眉。本来，他不想提这件事。因为在座的都是老朋友们，说说也无妨。"张这人，很会在心里做文章，因为我又得罪他了呗。前些日子他叫我画一张孙中山的画像，我刚刚动手，他又让我着手画国民党党史。我说我不是国民党员，对国民党党史不了解，画不了。他说：'这有何难？你就赶快加入吧，我来当介绍人。'我说：'不，我如要加入，在巴黎就入了。我不想入国民党，我什么党也不入！'他马上拉下脸来：'你别这样说话，你回国来，若不是我处处关照，你连吃饭都成问题，你能有今天，还不是多亏了国民党！'你们听听，我哪能承这个情。我不买他的账，说：'我是画画的，我走的是艺术的路，反正我不入！'他气急了，拿出一大沓入党表格来，搁在我的办公桌上，板了脸说：'你好好考虑吧！别辜负我们对你的信任。除了你自己要入外，你还应该积极发展一批你的同道好友才是。'我没理他，不作声，他很没趣地走了。"

大家七嘴八舌地说："嘿，听他那话音，不会就这么罢休的……"

"可不是嘛，张道藩心胸狭窄，说不定过两天会给你颜色看呢！"吕斯百不无忧虑地说。

"什么颜色？赤橙黄绿青蓝紫全泼过来？那倒好！省了买颜料。书鸿兄，你说是不是？"吴作人宽慰地跟他打趣。"不理就不理。我们这样的人，少跟他们这些当官的纠缠最好。"

"问题是你不想理他们，他们偏要找茬来'理'你呀！"

"是的，你们听我说……后来，哦，也就是我在成都开完画展后，张一看许多报纸都发文章赞扬，越发酸溜溜了。我从成都回来第三天晚上，他把我叫去，劈头就问：'你把我的印章都拿去干什么了？'我想你这不是明知故问？除了领薪水，还能做什么？他板了脸，说：'我的印章很重要，不能乱用的，以后用我的这颗章，每用一次，都要有记录，用前用后都要向我汇报。'我想，他这是借题发挥找茬呢！既要马儿跑，又要马儿不吃草，这不是强我所难吗？我说：'我这人就是画画的，你硬叫我当秘书，我干不了这一行。'他又说：'我是信任你，才叫你用我的图章……我叫你考虑的事怎么样了？'我一想，还是这个事？原来信任的内容就是这呀，还不是逼我入他那国民党？我马上从抽屉里取出他那图章，当场交还他。他下不来台了，脸憋得跟红虾一般，说：'你，你怎么这样办事呢！'我说：'不这样办还能怎样办？反正我当不了你的秘书了！'我不管他把脸拉了二尺长，把印章往他怀里一丢，就这样，嘿！"常书鸿长吁了一口气说，"一出了那个门槛，心里不知道有多轻松！这真是：但得此生能淡泊，何须随俗拜金身！"

"哈哈哈，这就是你的'辞官记'呀，精彩精彩！"

"秘书算什么官？芝麻绿豆官，谁稀罕呀！"

"你们不知道，在有些人眼里，不得了，张道藩的印章，能要来钱，能办事情，所以他敢这么要挟你！"

"我看他不会善罢甘休的。"

"他还敢怎么样？你书鸿老兄名声响，他能夺了你的饭碗不成？顶多冷淡你罢了！"

"这样好，冷淡了，他就不会再提国民党不国民党的事了。"

"嗳，我说斯百，你们诸位先生的话匣子收一收吧，来，我们该填肚子了！"

吕斯百夫人马光璇和陈芝秀一起出来招呼大家了，吕斯百忙问："咦，我们今天在哪里吃？怎么没见动静呀？"

"芝秀出了个主意，我们今天在'后花园'开张，而且，吃的东西是你们想都没有想过的。"马光璇很得意地指指后门外。

大家起身一看，所谓的"后花园"就是这所小茅屋后边的一大块空地。洒水除尘后，非常洁净，几棵高大的黄桷树成了天然的绿色凉篷。两张小方桌已然摆好，三位夫人亲自动手，包了一大箅的馄饨。

"你们的乡居，可以说是相得益彰，各有千秋。"

"茅舍是权宜之计，终不能教书鸿和芝秀长居我们这小小斗室的。"吕斯百歉疚地说，"到时候，还得找个宽敞地方。"

"宽敞地方？那只有敦煌啰！书鸿兄是除了敦煌，别的地方对他来说都是'凉亭'。"

常书鸿正在出神，没应声。这话落进陈芝秀耳朵，却像碰了琴弦，心里咚的一惊。

1942年，《重庆日报》和《早报》《时报》等讨论得最热闹的话题是这样一件事——

河南洛阳龙门石窟的瑰宝——大型浮雕《皇后礼佛图》被人盗卖了！贪官污吏与奸商盗贼相勾结，竟将这巨大完美的石刻浮雕劈成数片，然后分别包装偷运出境。当这一无与伦比的瑰宝被重新拼装好在美国波士顿博物馆展出后，国内人士才发现了奸商们的无耻伎俩。声讨舆论四起。但是，即便人们倾尽怒火，已然是宝物难追，于事无补。

连日来，重庆的国民党政府面临群情激昂的指责和压力，不得不指令教育部筹备成立"国立敦煌艺术研究所"。报纸上关于如何保护敦煌艺术的呼声，一浪高过一浪。

9月的一天，常书鸿在裱画店碰上陈凌云。陈凌云两眼一亮，一声惊呼奔过来，两手紧握。

常书鸿只是点点头，连淡淡的笑容也不想露。常书鸿自认不是一个心地狭窄的人，但8年前也就是1934年夏天的那次交往，着实令他不愉快。

那回，陈凌云到法国考察战后的法国救济事业，大使馆找不到人，他径直找常书鸿做翻译。常书鸿陪着他连日奔波，为他参观当向导，又找了许多资料并一一翻译好。陈凌云将这些资料带回去时，言之凿凿说要署上两人的名字在国内出版。后来，书果然出来了，可是译者却只有陈凌云自己一个人的大名。

"书鸿老弟，告诉我住址，回头我去看你！"陈凌云好像并不在意常书鸿的冷淡，"兄弟我现在是监察院的参事，也有点权……改天我一定来看你，一言为定！"

常书鸿淡淡一笑，不冷不热地点了点头。

不料想，两个月后，陈凌云果然找上门来："哎呀，书鸿老弟，你给的这个地址，让我找得好苦！"他环视了一下屋内，笑着说："你老兄就住在此地，可真是屈居贤才了！"

"屈什么，人生在世，在哪里都是一日三餐，只要仰不愧于天，俯不怍于地就是了。"

"老弟，我知道你心里有气，过去的事算我不对，我这里给你赔不是了！"陈凌云笑嘻嘻地说，"而且是用实际行动来赔这个不是！你不是一直想去敦煌吗？现在机会来了。"

敦煌？这个名字比什么都教常书鸿眼睛一亮！"怎么说？"

"我说书鸿老弟，你呀你，什么时候都是个书呆子，你没见报纸上尽在嚷嚷洛阳那件文物被盗卖这件事？"

"逮住这些胡作非为的家伙，绳之以法！"

"第一个被骗卖文物的人是敦煌的王道士，他死了也有几十年了！能找谁算账去？好了好了，亡羊补牢，为时不晚，所以国民政府要成立这个'国立敦煌艺术研究所'！"

"得了吧，纯粹是瞒人眼目哄哄老百姓的把戏，这个研究所都成立快两个月了吧，又搞了什么名堂？我算看透了，政府里的这班大小官员，要是有了肥缺，那准是谁都来抢的，要是让他们真的去又冷又远的大西北，去管理敦煌，那么，谁都往后缩脖子了！你说都有谁愿来担当重任？这研究所还不是空名一个！"

"这就是了！算我们没看错人！要是叫你，对，要是让你去，你是不会推托的，对吧？"

"让我？到敦煌去？"

·

"是呀，就是让你去！你不知道，昨天监察院商量推选敦煌艺术研究所筹委会的人选，我竭力提名你当这个副主任，于院长很高兴呢，当下就拍了板！"

"于院长？你是说于右任？"

"那还有谁呢！别人能拍这个板吗？你要是答应我，回去就向他报告，他一定很高兴。"

"慢着，陈先生，你知道，我心心念念向往的就是敦煌，你可不能拿这事同我开玩笑。"

"谁同你开玩笑呀！老弟，七八年前的那件事，我不是已经向你道歉了吗，嗳，这次我是真心的，我真的想帮你去成敦煌！"

这次是真的，真的让他去敦煌？！

常书鸿去了梁思成家。

他诚心想听一听"梁大学士"的意见。对于常书鸿来说，首要的并不是梁思成所具有的"梁启超后人"的身份象征，他去梁府，是欣赏梁思成的学问。梁思成的话对于他，举足轻重。

梁思成一听就连连击掌，瘦削的脸上漾起一阵红潮："书鸿兄，你这破釜沉舟的决心我太钦佩了！可惜我的身体太差了，要不然我也想再跟你去一趟呢！真心祝你有志者事竟成！"

接着，梁思成又给他讲了不少对于敦煌的见闻和见解。

常书鸿又拜访了徐悲鸿。徐悲鸿的态度更是直截了当："书鸿，到敦煌去是要作好受苦准备的。我们从事艺术工作的，就是唐三藏，就是死活也要去取经的玄奘。不入虎穴，焉得虎子！书鸿，这件工作真交给你了，你就得把整副敦煌民族艺术宝库的保护、研究、整理工作的担子挑起来！陈凌云没说主任这一职由谁担任吗？"

"高一涵？我对此人没什么印象……"

"高一涵是陕甘宁青新五省监察使呢，你怎会不知道？"

"知道是知道，不熟悉。"

"不要紧。我看这样倒是很实在的安排。高一涵有这么一个大头衔，能为你遮挡好多事呢，有时候，真的是副手比正手更能做点实际事。依我看，书鸿，你这回真可以了却一桩心愿了，起码，敦煌是可以去定了！"

到敦煌去？他真的能到敦煌去了？！

拜会于右任院长时，他的心因为将要实现的愿望而狂跳不已，为了在这位监察院长面前不因太喜形于色而显得轻浮，他保持"中调"的态度：在这位长者面前正襟危坐，虚心倾听。

他很尊敬于右任，当然不是因为这位国民党元老人物的诸多职位，而是于老的学问和当过上海大学校长的实在教绩。

在于右任那摆着紫檀木家具的客厅、在那一堂老红木加螺钿镶嵌的梅兰竹菊四季屏前就座，注视着墙上那幅八大山人的真迹和置放着文房四宝的大写字台，常书鸿体会到一种浓郁的中国文化的氛围。那氛围很厚重，有一点老态龙钟的感觉，那感觉使他觉得连那丝丝缕缕飘入鼻息的线香，也是陈年古香。

在大台子的右墙上，有一幅于右任自己的手迹，神采飘逸，柔中有刚，是书法精品。常书鸿在别的场合中也见过他的墨宝，今日在他的住所亲见，不由更加钦佩。

于右任对待常书鸿完全一副礼贤下士的态度，非常客气地称"书鸿先生"。茶让三巡后，于右任侃侃而谈：

"要不是我也亲去过敦煌，我的感受就不会这么深，我也就不会如此卖力怂恿大家都应当去看一看。我去那里，是去年的事，可谓印象强烈，印象强烈啊！"于右任感慨不已地摇着头，"书鸿先生，去了以后你会发现我此言不虚。去年10月，我本来是去西北作一般性的考察，一到那个敦煌，真的走不动了！你明白我说的这'走不动'的意思了吧，真是不想离开哇！那个千佛洞，我现在不多说，将来你自己去体会吧。作为我们中华民族文化的宝库，其价值和意义，真是无可估量呀！我也就是在这趟考察结束后，才起意建议要将敦煌千佛洞收归国有的。作为国家和政府，责无旁贷，应当投入足够的人力物力进行研究保护，否则，我们将愧对子孙！"

于右任端起青花瓷茶碗，慢慢呷了一口茶，又说："那千佛洞，是座包括了4世纪到14世纪上千年的文化宝库，在整个世界都是罕见的，所以我在报告中说，不管国家多么穷，我们都要设法保护，我们应该广招人才，成立敦煌学院。我这报告起草后向有关方面提出时，嘿，反对者不在少数。原因我不说你也知道，真是争利朝市伸臂如戈，论到真正为国家承当艰难呢，唉！"他长叹一声摇摇头，"这是我们现在任事者最大的悲哀。"

原来，像他这样的大人物，也有这样不被理解和被掣肘的苦恼！

"书鸿先生，我是说，真正要对敦煌的研究事业发生兴趣并能作出贡献的，非有像你这样兢兢有志者而不能为……"

"不，于院长，我还谈不上有志，我只是对它发生了强烈兴趣而已……"于是，常书鸿讲了在巴黎如何发现《敦煌石窟图录》的经过。

于右任极有兴趣地听着，不断地点头，然后又说："我没有说错，你就是我所欣赏的有志者！你说得很对，我们自己的东西，我们自己人再对它的价值麻木不仁，不设法保护，就是中华民族的罪人！我只怕若干年后，那儿的宝物都要变成外国博物馆的奇货了。我要告诉你的是，自从1900年敦煌藏经洞被发现，这些年来，英国、法国、俄国、日本、美国等都去了不少人，有些嘛，还可以称得上是专家，有些嘛，简直是图谋不轨的盗贼。他们争先恐后地来，其目的无非是先人一步，寻找石室宝藏，然后根据劫得的文物，进行研究，可以炫耀于人前。现在各国都出版了不少研究敦煌的佛教艺术和写经的有关历史、文艺、宗教等方面的著作。自罗振玉始，再有王国维这样的学者努力，现在，连'敦煌学'之称都已渐渐形成。可我们国人，不，应该说是我们的政府，在这方面如此意识淡薄，真令人扼腕呀！所以，书鸿先生，敦煌研究所的成立是当务之急，委你和高一涵先生以大任，就是想使我们的这一国宝在你们手上得以抢救。当然，以后要做的事情很多，现在有些秘藏已被拿走了，所以研究它所涉及的文化历史等方面的具体事项，有许多难度，要购置的中外有关的书籍，一时也不易购得，只有等以后慢慢来了。"

常书鸿忙问："于院长，你刚去过，应该是熟悉最近情况了，那儿的大概情形到底如何？"

于右任沉思有顷，捋了一下胡髭，又说："现在，敦煌的自然情况是这样的：千佛洞除有着几百个各个时代的石窟外，能称为'房子'的只有上、中、下三个寺院。因此，目前的工作只能从保护开始。当然，首先必然要清除积沙，修理栈道桥梁，保护千佛洞现有的树木，至于研究工作，你到了后自会有自己的主意，依我愚见，先从临摹壁画和塑像开始，这是首要和不可或缺的环节。"

常书鸿原以为，于院长召他来，只是上级对下级的一般性会见，没有想到竟会如此细致地向他提出工作建议，很多细节都想到了。

末了，于右任又拿出向国防最高委员会提议的报告备份，那遒劲而挺秀的笔迹再次映入常书鸿的眼帘："……似此东方民族之文艺渊海若再不积极设法保存，世称敦煌文物恐遂湮消，非特为考古暨博物家所叹息，实是民族最大之损失，因此，提议设立敦煌艺术学院招募大学艺术学生，就地研习，寓保管于研究之中，费用不多，成功特大，拟请教育部负责筹划办理。"

"于院长，幸有您老的大力推动，这个报告才得以通过，子孙后代都会铭记的。"常书鸿感动地说。他从字里行间感觉到了于右任对敦煌的挚爱之心。

"不不，应当铭记的是这个第75次国防最高委员会会议，这项提议总算获得通过。在我的记忆中，这是这个委员会最为教我满意的一次会议，除此之外，我简直想不出它还有过什么可以铭记史册的大事！哦，只是议案转到教育部以后，因为体制问题不便成立学院而改为成立研究所。唉，这些中间环节的麻烦事，我今天就不同你细说了。我只是想要告诉你，只成立这个所并不是我原来的意图。你也知道，中国是多民族国家，西北又是全中国很多民族聚居之处，我本意为西北必须有一个研究民族文化历史、培养文化骨干的院校，以后，应该成立一个边疆民族文化艺术学院才对。好，不说也罢。你是一个艺术家，目前也许对那儿特有的民族文化风情等还不太了解，等你去后，与当地人相处后，你会发现要做的事特别多。我衷心希望的就是你到敦煌以后，再根据目前情况，不仅仅是有关敦煌研究，而是关于设立'边疆民族文化学院'的构想，能考虑一个更趋完整的意见，打出一份草稿，可以吗？"

常书鸿连连点头。他一看自鸣钟，这场谈话已过了两个钟头，于是连忙欠身告辞。

与高一涵，只能是书信往来和电报电话中的交流。这位五省检察使比他设想的要谦恭，很多事常书鸿一提个头，高一涵马上就回复说：常先生你想得很有道理，就照这样子办吧！

时日一长，引起了常书鸿的不安：高一涵是出于谦逊还是推托？继而一想，人家毕竟是官场中人，他不可能只为敦煌这一件事着忙，而你常书鸿现在已经骑上马背，除了勇往直前去敦煌，义无反顾，没有其他退路。只要高一涵以后遇事支持，即使自己多些辛劳，又何足道呢？

他东奔西走，忙着各种准备。唯对家里暂不宣布。他想把这个消息留到最后才告诉芝秀。

芝秀在去年底刚刚生下他们的儿子嘉陵，两个孩子使她忙得团团转。他料得芝秀肯定对他的西行有许多想法，说不定还不同意。只有生米做成了熟饭，到时候哪怕百般无奈，她也只能跟着走，毕竟她深爱他和孩子。现在他隐忍不发，只等"饭熟"飘香之时。

到敦煌去?! 到敦煌去?!

他的设想，看来过于天真且简单了。许多人谈论敦煌时头头是道，却都是镜中月水中花。

首先是没有相当的经费和合作者。常书鸿总不能单枪匹马杀到沙漠中去吧？他必须组建一个工作班子，首先要有几位专业的摄影师和临摹工作者。

他兴头十足地去找教育部负责人。谁知话还没说完，一瓢冷水兜头泼了下来：

"要人？我这儿哪有现成人选？这可不是张罗他们到南京北

京……"对方咕哝不清咽下了下半截，"这我可没办法，你自己选吧！在你的志同道合者中选吧！我这里一个都没有。"

话不投机半句多。常书鸿气得扭头就走。

身后那扇门没有掩住，送到耳边的话是："也不想想，人家都会跟你一样发疯？嘿！"

常书鸿生了气，想折身回去论理，又一想：何必跟这样的人一般见识？他不信没有真正的知己！第一步当在重庆当地物色。

瞧，有了！两个人：一是通讯社的摄影主任罗先生，二是四川大学搞美术史的黄教授。文武双全，全有了！

黄教授对敦煌的向往之情，绝不亚于常书鸿，说到那里去一定全心全意配合常书鸿将资料工作做好，一切不用他操心。而摄影专家罗先生说起对敦煌的向往和热爱来，就更是言词动听，连常书鸿也顿时生了相见恨晚之慨。

"常先生，我对敦煌早已魂牵梦萦，这次有机会做你的助手一块去，真是三生有幸。常先生，关于到那儿的摄影，你别发愁，我全包了！至于摄影器材和经费……"

常书鸿难以启齿的话不能不说出口了，他红了脸说："请原谅，罗先生，经费我去要过了，可能会拨给一些，但数目很有限，你看什么是最必需的，先买一点，其余只好以后再说。"

罗先生听他一说，立即说："常先生，你不要为难，现在就是有钱也买不到好的摄影器材，我不是在通讯社工作吗，这是有利条件，我先去借出一套来！你我还分彼此吗？"

常书鸿感动得无话可说。剩下的关键问题仍是钱。教育部的拨款指望已经教他很寒心了，区区一笔钱恐怕连路费都不是充足的，常书鸿又发愁了。

有一天，有人经介绍来到他家，要买他的一幅画。他灵机一动计上心来：真是的，捧着金饭碗要饭吃！既这么缺钱用，何不将所有的作品集合一下再开个像模像样的画展，如果卖得好，不也能筹措相当一部分钱吗？

主意一定，他又夜以继日地画起来。没多久，除了原先贮存的那些画以外，他又画了《大地》《重庆凤凰山雪后》《重庆凤凰山即景》《艺人之家》《肖像》《是谁炸毁了我们的家》《四川农民》《壮丁行》《前线归来》《雪后重庆》《湖北大捷》，此外，再加上静物《荔枝》《李子》《芍药》以及《人体》等。

他吁出一口长气，大小足有40多幅，开个相当规模的画展，可说一点没有问题了。

常书鸿拿了张报纸，忐忑不安地进了家门。

在市区的这所新居宽敞，地段热闹，芝秀又有了过日子的劲头。她买这买那，将小小的家又装扮得焕然一新。日日画眉涂唇依然一副洋派打扮的她，身材姣好得还像个妙龄女郎。

常书鸿将一切都看在眼里。芝秀越是这样安心于盘算在此居家过安生日子，他越难将去敦煌的话启口。可是挨到今天，他无论如何不能不讲了。

今天的这张报纸，登了教育部成立敦煌研究所的消息，还将正式任命的两位主任及秘书王子云、委员张庚由、郑通和、张大千、窦景椿等人的名单，统统登出来了。

再想拖延着瞒过芝秀，断断不可能了。进门时，芝秀正将刚睡着的嘉陵在摇篮里放好，眉开眼笑地说："书鸿，告诉你个好消息！真是双喜临门！你看！"

常书鸿定睛一看，芝秀从桌上拿了张《时报》，报上也登了他们这个委员会成立的消息。

常书鸿大大地松了一口气。她都知道了，而且这么高兴，自己真是多虑了。便立即笑嘻嘻地说："看来你的耳报神比我还快！哎，你说的双喜，还有一喜是什么？"

沙娜接嘴说："爸爸，妈妈要去当老师了！"

"当老师？当哪里的老师？"

陈芝秀撇着嘴说："哼，难道只许你成天艺术呀事业的，你就忘了我也是个留学回来的人呀？我总不能永远在家里生孩子抱孩子呀！"

"哎，那是，那是。芝秀，快告诉我，你要在哪里当教师？"

"哪里？自然是重庆。嗯，是合内介绍的，教会女中的法语教师，怎样？"

"好，当然好，可是……你要去教课，嘉陵怎么办？"

"这还不好办？找保姆呗，我都托人找好了，明天孙嫂就来，她有奶水，挺旺的。"

她倒是安排得头头是道，这也好！常书鸿清清喉咙，说："芝秀，那好，很好，不过这样一来，我们又要家分两地了。"

"什么？你说什么？家分两地？"

"可不是吗，我去敦煌，你要在这儿教书，不分两地又该如何？"

"什么？原来任命你这个头衔是要到敦煌去的？我还以为研究所就设在重庆……"陈芝秀随即脸色发白了，"我不想回来你偏要回来，回来后一直东跑西颠的，现在好不容易安生了，这个家刚刚安顿下来……"陈芝秀已带哭声了。嘉陵也在这时醒了，哭闹起来。

"芝秀，你想想，研究敦煌却不到敦煌去怎么行？"常书鸿走过去，笨手笨脚地想抱起儿子，却被芝秀一把挡开了。他明白芝秀这动作也不纯粹是一时负气，对于这个在颠沛流离中出生的儿子，他自觉关注太少，不像在法国生的沙娜，是一日一日看着长大的。

他歉疚而又自嘲地说："好好，不要我抱就不抱。不过芝秀，我还是要把话对你说明白，你想想，我之所以一定要从法国回来，还不是为了这个敦煌？六年了，像你说的，东奔西颠的，好不容易有了目前的机会，我当然一心一意要去。现在……要不，你暂且不去，我走了后，不管你去不去当这个教师，都没关系。你先把这两个孩子照料好，等我到那边安顿好了，你再过来，好不好？"

"你还要在那边安顿？书鸿，你就去看两回还不行吗？我知道你的，你这人，认定一件事九牛拉不回！你一定要去你就自己去吧！"芝秀负气地说，"反正我是不去的。"

常书鸿长长地叹了口气。他知道再争下去也难完全说服芝秀。好在她终于松口让他先去了，回头只要他把那边的事办好了，不愁她不跟过来。芝秀的脾气他还不知道吗，嘴硬心软，时长日久，当思念在她心里生长成急等浇灌的草木时，她肯定欢欢喜喜地跟来了。

千头万绪，当下要紧的是取得她的协助，办好这个画展，筹足资金。不管怎样千难万难，他就是要想方设法到敦煌去！

常书鸿兴致勃勃地往徐悲鸿府上走去。

前些天，他将准备展出的画作，一一打点停当，接着就专程去拜访徐先生。他想借重徐先生的大名为这个画展写篇序文，徐先生若是首肯，不光能为画展鸣锣开道，还能起到相当大的宣传作用。

不料没过三天，他就接到徐先生的电话，说是序文已写就，要派人送来。常书鸿大喜过望，自己去取就是想对徐先生亲表谢忱。

走在路上，他又想起那年在法国参观中国画展时，恩师劳朗斯对于徐先生一幅素描的直言不讳的批评，而直肠子的他，把这些话语点滴无遗地写下来并发表在影响很大的《艺风》杂志上，国内同行都有目共睹，可是，徐先生对此一点没有芥蒂，更不怪他这个后生的唐突，仍对他照拂有加，爱护照旧。这就是大仁大智的徐悲鸿！

徐悲鸿所住的这个花园洋房，是眼下重庆文化界人士所住的最好寓所之一。

安定心绪后，他揿响了门铃。谁知，当他在徐家这小小的精致而陈设优美的客厅中坐定，当佣妇给他端过来一杯刚泡好的清茶时，他被告知：就在十分钟前，徐先生因胃炎发作疼痛难忍，已经到医院去了。他大吃一惊，急着打听徐先生去的是哪家医院，佣妇说："常先生，徐先生交待了，他叫你不要急，给你的东西都弄好了在这里，我给您取来。"

常书鸿接过一看，果然是徐先生写就的序文，字迹狂草，且有数处涂改，但总是大家书法墨宝，他小心翼翼地展开，一字一字地读出来：

1942年，常书鸿在重庆举办个人画展为西行敦煌筹集经费，徐悲鸿为展览作序，盛赞常书鸿为"艺坛之雄"，此为徐悲鸿序文手迹。

油画之入中国，不佞曾与其劳。而其争盟艺坛，蔚为大观，尤在近七八年来，盖其间英才辈出。在留学国，目睹艺事之衰微；在祖国，则复兴之期待迫切。于是素有抱负、而身怀异禀之士，莫不挺身而起，共襄大业。常书鸿先生亦其中之一，而艺坛之雄也。常先生留学巴黎近十年，师新古典主义大师劳朗斯先生，归国之前，曾集合所作，展览于巴黎。吾友干米叶·莫葛雷先生曾为文张之。莫葛雷先生，乃今日世界最大文艺批评家，不轻易以一字许人者也。法京国立外国美术馆用是购藏陈列常先生作品，此为国人在外国文化界所得之异数也。常先生工作既勤，作品亦随时随地为人争致，难以集合。兹将有西北之行，故以最新所作，各类油绘人物风景静物之属，凡四十余幅问世，类皆精品。抗战以还，陪都人士，雅增文物之好。常先生此展，必将一新耳目也。

　　　　壬午中秋无月　　悲鸿序

　　常书鸿轻轻地默读着，每读一字一句，都在他胸腔里激起一阵心鼓。徐先生的这篇序文，洋洋洒洒而又言简意赅，他常书鸿所要向世人宣示而又难以尽意的话，这序文全有了！

　　画展如期开幕，来的人多数是准备买画的，这更使他喜出望外。为表庆贺，徐先生又抱病前来，还当场挑了一张静物买下，以示支持。徐先生这一带头，画展中的画，除常书鸿自己蓄意保留的外，多以理想的价钱悉数售出。

画展闭幕后，连日来忙得团团转的常书鸿，总算长吁了一口气。他心情轻松地对陈芝秀道："芝秀，今天我们把账结了一下，共卖得38000元，你看，这可是一笔不少的数目哪！"

画展成功的消息，使陈芝秀心情好了许多。她笑着说："这38000元就教你乐成这样？你不是说到那儿要许多许多钱吗？这就够了？"

"有这么多垫着总比没有强，有了这些，再加上教育部的那一点点经费，总好多了！"

他脱掉外衣躺下，忽又想起一件事，翻身下地，从日日夹的那个大皮包里翻找着什么。

"半夜三更的，又发什么疯了？"

"哼，等你看了你也会发疯呢！"常书鸿说着，从包里找出一幅水墨，喜滋滋地说，"徐先生不但支持我的画展，你看，今天，他又亲送我这幅他刚刚画成的画。"

陈芝秀定睛一看，好一幅《五鸡图》！画中的五只大公鸡，个个毛羽丰满，意态轩昂，生动极了！

"哟，到底是大家，画得真好！"陈芝秀惊呼道，"哎，徐先生大概不知道你属龙，要不，他还会送你一条龙！"

"不，芝秀，好龙好虎的是俗人，'莫笑关西将家子，只将诗思入凉州'。徐先生赠我这《五鸡图》，是有用意的。芝秀，徐先生的深意和于院长一样，他们都是希望我到敦煌去，能在弘扬民族艺术上做一只报晓的金鸡！好，反正这一回，我总算能到敦煌去了！"

历经磨难终得见

要想去敦煌，兰州是必经之地。黄河在兰州穿城而过，河边的景物一无生气，在完全冻结的河段旁，除了间或出现的一辆取水的木轮车外，完全感觉不到这里的人烟生气。

大街上行人稀少，那些穿着破旧的棉絮袍子或将羊皮大氅反穿的赶车汉子，都将脖子紧紧地缩着。

敦煌艺术研究所筹备委员会的第一次正式会议在兰州郑重举行。副主任常书鸿当晚回到他所住的励志社时，掏出一本巴掌大的黄皮笔记本，记下了第一页工作日记。

写完了当天所决议的事项时，他的心情骤然沮丧起来。

他没有料到：对于研究所所址的设立，委员会成员与他竟有这么大的差异——绝大多数人主张放在兰州，当他提出要设在敦煌时，会上竟一时冷场，大家都像哑了似的。

他把全体与会者都扫视了一遍，尽力克制住自己激动的情绪，以平和的口气说："兰州离敦煌有一千多千米，这么远，怎么搞保护又如何搞研究呢？要完成这项使命，我们是非到敦煌去不可的!"

会场更像下过冰雹似的冷了,除他之外,所有人的脸上都挂起了冰霜。

常书鸿装作没有发现这种情形,就国内外对敦煌艺术的呼救情形,作着热烈的分说。

可是,这些老奸巨猾的官员们,马上打起了哈哈,有人立即岔开话题,对巴黎风光问这问那,好像他们此来开会商量,就是准备去那边观光旅游一番。常书鸿终于明白:除他之外,没有一个人心甘情愿到敦煌去。

写着写着,常书鸿的笔停了。怎么办?在这里又成了孤家寡人!怎么办?

唯一的办法是向上边反映,他停下书写笔记,立即给于右任院长写信。

于右任作了回复,同意他的设想:研究所应该设在敦煌。

委员会的成员,一个个脸拉得更长。天高皇帝远,对于他们来说,于右任的话可听可不听。更有一些人,一提起塞外戈壁,一说要到千佛洞,便谈虎色变。至于常书鸿说要在那儿安营扎寨作长期打算,他们便用怨恨的眼光望着他,好像他是存心要陷他们于万丈深渊的不良之人。

日子一天天过去,常书鸿原先指望的计划和工作要求、人员配备、图书器材、绘画材料等,就如清光可人的月亮悬在了半空。

日子一天天过去,没有一个人合作,没有一个人愿去。

常书鸿心急如焚。绝望感使他像着了魔似的，追寻每一个碰见的人，就像祥林嫂整日喃喃她的阿毛，他对凡是与他搭话的人，开口就是："你想不想去敦煌？"

搭话者若是知情识理的，就以礼貌的态度婉谢，而遇上另一些人，便以怪模怪样的眼神看着他，好像看一个得了呓语症的病人。

到敦煌去，就这么难？常书鸿的心又像泡在了醋缸里，一天天酸起来。

愈是这样，他愈是铁了心肠：哪怕只剩我一个人，我也要去敦煌！

他给陈芝秀写信，只字不提自己的艰难，满纸话语除报平安就是表达对她和两个孩子的思念。

这一天，他从公路局资料室拿着一卷资料往外走时，与一个人撞了个满怀。

"常老师，是您呀！真对不起！"相撞的那个人大叫，"我是龚祥礼，常老师，您一定记不得我了，我是您的学生，国立北平艺专的学生。"

常书鸿依然是"中魔"的话语，一开口便是："哎，对不起，龚祥礼，我不认得你了。我是为敦煌到这里来的，我想问你，你愿不愿意到敦煌去？跟我到敦煌去？"

"到敦煌？哎，是的，老师，您在北平艺专时就不断跟我们讲起敦煌。让我想一想……"

想一想?! 太好了，说明龚祥礼是个有思想的学生，有这样的好学生，他决不能放过。于是，他又热烈述说起来，述说敦煌的迷人和危险，敦煌的辉煌和凄凉。那愈来愈热烈、愈来愈固执、愈来愈可怜巴巴的口气，就像一个孩子在恳求父母满足他买一件向往已久的玩具。

龚祥礼被感动了，泪花闪在眼眶。他点点头，说："常老师，我学的就是美术设计，在公路局也是学非所用，我跟您去！还有，老师您不是希望有更多的志愿者吗？我有个好朋友叫陈延儒，他是个小学美术教员，我跟他说说，他保险也愿意。"

好，有了龚祥礼，还带上一个陈延儒，再不会是单枪匹马了。

好事成双，陈延儒亲口答应来的那日，常书鸿与教育厅的交涉终于有了结果——公路局在减了又减的人选中推荐了一位文书：刘荣曾。

那么，就缺一名会计了，公路局又摆出一副爱莫能助的架势。

常书鸿不再盲目等待，他决定亲自出马，到教育厅办的会计训练班去招聘。

训练班有四十多人，学生们伸头看着常书鸿那一身与众不同且有气度的穿着，一个个对他肃然起敬。可当他说明来意时，那些原先扬着头望他的学生，又一个个将脑袋低下去了，甚至有几个还唯恐他点出名字，将帽子拉下额头盖住眼睛。

教室里寂静无声。

常书鸿感到从未有过的难堪。他懊丧地想到自己这样不知深浅地当面亲招，是最大的失策。万一没有一人应聘，那对于一向注重面子的他，真是无情的嘲弄。

时间在难堪的静默中一分一秒地过去。已经静默了半个钟头了，还没有……

一只手臂终于举了起来："常教授，我愿意去！我……"

常书鸿像遇着了恩人，连问话都结巴起来："请问，您，您，请，请站起来说吧！"

"我叫辛普德，原是在武威谋事的。"举手者站了起来，是个很清秀的穿长衫的中年人。"我向您说实话，常教授，我在武威遭过马家势力的迫害，不得已到这兰州来。常教授您对敦煌如此看重，我就跟您去吧！"

常书鸿心花怒放。这一下，麻雀虽小，五脏俱全了！

到敦煌去！这下去定了！常书鸿和五个成员，各自忙忙碌碌，就像要出征的军队。

龚祥礼拿来了一份物品清单：纸、墨、笔、颜料、尺子、图钉、圆规等。

常书鸿一看，虽然数量少得可怜，但总算品种齐全，是份必备的"家当"。他欣慰地拍拍龚的肩膀，深感自己碰见这个学生，实属前生有缘。

深夜，常书鸿又摊开笔记本，记下了这一笔。末了，他又写上：

明天，1943年2月20日，我们要出发去敦煌！

1943年2月20日，黄土高原的这个清晨，太阳还未升起，寒风仍在劲吹，那份冷凛，那份干燥，都与往日没有什么不同，可在常书鸿眼里，则是神圣的出征。

队伍集合好了，一行六人，一色的北方老羊皮大衣，一样的老农毡帽。为表能够身先士卒，常书鸿脱了自己那件显得华贵的毛皮大衣，和大家一样装扮。

当五个被他召集的人齐刷刷地站在面前时，常书鸿的鼻子有点儿酸，但很快克制住了。

突然，他很想学一学军队集合点名的方式，叫一叫他亲爱的同行的名字。

但是，他刚叫了一声"龚祥礼"，就眼泛泪光，喉头有点哽咽。

龚祥礼响亮地答应了一声，又加问了一句："老师你有什么事吗？"

常书鸿摇摇头。决定不再"点叫"了。

是的，不用学什么模式，现在应该做的，就是雄赳赳地挺起胸，带领这支队伍，走向日思夜想的敦煌！

到敦煌去！到敦煌去！

他们总算不必像取经的玄奘不必像走西域的张骞那样徒步，

他们有了一辆大车！

那是辆破旧的敞篷卡车，一开动，就隆隆地响着刺耳的声响，可在常书鸿听来，却雄壮之极，那是上天为他们的出发而发出的雷霆式的礼赞。

寒风刺骨。西北高原的风，好厉害，真是如锥如钻，直往人的骨头缝里钻！车子开出没多大一会，这辆来自俄国的"羊毛车"，就要起了老爷脾气——抛锚了。

司机是雇来的，一上路，就成了他们的皇帝，他想开就开，想停就停。一路上真抛锚假抛锚外加司机不时夹运自己要带的私货……开了整整一日，还没开出60千米。

常书鸿着急了。辛普德看出了他的心思，悄悄说：司机是万万不可得罪的太上皇，唯有顺着他的性子，住宿打尖时再好酒好肉地招待，才不至于将这半月能走完的行程走成一个月。

常书鸿这才捺下了心气。为使自己的心气因为"眼不见"而更平静，第二次上车时，他就借口在篷子里与大家挤坐一起会更暖和离开了驾驶室。

与大家挤坐一起的第二好处是可以一路笑谈！常书鸿很快缓过来心绪，不再焦躁难耐了。

一路走走停停，他一路计算行程。从兰州到敦煌，要经过三个郡：武威、张掖、酒泉。这三个郡之间大多是相距五六百里。古代的帝王将相真不傻，他们依据这些地方的地理，然后划分管辖范围，划得何等精细呵！而常书鸿每每想及沿路的一个个地名，他就觉得历史像一个老人蹒跚地迎面走来。每每这时，巴黎那些金碧辉煌的宫殿教堂，也会接踵而至晃现跟前。

在法国时他曾多么强烈地崇拜法兰西的古老，到了这儿，见这一路垂垂老矣的大山，听这一个个古老无比的地名，他就觉得这古老早已超越了法兰西。他压根不用翻阅记载这些往昔历史的书页，只要朝这无穷无尽的黄沙路上一望，那窸窸窣窣又丁丁零零的驿道驼铃之声，就在他耳边响起。车过永登，他猛然一喜：我们走在了河西走廊的丝绸之路上！

丝绸之路，丝绸之路，在巴黎念想你时，为你披上的是何等华丽的色彩！而现在，车越乌沙岭，山岭越高，村落越荒凉。武威郡就是古代的凉州郡，渐近此地，常书鸿开始又生出一番惊喜：这里不就是十六国时期的西北佛教中心？这里曾经古寺遍地，石窟无数，可惜，近前看时，却寻踪无迹，曾经烟火鼎盛的寺院，大都湮没在荒野秃岭中。

车近天梯山时，常书鸿让司机拐到山下停车，他要看看这个由沮渠蒙逊时代建造的石窟。

司机咕哝了一句，看在常书鸿答应给他加两个银圆的分上，虽然不大情愿，但总算停了车。

常书鸿兴致勃勃地上了山，龚祥礼陪着他，其他几位同行者都因疲劳不堪而歪在车厢里。

天梯山石窟果然盛名不虚。这个寺院从内容到结构，其艺术风格都与资料中记载的新疆赫色尔石窟极为相似。大饱眼福的常书鸿从寺院走下来，笑哈哈地告诉没有上山的同行们："你们不上天梯山，真傻！石窟乃是上天赐予敦煌朝拜者的第一件眼宝,佛祖说了,将来你们去敦煌,一定会走得腿肚子疼。"

大家一齐笑起来,欢乐的气氛重生了。

离了"银武威",到了"金张掖";过了张掖,就是酒泉。酒泉这名字,是音乐,是诗行。

"臣不敢望酒泉郡,但愿生入玉门关"——以此诗上书汉武帝的班超,却是如此见识酒泉的名胜和凄凉!酒泉的文殊山,再有宝藏石窟,也是忠臣良将的白骨堆成;酒泉的夜光杯,再奇巧玲珑,也是用万家墨面的血浆来盛哪!

又是无穷无尽的赤地,又是牛车孤老的凄凉,向敦煌去,果真是以无尽的荒寂堆积,果真是莫名凄怆的延伸!越走,忧愤越深,越走,心路越沉。

已近黄昏,尘土飞扬中的日色,更加混沌。忽然,卡车来了个急刹车,震得常书鸿的脑袋"咚"地撞了一下。司机立即骂了起来:"找死呀!"

一阵凄厉的呼喊传了过来:"先生,行行好,求求你们行行好呀!"

常书鸿一看,是一个农民拉着一头小毛驴在拦车,一个妇女怀抱一个孩子,从毛驴背上连滚带爬地翻下来,与那农民一起跪在地上苦苦哀求:"先生,行行好救救我们的孩子哪!孩子得了急病,请你们无论如何让我坐上车,好早点赶到城里治病呀!"那妇女已泣不成声了。

司机不耐烦地粗着嗓门嚷:"你们刚才差点闯大祸了,还想搭车？不行！"

"让她上来！"常书鸿威严地扫了司机一眼。然后就打开车门跳下车来。

车里自然已很拥挤了，但大家还是尽量挤出位子，让那抱孩子的妇女坐了上来。

车子飞起的尘土，立即遮没了那个千恩万谢抱着拳头作揖的男人身影。

天很快黑下来了。凄厉的寒风夹着细碎的沙粒，像无数钢针扎着人的脸，除了那抱着病孩妇女的轻轻低泣，只听得马达的轰鸣和寒风的呼啸。

常书鸿的心也仿佛被这刺骨的寒冷冻僵了。有生以来，他第一次感受到戈壁滩上的严寒，嘴里哈出的热气被冻成冰花，鼻子嘴唇都已麻木。他很想再细问关怀一下那个妇女，可冻僵的唇舌却怎么也发不出任何话语，极度的疲倦使他也沉入了混沌。他想，只要撑到明天，无论如何要帮这个孩子到城里住上医院。

黎明时分，一阵号啕大哭将他从梦中惊醒——孩子死了，死在了那个哭得呼天抢地的妇女怀里。常书鸿的心发颤了，几乎是下意识地，他第一次像信奉天主的芝秀一样，喃喃地在胸前画着十字……他的心越发沉重起来。他渐渐觉得在兰州，有那么多人怕提敦煌，不敢来敦煌，似乎也情有可原而并非十恶不赦的了。

揣着一颗越来越沉重的心，他惴惴不安地扫视着大家，他极怕有人在这时说出一两句打退堂鼓的话。他怕，哪怕是一点点火星也会酿成半路散伙的不堪局面。

还好，大家除了因为同情那妇女而有的凄楚表情，满车的人都没有说话。

常书鸿对大家的感激之情油然而生。他在心里说：我会终生记着你们的，各位，我会记住你们，就如永远记住这一路的风霜雨雪一样……

常书鸿心里不住翻腾着于右任和徐悲鸿说过的话：到敦煌去，前有古人，后有来者。

是的，公元前张骞出使西域，千难万险，不就是走的这条道吗？4世纪的法显和尚与惠景和尚也是同行此道，在翻越葱岭时，惠景被活活冻死！玄奘取经之难，更是人尽皆知。这一代又一代的人，都是用脚在这条道上走出来的，那真是一步一个血脚印呵！玄奘路过酒泉时，曾买了一匹好马，希望能安全走过有名的风口布隆吉尔，若不是途中碰到那位老者指点，并用自己的老马换了玄奘的新骑，说不定取经大业也早已夭折！后来，玄奘果然在安西迷路、在马上昏迷，就是这匹老马驮他走出险境，将他带到疏勒河边救了他的命。呵，酒泉酒泉，人只知你的嘉峪关是区分关内关外的生死界，只知"葡萄美酒夜光杯"的酩酊风流，只知无数烽燧中"流沙坠简"的神秘，但是，你这美丽神奇之地的实在内涵，却是生死之界比纸薄，"古来征战几人回"啊。

走一程，想一程，他暗祈大家都能平平安安，早到安西。

安西，将是他们乘坐汽车的最后一站。

行程日记已经记了一个月。3月20日，他们总算到达了有"风城"之称的安西。安西公路的终端，一块四五丈高的土坯砌成的牌子横在该处，"建设大西北"一行大字仿佛是立此存照，而土牌子的后面，被流沙掩埋的城堞，这一块那一角地露出残破的躯体，更像无数堆骷髅在狞笑……明天起，连这破败不堪的公路，也走到了尽头。常书鸿在兰州时就已得知：告别安西后，他们要换骑骆驼，走入更辽阔的真正的荒凉。

骆驼客来了。在他的身后，是十头高大健壮的骆驼。为租用它们，常书鸿拿出了此次行旅中的三分之一费用。骆驼客姓田，平头大脸，小眼厚唇，一望便知是那种在沙漠中吃过千辛万苦的安西汉子。他的脸面和肤色，几乎和他所牵的骆驼无甚区别。

常书鸿一握他那畏缩而迟迟疑疑伸过来的手，就像握住了一段粗糙而坚硬的树皮，但是，这个感觉使常书鸿产生了一种依靠感和安全感。田老客告诉他，自己是从小随父亲从沂蒙山过来的，是不折不扣的山东人。

早已起身的同伴一字儿地在常书鸿身后排开，等着常书鸿先骑上骆驼给大家示范。一人一头骆驼，另外几头就专门驮运他们所携带的全部家当。

田老客喂吁一声长长吆喝，十头骆驼齐刷刷地在他们身旁跪了下来。

常书鸿一挨近骆驼那高大而毛茸茸的身躯，心里微微一颤，但一望它那灰褐温顺的眼睛，又使他的畏怯之心消失了。他顿时想起在巴黎的凡尔赛宫郊，也曾有过骑马游览的尝试，便壮起胆来，一个旋身跨了上去。

年轻而又身手敏捷的同伴也都一个个骑上了。

骆驼稳稳地像一只只船离岸似的走起来了，人的身子随着它轻微起伏，就像坐船一样，这感觉真好！怪不得人称"沙漠之舟"，只不过它的蹄下，是连片的沙海罢了。

驼铃叮叮咚咚地响了起来，那是一种特殊的声乐。常书鸿心里一阵暗喜。现在，他才真正可以说：他们在走向敦煌。

戈壁滩隐没在远处，凌乱而又此起彼伏的沙丘，在他身前一望无际地展开，一丛丛骆驼刺和芨芨草，是沙海中唯一的点缀，但那荒草寂寂的状貌，越发显出这片灰褐地带的荒凉。

一字形的队伍，再不能与人言语，唯一打破这单调岑寂行旅的，就是那叮咚的驼铃。

常书鸿的心事，他的绵想和漫忆，就在这一声接一声的驼铃中漫散开来，它们影影绰绰，不时闪上心头，一会儿又像弥漫在沙海中的那股芨芨草的气息，似有若无。

落日西坠了。歇脚时，常书鸿连忙掏出笔记本记下："第一天，我们走了15千米……"

午夜时分，他们到达瓜州口。落黑了而延到半夜才打尖，是他的主意。他以为到了这个以盛产甜瓜得名的瓜州，至少能让他的驼队，过一个稍有甜美感觉的夜晚。不管怎样，瓜州嘛，起码能让大家吃一口清凉爽口的东西。可一打听，他就失望透顶了：眼下这儿不光无有半只瓜果，连人畜饮水都要毛驴从十多千米外驮来。

几间黑黢黢的土房隐隐约约地趴在山沟中。田老客熟门熟路地敲开了一间土房的门。

在惨淡的月光下，常书鸿觉得这间露出一线烛光的土房，还有田老客和土房老汉音节简短而声气沙哑的对话，好像都是武侠小说才有的神秘气氛。

那老汉起先只是一个劲地摇头。田老客和他交涉了好一阵子，总算投宿成功。

大家瘫了般走进了土房，都是人仰马翻的疲惫神态。田老客告诉他：多亏房主老汉是厚道人，才答应他们使用很珍贵的用两张席箔盖着的半缸水。

常书鸿长叹一声，和大家一起，仅脱了鞋子，六七个人和衣在一间土坑上挤了一夜。

好容易熬到天亮。第二天起身时，田老客就告诉他：下一站打尖的地方叫"甜水井"。

甜水井？常书鸿立时一阵耳清眼亮。鉴于昨日的经验，他小心翼翼地问："那地方是叫甜水井吗？"

"是，是哩！"田老客嘴里的每个词都像蹦出的豆儿，又硬又简短。

又是在繁星满天时，他们才到达。甜水井的水很快打了上来，大家急急忙忙用兽粪烧开。

兽粪烧火是第一次，过程特别缓慢。当锅里的水叫响时，大家都迫不及待地拿起了水勺。

哎呀，竟是这样的又苦又臭！常书鸿皱着眉头咽下，听见龚祥礼悄悄对陈延儒说："陈先生，你不是早就渴坏了吗？喝一口，就把它当中药吧，我也是捏着鼻子咽下的呢！"

捏着鼻子喝了水，皱着眉头吃了黑乎乎邦邦硬的"锅盔"，就着几瓣大蒜，一碟辣椒盐……又是一个闷声不响的夜晚。常书鸿心想：不行，得设法调节一下大家的情绪。

他清清嗓子，说："嗯，要不，我们每人都说一个故事吧？"

大家无精打采地响应说："那当然要常主任先来啰！"

"好，我先来就我先来。嗯，就说一个敦煌故事。哦，说的是一头美丽的九色鹿，当然，那是一头神鹿。这神鹿跑呀跑，一日，在恒河中救起了一个溺水的人，溺水的人为报答九色鹿的救命之恩，感激涕零之下就发了誓：绝不泄露鹿的住处。

"后来，国王的王后有一晚做梦，梦见了林中有头鹿向她奔来，那鹿，体态轻盈，毛为九色，美丽极了。次日，王后就要国王派人四处去捕捉九色鹿，好剥了皮给自己做衣服。国王依了王后，当即发布告悬赏。溺水者路过城关，见了告示，立刻就见利忘义了，他揭了告示到宫廷告密，并带领国王前往捕捉这头九色鹿……高卧在山中的九色鹿对此却毫无所知。国王的人马蹄声'嘚嘚'进了山，是鹿的好友乌鸦，发现了捕猎的队伍，对着空中凄厉地长鸣，这下，才惊醒了九色鹿。可是，国王的捕猎队伍已经到跟前了。此时，处在包围圈中的九色鹿，十分镇定，毫无惧色，就向国王诉说溺水人忘恩负义的劣迹。国王深受感动，遂命将九色鹿放归山林，并且，通令全国从此禁止捕猎九色鹿。而那个忘恩负义的小人溺水者，周身生疮，无药可治，痛苦终生……"

常书鸿的敦煌故事缓解了大家的情绪，你一言我一语，大家纷纷讲起了故事。

又要起身了，大家走到那口名不副实的"甜水井"跟前，说是看看那又苦又臭的水，到底是怎么回事。呀，不看犹可，一看，那甜水井的井口周围，兽粪骆驼粪堆得像座座小山！几股细细的黄黑色的水，无遮无拦地流到了井里。昨夜，他们就是喝的这个井里的水！

常书鸿立刻感到肠胃里有一团腥腥的东西在往上冒，他直想呕出来。

田老客走了过来，看到有几个人呸呸吐着口水，他的脸色变了，说："常先生，你让大伙儿别在这儿吐，肚子要不舒坦了走远点吐，这井，有井神哩！咱可别犯了井神。"

常书鸿诧异了："井神?"

"是呀，别看这口井水不好喝，从安西到敦煌这三四百里地，只有这一口井！咱骆驼客和这儿的赶车汉，都靠这口井活命哩！它小，可不会干，天再旱也不干。"

"既这样，怎么不多打几口……"常书鸿把问了一半的话停住了。这一路过来他不是很清楚吗，在这样荒寂的沙海里，做什么是容易的？

田老客果然又说了："打过。这远远近近的庄子都有人打过，都没成，没打成！这口井是多亏有井神护着呢！"他热烈而又响亮地说着。"大前年，我为一个商家拉盐巴，走了十多天，都渴成半死不活的了，就是这口井，救了我！"这是田老客一路上说得最完整的一个句子，声音也最响亮的话。"到下一站，常先生，你就信我说的了！"

"下一站是什么地方？"

"疙瘩井。"

疙瘩井？常书鸿有了经验：在这里，他再也不会望"名"生义了。

疙瘩井却是名副其实。一个个长满骆驼刺的大沙丘是这儿唯一的风景。周围十几里方圆没有一点水不说，连人烟也没有。

天色再次擦黑，大家不得不卸下重载的骆驼歇下的时候，发现带的水已用尽了。唯一的选择就是坐卧在沙丘上，啃着又冷又硬的干馍和沙枣锅块。

常书鸿困难地咽下一小块锅块后，默默地掐指计算：从兰州出发起，他们已经走了一个月零三天，这三十余天已经榨尽了大家的精力，歇下来的时候，一个个累得连说话的力气也没有了。特别是从安西开始骑骆驼出发以来，虽然不过三四日工夫，日子却好像特别漫长。不要说别人，连自己也都不时冒出"再也走不动了"的感觉。

但是，每当这个感觉一闪念，他就暗骂自己一句，要不就朝自己的胸口捣一下：熊包！

"熊包"是他学来的第一句当地方言，可他却总叫成"凶包"。这些日子跟大家相处，他已经听懂了不少当地的土话，但让他真的说起来，总能惹得大家哄堂大笑。

敦煌呵敦煌，什么时候到呢？——每次一歇下他就问。

田老客眯起眼来，却不像他想象中那样回答：快了快了。他只是像那慢慢行进中的骆驼一样，点一点头，再用手指指前方。

陈延儒偷偷告诉他：不能老问人家，问多了要出事的。

常书鸿笑笑，再不问了。可他的嘴角却憋出两个火泡来！

难以克制的疲倦，再次袭击了他。

"是你要相问于我吗？"一个着袈裟的僧人渐渐向他走来，两手合十地问。

常书鸿见那僧人，宽额慧目，眉宇之间尽透仙风道骨，金红色的袈裟飘然临风，不由肃然起敬。他惊喜异常，连忙还礼，但他不知对佛家僧人应该怎么做，这礼该怎么个行法，于是便连忙脱下帽子，点点头。

那僧人说："常先生你是有学问的人，可曾读过我玄奘大师写的《慈恩传》？"

常书鸿忙不迭地回答："《慈恩传》？读过的，记得他记述西行辛苦，常常在荒野露宿，说的是'夜则妖魑举火，灿若繁星'。又说'顷见有军众数百队满沙碛间，乍行乍息，皆裘褐驼马之像及旌旗稍纛之形，易貌移质，倏忽千变，遥瞻极著'。哦，我看此处的光景真和那时有点相仿。那么……"

那僧人又说："先生所说甚是。先生欲想成就宝窟大业，意志弥坚，定能如愿，至于敦煌宝地，已近在眼前毋须操之过急……"

常书鸿仍然按捺不住地问："长老您说近在眼前，我怎么没看见呢?"

"先生少安毋躁，只待……之时……"

常书鸿听着听着，只觉对方语声模糊，抬头看时，那僧人已渐行渐远。

他急了，大喊一声："师父请等一等!"一边喊着，欲想拔腿去追，不料两条腿却重得怎么也抬不起来，他急得高声大喊，却觉有人摇着他的肩膀："常先生，常先生，你醒一醒!"

常书鸿一下子惊醒了，原来，刚才做了一个梦!

他揉揉发麻的脸额，很不好意思地朝摇醒他的人笑了笑——是田老客。

"常先生，敦煌到了!看!那边就是三危山，山脚下就是……现在雾水罩着，等会太阳出来，就看得清楚了。"

常书鸿一个激灵，从地上翻身而起，顺着田老客手指的方向望去。

啊!是三危山，果然是三危山，晨光中只见一片灰褐色的群山，像一道连天接地的巨大屏障，逶迤地出现在天际尽头。

大家听说敦煌就在眼前，一个个都爬起身来，举目遥望。

龚祥礼跳着脚说："啊，我怎么只看见三危山，看不到鸣沙山也望不见千佛洞啊！"

常书鸿记起了梦境中与僧人的对话，笑着说："别急，小龚，千佛洞是仙境，它时隐时现，需要一个特定时刻才能显现呢！"

说话间大家又整好了行装，不知疲倦的骆驼又驮起山一样的重负，大家抖擞精神，在欢快的驼铃声中又翻过了一道山冈。

就在这时，红日喷薄而出，挂在了高高的三危山尖。只一会儿，整座三危山就被它红中泛金的朝晖笼罩了，在它面前绵延的山丘中，奇迹般地冒出了一片狭长的新绿！

原来，敦煌是沙海中的绿岛！敦煌，这就是敦煌！历时一月又四天，他们终于到了敦煌！

常书鸿突然像钉子似的钉在了原地，一股热浪冲击着他的心田，他浑身颤抖，咬着嘴唇，竭力克制着难以言喻的狂喜。

跋涉了许多日的骆驼，此时也不顾田老客的吆喝，突然撒开蹄子撒欢似的小跑起来。原来，前面不远处的山坡下，有股清泉清亮亮地流淌着。

这一下，所有人的眼睛都亮了。十峰骆驼更像赛跑似的，争先恐后地扑到泉边狂饮起来。

"常先生，敦煌城在路西，你们要去的千佛洞在城的东南面。还有三十多里。你说，咱是先到敦煌城还是去千佛洞？"

"当然是去千佛洞，马上就去！"常书鸿大声地说，"不过，稍等等，等一等！"

刚才目睹骆驼的狂饮使他好生怜悯，他不忍心让田老客马上去催赶它们。

可是，刚说完，他又耐不住了，四天四夜的骑乘，他自恃已经会牵引这"沙漠之舟"了。又便心急火燎地顾自去拉骑乘了多日的那峰骆驼的缰绳。

骆驼到底是最温顺的生灵。暂解饥渴后，又顺从地听从田老客的指挥，重新集合起来，驼队在沙土路上又印下一个个美丽的花瓣图案，伴着叮叮咚咚的铃声，走向三危山下。

转过又一处山弯，一长溜透着嫩嫩新绿的树梢，又在山坡后突然出现，远远看去，高高的白杨树，在蓝天厚土的背景下显得特别整齐挺拔。

常书鸿知道，快到千佛洞了。驼队加快了速度，常书鸿的那峰骆驼，走在最前头。

这时，高高升起的红日光芒四射！

三危山与鸣沙山衔接的山崖中，一溜开凿在峭壁上的石窟，就像一摞摞蜂房密密麻麻。

"蜂房"中，大大小小的彩绘壁画和塑像，欲藏还露；祥云盘绕中的敦煌千佛洞，就在眼前！

常书鸿从驼峰上一跃而下，几乎是飞奔一般扑向前去。

蓝天丽日下，他朝思暮想的敦煌千佛洞，敦煌莫高窟，现在就像一架镶金嵌玉的珠宝锦绣屏，以无与伦比的美丽，以难以言喻的生动，炫人眼目地横陈在他的面前。

常书鸿双腿一软，几乎扑倒在地，热泪霎时夺眶而出。

狂风漫天沙满窟

芝秀，亲爱的：

你好！

我伏在莫高窟前的一块大石头上给你写这封信。

就在写下这行字时，我还是忍不住抬头看看周围，看了又看我还是不相信：是梦中还是真实？我竟真的来到了敦煌？我竟真的来到了千佛洞？

芝秀，先不说别的，光凭我看到的第一眼我就可以说：这一个多月来，我们所吃过的苦头，全都不算什么！也就是说：很值！岂止是很值？从看到它的第一眼起我就在心里说：哪怕以后为它死在这里，也值！……真的。

哦，你一定不高兴我说这个不吉利的字。好，那就不说。但我还是要说：我真后悔没让你马上跟着一起来，你来了，说不定比我更着迷，更不愿离开一步了，因为你是学雕塑的。你到这里，就明白什么叫"百闻不如一见"了！

因为急不可耐，更因为这会儿的"写"的条件，我只能先给你大体描述一下这里的状况，你一定会很有兴趣读下去的。

过去，我自以为对这个宝库已经很了解，可现在我才明白，那是一知半解，很肤浅，也很零碎。仅就千佛洞这个名称而言，我总以为是由于有千座佛像而得名，看了《重修莫高窟碑文》（698年李怀让写的）以后，才知这个石窟名字的由来。莫高窟始建于366年，到唐代立莫高窟碑时，已有大小窟龛一千多个，可惜到现在，保存较为完好的只数百个。多亏画坛的老大哥张大千，他在前年和去年两次到这里，（顺便告诉你：他可能快要走了，这里面有很多复杂的难以明言的原因，这一两天我会见他的。）也曾就自己所调查的顺序编过号：309个。但更准确的数字将有待我们以后的工作来证实。就这数百个，也可以说它是我们国家现存的石窟寺中规模最大、保存最完好、最古老的艺术宝库之一。它分南北二区，南区长约940米，北区长约720米，壁画总面积44830平方米！如果将这些壁画排成2米高的画展出，这个画廊可达25千米！你看看！我不厌其烦地告诉你这些数字，就是想说，亲见这里（而且还是粗粗一见）后我的震惊。我们在巴黎时，不是常常惊叹卢浮宫的辉煌和其他种种历史遗迹给我们的那种"何时才能看得尽"的感慨吗？敦煌的这个莫高窟，就历史的悠久和其包含的文献价值，都可以说一点不逊色于世界各地任何一个艺术宝库，因而，把敦煌壁画称之为世界上唯一而最大的古代艺术画廊，当之无愧！

芝秀，写到这里，我真想站在三危山上，重复一句徐悲鸿先生说过的话：中国的画家们，如果你们没有来过这个世界上唯一而最大的古代艺术画廊，那么就绝对成不了一个好画家！

要给你说的是那样多！我都不知道先从哪一头写起为好……

说到这里，我想我忘了先告诉你：你知道敦煌的真正含义是什么吗？这里的文献上说：敦煌，"敦，大也；煌，盛也"。这名字太好了，这才是真正的名副其实！……

"老师，你在这里，叫我好找！"龚祥礼气喘吁吁跑过来。"李校长病了，躺在土炕上直哼，我去找老喇嘛，他拿出一包土药，说是去风散什么的，也不知管不管用，敢不敢给他吃？"

常书鸿一听，连忙收起石头上的信纸物什，着急地问："李校长发没发烧？"

龚祥礼说的情形使他格外着急。原来定的秘书王子云没有来，就另调了这位天水中学的校长李赞亭，他将是最得力的助手，整个研究所的枢纽式人物，可刚到他就躺倒了。

"他是路上累的。他原来就有胃病。刚才还问我们是在这里住下去还是回敦煌县城去。"

常书鸿一听就急了："不在这儿住还能在哪里住？不是都知道的吗，敦煌县城离这里三十多里路，一来一去，以后我们又没有什么交通工具，在县城住怎么工作？"

龚祥礼看了他一眼，惶恐地说："不光他，陈延儒也问过这个问题。"

常书鸿边走边说："不管怎样，原定的计划不变，研究所筹委会就设在这里，一会你就去写块牌子挂上。"

龚祥礼唯唯应着，心想：常老师是一到这儿就没有挪窝的打算了。

中寺（皇庆寺）前，挂上了一块粗糙的木牌，牌子上有"敦煌研究所筹委会"几个墨汁淋漓的大字。

中寺内最大的一间土房中，一铺大炕几乎占了这间房子的一半，一盏特殊的小灯挂在炕前的柱上。这盏从老喇嘛那里借

20世纪初，莫高窟破败的景象。

来的"灯"小得就像一个香火盏——一块木头挖成了一个碗形的小盅，盅里盛着一星星油，一根灯芯跳动着豆瓣大的火焰。但就是这片火焰，却照亮了"筹委会"全体成员的一张张风尘未洗而疲色尚存的脸。

他们在灯影中忙碌，张罗着做到这儿后的第一顿晚饭。

主食端上来了，是一锅热气腾腾的厚面片。与寺中的小喇嘛一起端锅进来的龚祥礼说："诸位老师多多包涵，面汤里没有放盐，我听说，这里的水很咸。"

小喇嘛自我介绍说姓徐。徐喇嘛继续说："俺们吃饭是不搁盐的，可给先生们还是准备了菜。"菜也端了上来，是两碟：一是咸韭菜，二是咸辣子。

这里唯一可坐的就是这盘大炕。辛普德到底是本省人，很熟练地立即在炕上盘腿坐下了。常书鸿也想学他的样子就座，却不料怎么也弯不过来这两条腿，只好半倚半坐地斜坐在炕沿；陈延儒也想效法，不料一不留神，差点翻了个跟头！

饭菜是有了，可是，却没有筷子。龚祥礼又笑嘻嘻地从怀里掏出一大把红柳枝，那柳枝虽然不一样粗细，却刮了皮，长短割得很整齐。

常书鸿吃惊地顿顿筷子说："小龚多亏你想得周全，你从哪里搞的？"

"天长地阔，河滩上满是红柳，削一千双也有。"

"嗨，那么今晚我们这顿饭呀，真是地地道道的'粗枝大叶'！"

大家一愣，随即笑了。可不是吗，筷子是红柳条削的"粗枝"，面条是切得指头宽的"大叶"。吃完这顿"粗枝大叶"饭，常书鸿当即请大家再稍稍待上一会，他要宣布工作。

众人一听，再次领教了这位副主任的"拼命三郎"脾气——刚来第一夜呐，还没歇过神来，就要工作。但是，这想头只在大家的脑子里打转转，没有一个人作声。连只喝了一小口面汤的李赞亭，也用手掌按着胃部，支起身子听。

常书鸿拿出一个早就准备好的巴掌大的小本本说："我知道大家都累了，但我想，我们大家的事，应该让大家都知道。别的不多说，我先宣布我们这个筹委会要办的几件事。大家知道，敦煌莫高窟收归国有是我们出发前就决定的，现在我们已经把中寺定为筹委会的会址。以后，我们大家的吃喝拉撒睡，就都在这里了。我也问过，大家也看过了，这中寺也叫皇庆寺，别看只有七八间土房，却是这儿最好的房子。从今晚起，我们每人一间房，明天就按各人的分工分头行事。主要的工作嘛，自然一是要着手石窟初步调查；二是石窟内部清理；三是石窟内遗物古迹的集纳。当然，这些工作量很大，我们要一步步来。我想先告诉大家的是：我们的会计辛普德先生跟我说了，出发前教育部给五万元经费，因为请了好几位摄影专家，他们从重庆乘飞机就把我们5万元经费花掉了三分之一，加上我们一路来的开销，现在已经所剩无几了。这问题有点严重，但眼前还不至于揭不开锅。以后真要揭不开锅了要别人临时接济怕也很难，大家都知道的，远水不解近渴，所以我们很可能会过苦日子。这方面一是请大家要有思想准备，二是要请辛普德将我们的账记好，一笔一笔，买个柴米油盐火柴煤油什么的，都要入账。反正我们这几个有限的钱，要一点点掰细了花，你们说对不对？"

常书鸿停了停，也不等大家回答，又顾自说了下去："当务之急是解决交通问题，起码得借辆车子吧，所以你们先好好休息两天，做点准备工作，看看什么东西是我们必须在城里购买的。我明天准备交通工具，至迟后天，带普德先走一趟敦煌县城，见一见那个陈县长，看他能否看在我们带的这颗红漆大印份上，给我们一些方便……"

"常主任，不是说这是离县城很远，几十里路这样走着去，要多长时间呢？"

"我问过老喇嘛了，他说明天帮我们在附近的村子里借辆木轮的老牛车，就这样往返，也得要一天一夜。"

龚祥礼说："老师，我年轻，我去吧，你可以先休息两天，好不好？"

"不！"常书鸿说，"我是负责人，我不先去一趟，怕那县太爷不把你这小伙子放在眼里哩！我就权当锻炼锻炼身子骨，熟悉熟悉地方，我这人走长路没有一点问题。"

万籁俱寂。木头挖的这盏小灯，又在常书鸿的炕头亮了一夜。他无心入睡。于是，便在这小炕桌上摊开了一摞纸，刚刚写了一行"近期工作要点"，又沉入了遐想。

他是应该去休息了，但他毫无睡意。刚刚抵达的兴奋、满眼紊乱的景象、千头万绪的工作、令他惦念的妻儿，就像纷乱的电影镜头，一齐涌上心头。

那天走出家门时，芝秀没能去机场送行。她搂着瘦嶙嶙的嘉陵，把头别了过去而只丢给他一句话：别只说忙，什么音讯也不捎回来！

他当然听得懂她的话外之音。倒是沙娜懂事地勾住他的脖子，轻轻在他耳边说："爸爸，那儿如果不好打电话，你就写信吧，你写一封，我们给你回三封！"

他呵呵地笑起来："回三封？那好呀，怎么个回法？"

沙娜说："爸爸你好糊涂呀，妈妈写一封，我写一封，还有嘉陵，嗯，嘉陵不会写，我们就让他在信纸上按个脚印。"

"按脚印？"他拍拍脑袋，哈哈大笑。现在，沙娜的中文已经讲得很好了，可在生活上还牢记着法国的许多习惯，包括这个让孩子在纸上印脚印的习俗。

沙娜真是个善解人意的女孩！

是应该写信了。这次说什么也得写好这封信，毕竟从出门到现在，已经一个多月了。

可今天实在太困乏了，那么就先合合眼睡一会吧，明天，无论如何得把这封信写完！

……他迷迷糊糊地正要睡去，忽听一阵奇异的声音传了过来：叮叮，叮叮，那声音，和驼铃差不多，却好像更加细弱，清脆。他奇怪了：莫不是也被思念所扰的芝秀和沙娜说来就来了？她们也骑着这样的骆驼来到了这个黄沙蔽日的地方？快，快去接她们呀！

这样想着，他就想一下子翻身坐起，却怎么也翻不过来，哦，他才刚四十，怎么腿脚就如此不灵便了？他一使劲，却扑通一下摔在地上！

叮叮，叮叮，叮叮，叮叮，一阵强，一阵弱……他明白过来，是风铃！是九层楼大殿檐角的铁马风铃！哦，神秘诡异而又十分动听的风铃，在夜半时分传来，就像是西天佛国的喻示，更像是那不可知世界的召唤。

他茫然无绪地站着，不知往哪里走。

"你不懂吗？你不知道去哪儿吗？常先生，没有关系，请跟我来！"有人在他耳边轻语。

他一下子来了精神，跟在那人的身后走去。走着走着，他发觉引导他前行的是一个妙龄女子，苗条婀娜，身轻若燕。走着走着，那女子还不时回过头来朝他嫣然一笑！他也报以微笑。走着走着，他发觉自己的步子更加轻快了，凌空驾云，飘飘若仙。哦，为他引路的原来是飞天。

啊，他也成了飞天了，飞天，世上最美最美的香音神！

他凌空驾云，飘飘若仙地飞着，忽然，一阵巨雷轰的一响，一群飞天随着壁上的大幅画卷摔了下来，一下子坍在他身上。他大叫一声，惊出一身冷汗！

土炕上的小窗射进来一缕晨光，一看表：7点钟了。他慌忙起了身，周围还是一片寂静。

他记着昨天就已走过好多遍的小路，马上就来到了九层楼下。

他推开了那扇形同虚设的朽坏的大殿大门，瞻仰了一下这座大佛——在这一层楼，他看到的自然只是大佛的基座，大佛的脚趾。

他走了出来，然后又沿着旁边的小路，一个一个石窟地查看。只见那个昨天还是鲜明亮丽的444号洞窟的窟顶，已被一夜风沙吹堆成一道细沙的瀑布。现在，风已停，这道流沙的细瀑却不止，这道道沙流已经把原来坍塌在洞口的一大块崖石也淹没了，那原本画得龙飞凤舞的穹顶，现在只在流沙中翘着一只角，就像一只呼救的手臂。

常书鸿的心一惊，赶紧出了这洞子，又接着看了下去。一处、两处、三处……光这南区洞窟密集的下层，就有上百个洞窟已遭流沙掩埋！

常书鸿的心紧缩了起来。他万万没想到，昨夜，美妙的香音神"托"给他那样一个佳梦，却又立刻将这样一副破碎的景象呈现在他面前。

他心酸地抬头望望九层楼大殿的飞檐，那一串铁马风铃还在微风中发出叮叮之声。

他一阵冲动，恨不能跃身而起，抓住那根大槌，敲出震天动地的鼓声，他要击鼓告急，他要呼吁全天下的人：你们快来救救莫高窟！

芝秀，亲爱的：

请原谅我这封信写写停停，不知什么时候才能发出去。不过这样也好，我可以写得更详细些，把这儿的情形给你讲得更清楚。来此之前，我们都不清楚是什么人发现了敦煌。我给你说，不，我干脆将这段文字抄给你，你一看就明白了——

"……有沙门乐樽，戒行清虚，执心恬静，尝杖锡林野，行至此山，忽见金光，状有千佛，遂架空凿岩，造窟一龛。次有法良禅师，从东届此，又于傅师窟侧，更即营建。伽蓝之起，滥觞于二僧……"下面还有："……此山，即三危山，由乐樽发愿始建并由后继者相继构建佛窟的这片地域，就是敦煌……"

芝秀：现在人们看到的，只是敦煌的残破和没落，你可知它以前的辉煌？唐碑的谒记上说：当时有数以千计的石窟，窟前有木构的窟檐，并有栈道相通。山上建起了一座座金碧辉煌的殿堂，周檐画栋，光彩夺目。而窟前是"前流长河，波映重阁"。这长河，大概就是现在被称为宕泉河的这条河，当然，现在河水没那么宽长了。我说的是从前，芝秀，光这八个字，你也可以体会体会，这儿过去是多么美丽！无怪斯坦因称敦煌为"亚洲的十字路口"……

芝秀：我在前几天写的信里提到了这里壁画数量的巨

大，数目可以查，但你简直无法想象它的辉煌和艺术价值。这里，无论从洞窟建筑结构、壁画的装饰布置，还是画面的主题内容和民族特征以及时代风格来说，都是4世纪到14世纪这千余年中，无数艺术匠师们呕心沥血、天才智慧的艺术结晶。我想说的是置身在此，每一个洞窟都会令你流连忘返，每一座塑像都会叫你陶醉不已！

我特别欣赏那些建于五代的窟檐斗拱的鲜艳花纹和隋代窟顶的联珠飞马图案，再就是像顾恺之春蚕吐丝般的人物衣纹勾勒，还有极具吴道子画风的"舞带当风"的盛唐飞天。要向你介绍的是那样多，啊，芝秀，你简直不知道那些飞天有多么美妙——（在这里，喇嘛们喜欢把她（他）们叫作"香音神"。这叫法也很美妙）真正是一窟一个样！真正是可爱极了，美极了！请注意，我在这里用了"他"和"她"。因为，我们在巴黎看到那本《敦煌石窟图录》时，以为飞天只是女身，现在我可以告诉你：飞天，还有男身。你不知道那是些多么轻盈而又个个生动的形象！那种金碧辉煌的李思训般的用色，那充分体现民族传统和时代风格的山水人物绘画，真是栩栩如生，呼之欲出。

这一切的一切，都是伯希和的《敦煌石窟图录》所没能展示出来的绚丽色彩，那种描写人物所用的线条，真是粗犷遒劲，有力极了！在这里，我们看到的是比乔托早一千多年的具有高度现实主义风格的唐代人物和风景画，比如第275窟，是东晋十六国时期的作品，说的是毗楞竭梨王本生的故事，就十分能代表河西当地民族画师们的高超画技和大胆的风格。还有，我最喜欢的是217窟一幅叫作《化城喻品》的壁画。它令我想起了乔托的《小鸟说法图》。与之相较，（你一定记得这位文艺复兴时期的意大利大师。我们一块去英国时不是看过他的画吗？）乔的画在艺术造诣上就相形见绌了。因为《说法图》只是将人物穿插在简单的风景中，另外也只画出了小鸟或在地面走动或在展翅飞翔，使人有生动的感觉。而《化城喻品》里，却是一幅非常明丽的初春景象：山峦重叠，行人在弯曲的乡村小道上鱼贯而行，画中所运用的就是中国民族传统绘画的那种高超的"散点透视法"。这在今人，当然不稀奇，可他们是在千余年前的盛唐时期，芝秀：一千多年前呀！你想想！

芝秀：写到这儿，我再次发觉自己太傻，我写这些东西做什么？以后你反正要来的，你亲自到这里来看看不是更加明白吗？

写到这儿，常书鸿又停住了。

他很想把那天去找县太爷的经过也写上一二，可又怕把这儿的艰难情形暴露出来，芝秀听了会心生疑惑，以后再让她来，她就会打退堂鼓了。如此一想，他的笔就凝滞了。

但是，"会见县太爷"的不快和愤然情绪，却仍然在他脑海里盘旋不去。

不顾坐了大半夜牛车的劳顿，常书鸿在约定的时刻来到了县府衙门。

在公众场合他是注意修饰的，衣履整洁是他一向认定的文明和礼貌。这几年与芝秀在一块生活，更养成了他的这一习惯。所以，尽管跋涉一长夜，常书鸿在进县衙门前，还在一个小小理发店里洗了脸面，他不能带着一脸尘沙去见一个需要谈判的陌生人。

听说县长姓陈，这无疑中又加深了他的好感——他与芝秀五百年前是一家！当他带着这种无来由又有来由的自然感觉，带着自然而随便的笑容，习惯地掸掸帽子，在陈西谷县长的县衙办公室那把花梨木椅子上就座时，他自认今天这一趟不会白跑。

陈县长比他想象的年轻许多，有很重的湖北口音，说话一口一个"鄙人"的很有点谦恭状，可他那满嘴浓重的烟味和一笑就露出的鲜红的牙床，却让人一听一看都不太舒服。

常书鸿知道可能是自己过于挑剔的本性使然，他克制着情绪，依然斯文儒雅地尽量保持应有的礼节。

"常先生，敝县是小县、穷县，先生一看就明白，鄙人不是不肯出力，实在是难以对先生的大举有所帮助……"

常书鸿说："陈县长，其实我的要求很简单，我们来的那天就看到了：莫高窟成了无人管理的废墟。当前，最严重的问题是流沙的侵袭。您知道我们这个研究所的主要任务是保护敦煌石窟的，如果不制服流沙，不把现在洞窟的积沙清理掉，石窟迟早将会被流沙淹没……"

"唔，鄙人知道，鄙人知道。"陈县长不住点着头，"可这是天灾，天灾是无能为力的，以前来过的诸位先生都提过这件事，张大千先生，还有于院长，都是大人物，可是，这种治天灾的事，鄙人无能为力……"

常书鸿着急地说："陈县长，你先听我把话说完。风停时，我们全部人员都集中起来去看了究竟，又专门请教住在下寺的那位姓易的老喇嘛，他是个住持，他在这儿待的时间长，有经验。他说过去王道士就是用流水冲沙的办法来清除洞中的积沙，此法很简陋但也可行，我们那天也试着干了一下，但我们的人手太少，缺少工具，做这样的活又不在行。我粗粗算了一下，如果把洞中的流沙全部清除干净，光雇民工就要法币300万元，但我们的全部资金只有5万元，且已所剩无几，所以我们想……"

不知那陈县长故意还是习惯使然，一边听着常书鸿诉说，一边竟毫无顾忌地半闭眼皮，打起了呵欠！

常书鸿捺着火气继续往下说："陈县长，我们发现，破坏洞窟的因素，除不可抗拒的气候因素外，还有人为的因素。比方，附近那些牧民，一点不知这石窟周围的树，是天然的保护林，他们把牛羊牵到洞窟附近放牧，让牲口任意啃那些树，树皮一啃光，那树还不得枯死？所以我们希望县府能出个文告，严厉禁止牧民到千佛洞来放牛放羊，违者处罚……"

"你是说出文告吗？那好说，这件事鄙人可以叫下属立马办，只是常先生你要知道，这儿的牧民都是睁眼瞎，没有文化，哪个识得了字哟？恐怕贴了文告也无济于事，于事无补的。"

"定了这条规矩总比不定好！陈县长，我们还想出了比较能解决问题的办法，我是说为了加强管理，保护树木以防风沙，我们计划在莫高窟前建造一堵长达两千米的土墙，把石窟群围在土墙里面，这样就可以起到保护洞窟的作用。"

"什么？造土墙？你是说在莫高窟造土墙？哈哈哈！"陈县长立即抬起眼皮，尖声笑了起来，那一口红色的牙床肉也全都龇了出来。"常先生，你真是个书呆子！竟然想到在那个沙土窝里造土墙！哈哈哈！这没有土的墙要能筑成，你打我三百大板！"常书鸿的血一下子冲上头顶，这笑声特别令他刺耳，使他明明白白感受到对方的奚落。他万分不快，但又觉着是自己刚才没将来由完全说透，目的未达，怎可罢休？

他顿了顿，又说："陈县长，你不要笑，我觉得这也没有什么可笑的，我今天来，就是来请求你的帮助。如果不对敦煌石窟采取紧急措施，石窟的民族宝藏就会一天天受损失，我们怎么可以对这一严重状况听之任之？作为一方父母官，你肩头有责啊！"

"常先生，我不是笑话你的责任心。我是说你来自南方，此地不是你们浙江，也不是我的老家湖北，我们是在敦煌，在鸣沙山千佛洞的脚底下！你也看到了，这里满眼都是沙沙沙，你叫我到哪里给你们弄土去？没有土又怎样筑这堵墙？这真是比筑万里长城还要难的事啊！教授先生，你们那里的先生恐怕都是读书读呆了的书呆子，说得容易，你倒想想看，怎么做啊！

教授先生，我真是爱莫能助，没有办法，实在没有办法！"

实在没有办法！——这是说，县长已断然封死了他再请求的大门了，那么，他还呆在这里干什么？这副可憎可厌的嘴脸难道还没看够？他愤愤然地站起来，拂袖就走。

"常先生，别走嘛，有事好商量，有话慢慢说，我已经吩咐给你备饭了，吃了饭再走嘛！"

"我不是来要饭吃的！"气极了的常书鸿，头也不回地说。

常书鸿真是气糊涂了。瞧，走着走着，怎么又转到这条路来了？

不行，他得好好想想。

世上没有后悔药。今天，他可真是后悔呵，千不该万不该去找这么一个滑头的县长，千辛万苦走了这么远来，难道就是为了受他的一顿奚落？第一次和地方官员打交道，就碰了这个软钉子，真晦气！今天他本来打算让这个姓陈的先借他一笔款子，让他们先雇一些民工，把流沙清掉，把围墙筑起来，以后，他再给教育部写信，说明情况，请部里汇一笔款子来。可这姓陈的，一下子就把门给堵死了！可恶，真可恶！

日当午了。常书鸿一屁股坐在了城外的沙堆上，一边胡思乱想，一边两手无目的地抠挖着身下的沙丘。哦，真是的，这儿满眼黄沙，哪来的土啊！这陈西谷也是道出了实情，可是，难道就这么罢休了不成？不，不，事情刚开头总有困难，他不能放弃，即便有千难万险，这墙一定要筑起来！

这墙一定要筑起来！他自言自语地说，声音之大，将自己都吓了一跳！

他突然感到唇干舌燥。即使马上走，一时也走不回莫高窟。还是设法找辆顺路的牛车回去吧。悠悠万事，吃饭为要，饭总是要吃的，那么，到附近的小饭馆里吃了饭再走吧！哎呀，这次出门慌忙，也不知带钱了没有？

他将手伸进大衣的内口袋，却摸出来一张折着的图纸。一见这张图纸，他的眼睛霎时亮了起来。

……芝秀，我接着给你说说一张图纸的故事。

我忘了告诉你：我来了后就想早日见着大千先生，可不巧的是，当时他到西千佛洞去了，近日即可回来，回来后听说他还要去安西榆林窟，你知道吗，榆林窟也是敦煌石窟群的组成部分，那辉煌的程度也不亚于莫高窟，只是规模小一点而已。我准备到时候与大千先生一块去看一看。对了，还有住在这儿的向达先生、谢稚柳先生，很多人，他们都要去榆林窟的。大千说待榆林窟的临摹结束后就返重庆，他还说希望在返回前，我们能够长谈……

对了，在这儿，我还见到了中央研究院西北史地考察团的向达先生，他也是个很有学问的敦煌研究专家。还有谢稚柳，谢是著名画家，你知道的。你看，这儿也不是那么可怕，这么有名的人物不是都能在这儿住下吗？

芝秀：再接着写这信时，我已从安西回来了。我和大千一起去又分头回来的。大千还有许多事要做，时间又紧迫，我们虽然没有如原来所期望的那样畅谈，但他把自己两次来敦煌，在莫高窟细细考察后所做的一本资料都留给我了，资料里，还有他对莫高窟逐一考察后编的号。这是一份很宝贵的记录，尽管精确与否还有待我们以后逐一再考察审核，但毕竟是他两度来此工作最辛苦的见证。大千在敦煌这几年，收获极大，他在莫高窟、西千佛洞还有榆林窟，前后共临摹成276件作品，他三次去榆林窟，终把第3窟那几幅最宏大的壁画也临下来了，这是多么了不起的工程！他自己也说，临摹了这些壁画，将使他受益终生！……临走时，大千紧紧握着我的手说："我们走了，你还要在这里无穷无尽行使研究和保护之责，书鸿，这可是一个长期的甚至是无期的徒刑呀！"

我明白他这话的深意。当然，他并不是吓唬我，我相信他说此话的真诚，我想告诉他：我完全有这个思想准备。但我没有说出来……

写了这几行，常书鸿顿了一下，把张大千说的这两句话涂掉了。一看涂得难看，这两行字又恰恰在信纸下方，就把这段话裁掉了。然后又接着写：

临别前，他还送了我一张……喂，我先不告诉你，让你猜！你一定骂我尽给你卖关子，当然，只要你一来，这关子也就不成秘密了！亲爱的，让我附着你的耳朵告诉你吧！大千给的这张东西可是无价之宝！

还有，大千先生将跟随他多年的一位姓窦的杂工介绍给我，希望我们能留用他。我看这人很能干，当然答应了。在这儿找一个诚实能干的人也很不容易……当然，找几个工人做帮手做点杂活不难，难的是生活上的一些很琐碎很具体的事，所以我还是想念你们，无可遏止地想念你们……

无论如何要把土墙筑起来！中寺的土炕旁，大家日日议论的都是这个话题。

一定要把土墙筑起来！常书鸿魂牵梦萦的就是这件事。全所的人想的也是这件事。

1943年，常书鸿（梯子下站立者）等人在敦煌莫高窟考察千相塔。罗寄梅拍摄，孙志军供图。

土！土！土！他觉得，为了这堵土墙和筑土墙的土，他都要疯了！

千佛洞前筑"金带"

几辆马车在尘土飞扬中向着千佛洞奔来。杂乱的马蹄声和马的嘶鸣打破了这儿的宁静。

常书鸿闻声出来一看，马车已经到了跟前。马车上装着锅灶、柴火、碗筷和油盐酱醋，好像是大搬家。

常书鸿走了过去，刚想问一问他们到这儿来干什么时，只见上寺的老喇嘛易昌恕早已从寺里迎了出来，和赶车人客客气气地打起了招呼，并搬下这些杂七杂八的家什。

"他们这是做什么呀？"

"哎，常先生，再过三天就是农历四月初八，你想想，这是什么日子？"也许是过于高兴，轻易不露笑容的老喇嘛，在说到这个日子时，竟是那样欢容满面。

农历四月初八？常书鸿仔细一想：哎，佛祖释迦牟尼的诞辰，怪不得！

次日清早，常书鸿被一阵鼎沸的人声吵醒。他出门一看，简直不相信自己的眼睛了。

人就像从天上地下四面八方冒出来似的，千佛洞成了人山人海的世界。除了三天前就布下阵地的那几家小饭馆外，还有摆吃穿用度各种小摊的、剃头补锅算命测字的也都各自来占了地盘，杂七杂八热热闹闹地开张起来。这批商贩，有相当一部分是有车马的买卖人，香客或骑马或骑毛驴，要不就步行，他们大多是从石窟群北边十里以外的上马路下来的。

上马路北行2千米原来还有个废弃的庙宇和一个茶房子。尽管是个十分破败的去处，却也成了香客们落脚的地方。

常书鸿走到老喇嘛易昌恕和他的弟子徐翰青所住的上寺。只见那里也挤满了人，不少香客把牵来的小牛小羊就作为供养的布施交给了寺里，喇嘛们进进出出忙得不可开交，他们取出了一挂又一挂大红绣字的幢幡和彩帐四下悬挂，一尊尊佛像前烛光通明，香烟缭绕，大佛殿被装饰得气派非凡。

常书鸿回到中寺，只见研究所没住完的那两间闲着的土房也住上了人，容纳不下的人就住在了南北两边的石窟洞中，天气晴好，不少老年人就把带来的布幔子一围，干脆在洞窟前的树林中扎起了"营帐"。"四月初八"果然成了莫高窟的节日！

常书鸿走着看着，又走到了下寺。这间原先由王圆箓道士居住的下寺，本来已空寂无人，现在也熙熙攘攘热闹非凡。

突然，常书鸿两眼一亮！——有两家准备在此开张的小饭馆，正在用沙土筑起一道小围墙。他急忙跑到跟前，用手捻捻那正在拌好备夯的不见"土"的沙土，果然就是纯沙子！

他心头一跳，忙问："请问大叔，像这样拌沙筑墙，使得吗？"

"怎么使不得？你看这墙不是筑成了吗？"

"不，我说的是要筑一道长长的又高又结实的墙，能围住千佛洞的！"

"也行呀，你要筑多高就多高呗！先生你别看这是沙土，要知道这儿的水管用呀，这里的水，不是挺咸吗？那是含碱量大呀，只要夯得结实，下死劲夯，没有筑不成的！"

"大叔你说准行？"

"胡子一把了能骗你不成？"

常书鸿乐得跳了起来！他兴冲冲地扭头就走。他要马上把这个好消息告诉他的同伴，另外立即派人去敦煌县城，找那个该打三百大板的陈县长，把他拖到这里来看看，让他立即答应暂借款项、调拨民工，立即开始这项筑围墙的工程！

千佛洞上上下下熙熙攘攘热热闹闹了整整七天。常书鸿的一颗心，也七上八下"悬"了整整七天。今天，庙会总算结束，千佛洞总算人去寺空了。

他提心吊胆了七天，设想过的情景已经成了事实——

瞧，就在他们国立敦煌艺术研究所筹委会盖了大印的布告下，扬长而去的小贩和香客们，留下了满地狼藉；以前就被烧黑过的洞窟又熏上了烟迹；他们初到时曾经为之大呼小叫的美妙的杨树林，树皮和嫩枝都被牲畜啃得一塌糊涂。

常书鸿从南到北从里到外走了一圈，每走一步，他的愤怒就增长一分。

看着这满地狼藉，看着这没了树皮而露出白花花树干的小树，他的心痛得就像被谁揪着似的一紧一扯，他跺着脚，大叫着：愚民！真是愚民哪！

回到中寺，他一屁股坐在办公桌前的那把木椅上，气得脸也发白了。

同伴们见他气成那个样子，纷纷劝道："常先生，看来，这里的人祖祖辈辈都是那样过来的，想要一下子扭转他们的习惯，不太容易……"

常书鸿痛心疾首地说："习惯？这算什么习惯？还都是所谓释迦牟尼的信徒呢！难道一个信佛的人会做出这种种糟蹋佛门圣地的事？这是封建迷信，不可救药的封建迷信，封建迷信和佛教佛学根本是两回事！我们不是已经在四处贴了布告吗？"

"常老师你也别真生气，气坏了身体可就什么也干不了了。他们是多少年的积习，我们刚刚来，他们怎会听我们的呢？"龚祥礼也气呼呼地说，"怪不得那个陈县长对常老师提出张贴布告的事无动于衷，真是有什么样的县长就有什么样的百姓！或者说有什么样的百姓就有什么样的县长！我看他就是该打三百大板！……"

"小龚说得对，老百姓总是老百姓，有问题，根子在于这里的官员，还是得找那个县太爷算账！"

常书鸿忽然被提醒了，说："对对，我们先不忙别的，还要找陈县长过来，让他自己到这儿好好看看，还有，这沙子打墙的事也得叫他过来看了才行。说找就找，我立马就去……"

"该挨三百大板"的陈县长总算被他们拖来了！

陈县长走了以后，常书鸿在当晚记录道：

……这位县太爷在我们全体人员说得唇干舌燥的联合"攻势"下，总算答应了我们的条件：一是以敦煌县政府和国立敦煌艺术研究所筹委会的名义，郑重其事再发出联合通告，在全县各地张贴。通告内容一是宣布敦煌千佛洞（又名莫高窟）收归国有的消息；二是保护千佛洞、禁止放牧牲口和私自进入洞窟，对违者施以处罚条例。

最后，陈县长总算同意马上派人来研究修墙计划。

就这么两件事，我们与他整整磨了一天牙！对于这样的县太爷，我总算记住了以后要对他的言行"立此存照"，否则，你简直无法与他进行实质性的合作。

我真没有想到，要保护敦煌的莫高窟，首先还要和这些敦煌的官僚作斗争！

中寺的土炕小桌上，常书鸿和会计辛普德，看着县里派来的那个万科长噼噼啪啪地打着算盘。打完后，万科长宣布道：

……这道土夯墙，按2米高、2千米长计算的话，要2.7万个工。一个工的工钱是1元，就需要2.7万元；加上材料、工具，不能少于3万元；每天按300个人工施工，最快也需要3个月才能竣工！

"什么?"常书鸿吃惊得又倒吸一口凉气。现在,他手中只剩下1000余元,还要维持这么多人的生活费用,尽管他们一到敦煌就给教育部发电报要求汇款,可是已经三个多月了还是杳无音讯。现在,这位万科长算盘噼噼啪啪一打,两片薄薄的嘴唇一碰,就碰出这样的"天文数字",不能不叫他心里打哆嗦!

"万科长,你说的这些数字,简直太、太那个了,我们……嗯,你能否再算一下?"

万科长像受了侮辱似的脸红了又白:"常先生,我是正规学会计出身的,这统计数字是没一点错误的,并且是按这里的最低工价,没有一点水分的……"

"不是,你别误会,万科长,我不是这个意思,我是说……"说到这里,常书鸿猛地打住了。是的,他何必跟这个万科长多费唇舌,跟他诉苦、提什么要求都是无济于事的。他笑笑说:"好吧,反正,我们只能根据实力办事,我们已经给教育部发电报了,如果远水不解近渴,我们就先修一个短的,哪怕只修一千米长也好。不修,就是误国误军机的行为!请你给陈县长带话:无论如何,我们这墙一定要筑起来!我们只希望他也快点拿出实际行动来支持我们这项工作!"

这时,龚祥礼拿了一张人物素描来请教常书鸿,常书鸿拿起铅笔,轻轻说了两句,稍稍改了一两根线条,素描中的那个人物易喇嘛,就立刻传神而生动了。

万科长把这一切看在眼里,轻轻惊呼道:"常先生,神笔,你真是神笔啊!"

龚祥礼瞟了他一眼,讥嘲地说:"你才知道啊?!我们常老师在法国就拿过好多次金奖的,他还是……"

常书鸿做了个手势,又用眼神示意小龚不必多说,便道:"小龚,可以了……"

龚祥礼这才会意,拿着画稿走了。

万科长还在一个劲地跷着大拇指,啧啧不休:"常先生真了不起,神笔,真是功夫到家的神笔啊!"

常书鸿皱眉说:"万科长快别恭维了,你说我神笔,可这支神笔落到这里,遇到钱财上的事,还不是照样一筹莫展!"

"哎,像常先生这样有能耐的,怎能说换不来钱?只要你肯为人画像,到时候说不定你要多少钱就有多少,别人不说,我们陈县长本人就很喜欢画的,家里不知藏了多少名家的画呢!假如常先生能……"他突然住了口。

常书鸿摇摇头,没待他往下说就朝他挥了一下手,似要挥走这个令他不那么愉快的话题。

常书鸿寝食难安。原来愁的是没办法打土墙,现在办法有了又没了钱。

前前后后已经给教育部拍过三次电报了,至今还没有回电。不得已,他也给在重庆的那帮好朋友拍了电报,让他们得便去找一下于右任,希望能请这位说话比较算数的监察院长出面敦促,那样的话,教育部可能会行动迅速一些。

这天下午，他又给教育部发出第四份加急电报。

这份电报发后，总算收到了回电。回电说：同意筑墙，款随后汇。

就这八个字。有这八个字，还不够吗？太够，太够了。筹委会的人，就像要过年似的喜气洋洋。

但是，教育部好像只给了一个空心汤团，电报上明明说了"款随后汇"。但这"随后"，一直"后"了一个月，还不见任何动静。

常书鸿再次感觉到：敦煌实在是太远太远了，办点事这么难！

有什么办法呢，等吧！能想的办法都想了，也不知哪个关节出了问题。

他心情烦躁至极，心烦气躁时，各种历史人物和各种各样的历史故事都来到心头：秦琼卖马、韩信钻胯、蒋干盗书……可不是吗，眼下他如果有秦琼的黄骠马能换来这堵墙，他肯定卖；如果那个见鬼的陈县长说只要让他受一次胯下之辱就能够给他拨这笔修墙的款，他也钻！只可惜他没有蒋干的本领，如果有，如果能在某个阔老板的枕头下盗出一张银行的大支票什么的，那他也立刻去学着做一次！当然，蒋干盗的是假情报，是周瑜的计谋，而他常书鸿是想来真格的……啊啊，他想到哪去了？唉，他是不是也黔驴技穷了？他真是绞尽脑汁无计可施啊，唉，只要能换来这堵墙！只要能筑好这堵墙！

墙！墙!! 墙!!!

他胡思乱想，一会儿沮丧，一会儿昂扬，一会儿自言自语，一会儿就会无缘无故地对某件不大的小事大光其火……

瞧，他的这种反常神态，已经招来大家的窃窃私语了，好几次人们见他进来，就突然闭了嘴。有一次他刚要跨进门槛，听见有人在说："我们原来以为常教授常主任的修养蛮好的，谁知也是这样的麦秸火脾气……"

另一人就说："还不都是因为这堵墙？都是人啊，为什么他就不能发脾气？我倒怕这样时长日久，他会得高血压呢！常主任要真急出病来，那，这摊事就更难办了！……"

常书鸿愣住了。

霎时间，他僵住的脚，真不知该不该迈进去。他心里像打翻了五味罐，不由暗暗叫道：我的伙计们，你们大伙儿要都能明白这个缘由就好了，我现在希望你们大伙儿能做我的宰相，你们肚里要能撑船，你们要原谅我的许许多多不是之处啊！

现在，他才明白伍子胥过昭关，为什么会一夜愁白了头发；现在，他才明白周瑜会被活活气死！你看，他现在简直就不想出门，只要一出门，只要一看见那些被咬的树林子，看着洞壁上的那些洗也洗不净刮也无法刮的烟熏火燎的痕迹，他的心就像被什么咬了一样疼痛难忍，他就气不打一处来！

但他真能不出门吗？一天不出去，不出去看看莫高窟里的那些可爱之极的"精灵"们，他简直就无法过日子——是的，他已经把所有的这些令他爱不够看不尽的壁画、塑像以及同样数不清的飞天们，统统称作他的心目中的"精灵"了——不消说一两天，哪怕一天半天不来转悠一圈，他也办不到。

这会儿，他转着转着，就又转到了第16窟甬道北壁耳洞的第17窟。

第17窟内早已空无所有。可这第16—17窟的故事，现在已尽人皆知。

王圆箓，你这个混沌愚昧的王道士啊！

到达千佛洞的第一天，常书鸿就注意到了那座在莫高窟前矗立的道士塔。

王圆箓的虔诚的崇拜者，在空旷的千佛洞，在这块风水宝地为他塑了这座颇为巍然的碑塔，那嵌在塔身正面的洋洋千余字的碑文，更加说明这个塔，就是王圆箓的功德碑。

世界上许多伟大的发现往往从一件不经意的小事引起，这个震惊中外的著名事件竟然起因于一根点烟用的草棍，这事件本身就离奇得不可思议。这既是传说，又是事实。这个事实，作为56年前就已入寺并在如今升到住持一职的易喇嘛，也屡作此说。

易喇嘛说，当然他也是后来听说的——

王道长（他总是这样称呼王圆箓）在世时，除了去为寺院化缘，就年年在洞窟清理流沙，那年（1900年）他让那个雇来为上寺做文案的杨师爷在第16窟的甬道内设案，接待香客，代写醮章，兼收布施。许是写得困倦了吧，杨师爷忙里偷闲时吸起了旱烟袋，点烟用的，是一根芨芨草棍。这日，他将草棍插在身后的墙缝中，那丝丝缕缕的烟竟然歪向一边——嘿，墙缝中竟能吹出怹大的风！杨师爷这就称奇了！他又用旱烟锅磕磕那墙，声响很大，是很空洞的那种声响！杨师爷自觉此事非同小可！于是，他就告诉了王道长，这日（5月25日）半夜，王圆箓就和杨师爷破了这道墙壁！

这就是举世闻名的藏经洞发现的由来！

如果那日这个算账的杨师爷不是用这根草棍点的烟，如果那根草棍不是恰好插在那被伪装得很好的洞壁、那道终于"露风"的墙缝中，如果他并没有注视这一缕烟的微微歪斜，那么，藏经洞将于何时得见天日呢？

这举世震惊的发现竟是出于这样的偶然！

但是，藏经洞的发现之日，也是它蒙难的开始。戴着"考古"桂冠来的斯坦因、伯希和，毫不费力或是施以小小伎俩，就从这里盗买走了数以万计的手抄经卷、卷轴、绣像、幡画等。当劫后余"生"的8000余经卷文书，终于被大臣罗振玉得知上报清政府学部后，这批敦煌遗书几经周折，才在一年之后解送到北京。

现在，这个曾经存放了3万余件历代宝藏、经卷、画幅、古文手抄本、契约等的宝洞——第16—17窟，已经空无所有，只剩下那个被遗弃在外的洪辩和尚塑像；北壁的耳洞里，还有二身唐人画的供养仕女像。

这两个仕女，也是这桩劫难的目睹者，她们亭亭立在这里，面对命运的无情之劫，只能终日泣对！她们秀眉慧目，双唇微抿，裙裾飘然，仔细看去，她们像是在流泪！她们在为自己的命运遭遇，更为那些被劫走的同伴们、国宝们流泪！

这是他的错觉吗？这是他怜极生爱或爱极生怜的生动联想吗？

常书鸿自言自语地走来走去，他在心里大叫：你们别哭！别哭！只要我常书鸿在敦煌，我就不许发生在你们身上的悲剧重现！

"常老师！常老师！"听声音就知道是龚祥礼，同来者只有龚祥礼叫他常老师。

"什么事？"

"你快去看看，那帮人又来了！"

"什么那帮人？"

"你去看看就知道了！"

常书鸿跟着龚祥礼跑过去一看，果然又是一帮过路的人。时令已经渐热，从敦煌往有金沙矿的南山去挖金沙的人，一定要经过千佛洞，而他们的驴马牲口，又"熟门熟路"肆无忌惮地往那些洞子里牵；树林间，又游动着不少牲畜……

怎么办？怎么办？他们研究所筹委会连窦占彪都算上，只有七个人，即使有三头六臂，也拦不住斗不过这帮从四面八方来的人啊！

看来，没有围墙，你就是贴一百张布告也白搭！没有围墙，你就是跪在地上叫他们菩萨，这帮人也照旧会我行我素地让牲口在洞内拉屎撒尿，在树林里大啃树叶……

天哪！如果锯了他常书鸿的骨头能筑成这道墙，他一定叫人来锯！

常书鸿又与陈县长面对面坐着了。

这次"谈判"，效果出人意料的好，不知什么原因，陈县长一口答应常书鸿的要求：筑墙的款子，悉数由县里垫借，待教育部的汇款一到就还账。

"常先生，你放心，鄙人上次已经说过，鄙县是个穷县、小县，眼下又是青黄不接之季，但是，你说得对，保护敦煌的文物是鄙人应尽之责，鄙人就是砸锅卖铁也要帮助你把这堵墙筑起来！……大丈夫一言，驷马难追，我马上就让财务科给你准备好。至于民工啊，材料啊，车子啊，柴火啊，这些琐碎事，我劝你还是不要管，因为你们这帮先生，都是书生，又不熟悉这儿的行情，所以这一揽子事，你都不用忙乎了，你只管忙你的艺术，待教育部把款子寄回以后，我们再算账。常先生，你看好不好？"

常书鸿连连点头："那么，陈县长，这诸般事就要你操心了，只是这工价……"

陈县长马上接着说："你就放心吧，我让我底下人去找民工，保准比你们去找的要合算，你想想，我们是当地管事的，岂有让他们说了算的道理？常先生，我倒是要说……"他意味深长地望着常书鸿，欲言又止。

"陈县长，还有什么事？"

"我是说，上次万科长没跟你提起过吗？嗯，我们对你常先生都是仰慕已久的，这件事办完了请常先生无论如何要送我一张画，留作纪念，好不好？这也是鄙人梦寐以求的呀！万科长回来跟我说过，常先生很大度，一向说话算数，这事应该没问题吧？"

原来是这个附加条件！话已说到这个分上了，他还能不答应吗？

"好，那我就给你画一张千佛洞的风景画。"

这幅画的许诺真起作用，十来天后，万科长带着科员和五个警察，还有一百多个民工，浩浩荡荡来了。紧接着，粮食、柴草等物资，也都源源运到这里来。

常书鸿心里一块石头落了地。早知道他的画有这么大的魔力，早知这位"陈鄙人"贪恋的就是他的画，送一两幅画又何妨？他也放下手头的工作，着手画这张已经许诺的画——《千佛洞风景》。

为表示诚意，他把画的尺幅定为三尺见方。

人敬我一尺，我敬人一丈。这是他永以为准的做人标准。

千佛洞前一片从未有过的忙碌景象。挑沙和水、打夯垒墙，百余民工，起早落黑。

常书鸿心花怒放。为这堵终于要在眼前徐徐升起的墙，他甚至觉得比等待儿女出世还要令他高兴莫名。虽然挑水和泥都是他从未干过的粗活，但他也跟着起早贪黑地时不时去插上一手。民工们奇怪地觉着这个"官帽翅儿挺大的"常主任，竟然卷起袖子和他们一样弄得一身泥水，真是稀奇透顶。

但他们对常书鸿敬而远之，从没有一个人到他跟前与他说话。唯有张大千介绍留给他的那个杂工窦占彪鞍前马后地跟随他，成了他最得力的助手。

窦占彪是当地人，长得人高马大不说，还吃苦耐劳，没几天，常书鸿就对他的相帮非常满意了。窦占彪一口当地土话，因为先前当过勤务兵，又能撇转腔来说上几句"北京官话"，于是更成了他与那帮民工之间的最好翻译。

五十多天的起早贪黑，这道千余米的墙，完工在即。

又是收工时分。常书鸿又和往常一样，放下手边的案头工作，转到了工地。

"唉，又跑了六个！……"他忽然听到那个负责一个工段的杨工长在咕哝。

什么？跑了?! 怎么回事？

他想问个究竟。可是杨工长只朝他翻了一下白眼，便走了。"窦占彪！窦占彪！老窦！"常书鸿高声大喊。

窦占彪应声跑来了。"常主任，什么事？"

"你去问问那个杨工长，我听他刚才好像说又跑了六个，是不是民工跑了？怎么会跑了六个？这还了得！"

"常主任，你才知道呀？这些天，天天都有跑的呢！没有工钱又吃不饱饭，能不跑吗？"

"什么？没工钱？吃不饱？我们不是先向县上求借，县上答应给他们拨粮拨款吗？"

"哪里，县府里半个子儿没有给，前些日子运的那点粮食柴草，都是县里摊派各乡里，各乡里又摊到各个村，各个村又强摊到各户自备的，能熬到这会儿，也算是老实人家了。那些跑的，自然是没有了粮食，饿着肚子怎么干得了活呀？"

"早知道这情况为什么不告诉……"常书鸿把话忍住了。是的，他能怨窦占彪吗？就是早告诉了你，又有什么办法？都是这卑鄙无耻的县长，出尔反尔，还花言巧语骗取了他的一幅精心创作的画！也怨自己是个阿木林，竟然不明就里到这一步！

常书鸿气得让老窦立刻去备牛车，他要去县城再找那个姓陈的，起码要把那幅画从那个无耻之徒手里要回来！

牛车喀喀隆隆地走了没多大一会，他又骂起自己来：常书鸿呀常书鸿，你真是的，那个姓陈的县衙门槛的滋味，你还没尝够吗？你把功夫再花在这样的官僚市侩身上，说不定又是去碰橡皮钉子！他保准是一大堆理由，再哼哼哈哈七个鄙县八个鄙人，就够你烦的了！

怎么办？开弓没有回头箭，去了再说，起码要叫姓陈的知道：我们已识破了你的伎俩！

常书鸿气呼呼闯进县衙，来不及躲开的陈县长，又是一副皮笑肉不笑的嘴脸："常先生你要体谅鄙县的难处，我早说过鄙县是个穷县，你叫我从哪里给你掏借这份现成的资金呢？鄙县历来就是这样筹集资金的呀！你看老百姓不是对千佛洞的老佛爷很虔诚吗，他们能熬到这分儿上，帮着修了这么长时间已经很不错了，你还要怎么样呢？我说常主任你就多担待吧！你对我的心意我也忘不了，慢慢来，慢慢来！"

"你什么也不要说了，陈县长，请你把来千佛洞修墙、筑墙的各乡民工和住址造一个花名册，等上头的汇款一到，我们一定要亲自将报酬给他们！"

"喔？！常先生倒真是个信义君子！你要花名册不难，鄙人明天马上派人造好给你送去！"

常书鸿气鼓鼓地说："我也不是什么信义君子，但站起七尺高的男子汉，说话总要算数！"他再次摔门掉头而去。

又气又恼的常书鸿一路不断地骂着自己：什么时候你这个书呆子才能长记性呢？有工夫去跟他磨牙，还不如再想些别的办法，将这堵墙早日筑完！

常书鸿的"别的办法"终于想出来了——他召开了全体会议。一五一十地将这些情况向大家抖搂出来。摆情况成了最好的动员会，第二天一早，他们全体人马全上了工地，与民工们一起挑水和泥（沙）。

民工们被感动了，这班斯斯文文眉清目秀的先生竟然都来与他们一起干这出大力的活，真是佛爷显灵！

三天后，一道千米长的沙土墙，整齐而又威风地矗立在千佛洞前。

在常书鸿和全体同仁眼里，它不是一道土墙而是一道黄金带，是这些善良而又勤朴的敦煌老百姓为千佛洞献出的一颗颗金子般的心铸成的黄金带！

三天后，在一个巴掌大小的本子上，常书鸿密密麻麻地记满了那些干活出力的民工名字，使他负疚的是他也成了"食言者"——那笔他日日盼望的"修墙款"，教育部迟迟没下拨。

这日傍晚，在九层楼又一次响起的风铃声中，常书鸿用一把小刀在这道土墙上刻下了一行小小的字："敦煌百姓，功不可没。"

千辛万苦寻常事

敦煌一年中最美好的季节来临了。

常书鸿的心情仿佛也格外的好。他自己当然更明白美好夏季的来临只是外因，内在的喜悦则是因这道土墙的修成，他终于没有了后顾之忧，如释重负地轻松了。

另一个原因是，他的得力助手、他最喜爱而看重的学生董希文，给他来了一封信。这是他到敦煌后收到的第一封叫他高兴不已的信。常书鸿骤然觉得阳光都格外明媚。

那天，常书鸿带着他的一干人马，正忙碌在洞窟中——大家赤着双脚一起"拉沙排"。

"拉沙排"是他们根据民工的建议发明的一个清沙的活儿：洞窟中积存的流沙是这么多，约有十万立方米。如果不先将这些堆积的流沙清除掉，其他的一切工作将无从做起。

他们用木头扎好了几个大木排，那木排扎得就像简易的刮沙板，一个人在前头拉，两个人在后头推，这个简易木排，在莫高窟空旷的沙地上能通行无阻，"沙排"拉到了水渠边，往渠中一倒，再提闸一放水，沙子就随着渠水冲走了。

易喇嘛说以前许多村民也常用这法子推走刮到院里的沙子，老窦和几个民工又在这一"法子"上作了工具上的改进，以提高效率。

如此这般既原始又有趣、既笨重又别无他法的"拉沙排"，让常书鸿和他手下的全体大将，让那些打完了墙还没走的民工，忙得不亦乐乎。董希文来信的那一刻，常书鸿和他的搭档窦占彪和龚祥礼，正好又一次从洞中推出那只堆满了沙子的"沙排"。

董希文在信中说：他将接受老师的邀请，带着妻子张琳英来莫高窟。他还说，毕业于无锡国学专科学校、现在重庆中央图书馆的苏莹辉，不久也要慕名而来。

常书鸿算算这封信发出的日子以及希文说的到达时间，只有个把星期，师生就可见面了！

他将信塞入口袋，对与他一起拉沙排的窦占彪和小龚大喊："好呀，来了天兵天将，我们要兵强马壮了！"说着，他牵着那根襻绳往肩头一套，使劲一弓腿，因为用力太猛，在后面推的小龚还来不及配合，他一个猛劲往前一冲，差点摔个大趔趄。

"哎呀，好险！"窦占彪和龚祥礼余惊未消，两人一头汗顾不得擦，便要来搀他。

常书鸿摇摇手，立刻又拉起了襻绳，一边笑道："怎么，你是怕我拉不动还是怎的？嗨，小龚，你就给计着数，与他们那两个'排'比试比试，看看你常老师的力气到底是大还是小！"

"当然当然，咱们是不能输给他们的！要不，我为什么单单挑中了与您做伙计？"小龚说完，暗暗向窦占彪伸伸舌头。这些天来，他早已摸熟了常书鸿的脾气，反正跟着常老师这个工作狂，早晚都是一个字：干！

拉沙排、铺甬道、修栈桥……日子就在笨重的劳动中一天天过去。

拉沙排、铺甬道、修栈桥……白天累个半死，晚上就睡得"全死"——不光常书鸿，所有的人头一着枕就睡得昏天黑地。

董希文夫妇到达的那天，常书鸿的"搭档"小组，创造了"拉沙排"的最高纪录：一天推了12"排"。

在中寺前的沙土地上，一边是风尘仆仆行装甫卸的董希文夫妇，一边是喘着大气热汗淋淋的常书鸿和他的伙伴们。大家抹着一张张"沙花脸"，面面相觑，都不禁"扑哧"笑出声来。

董希文怎么也没有想到：他所敬重的老师，竟天天与同行们、民工们干着如此吃重的粗活。

常书鸿说："希文，我们现在忙的格桩事体，请原谅我事先没同你讲过……"他说的是杭州话，因为，他知道希文出生在绍兴，却是在杭州长大的。

憨厚的董希文听了只摆了摆手。妻子张琳英眼眶一热，掉泪了。

"老师，我想告诉你：我们走的那天，李浴、周绍淼还有乌密风，他们都在准备行装，过些辰光也要到敦煌来呢！"董希文也说起了杭州话。

"真的?"对于常书鸿来说,没有比这更好的消息了。

"老师,重庆的报纸三日两头登敦煌的消息,美院师生的心都被煽得热乎乎的……"

"那么你说的李浴、周绍淼还有乌密风,哎,还有苏莹辉,他们真是要来吗?"

董希文老老实实地说:"常老师,来敦煌是件大事,我们怎会拿这事当耍子儿呢?"

常书鸿高兴坏了,连连说:"我请客,一定请客,今天晚上让厨房好好做饭请你们的客!"

"好饭"端上来了。张琳英呆了:这就是他们常老师为欢迎他们到来的"请客"呀?

他们夫妇包括原先的六七个人团团围在桌前,桌子上摆了一大盆面,盛出了七八碗面条,桌子中间摆了一小碗醋、一碟盐,一只放了蒜汁的小碗,还有一只更小的碟子,里头盛着能数出数来的几根咸萝卜丝。

张琳英悄悄扯扯丈夫的衣袖,意思是叫他别急着举筷,待一会儿等菜肴、作料端齐了再动筷子。尽管一路风尘,丈夫和自己早都饿了,但初来乍到,吃饭总要斯斯文文的才好。

常书鸿进来了,他端起面碗,倒上一勺醋又夹了一筷子盐,很仔细地夹了两根萝卜丝,用筷子一搅,呼噜呼噜就吞下去一大口,一边举举筷子大声说着:"喂,你们两个怎么还不吃呀?"

夫妇俩这才发现大家先先后后地早都端起了碗,倒醋的倒醋，撮盐的撮盐，然后是呼呼噜噜吃面的声音。

龚祥礼一边狼吞虎咽，一边笑嘻嘻地说："董先生，快吃呀，要不是沾了请你们两位新来的光，我们今天还吃不到这白面面条呢！还有这大蒜蒜汁、咸菜，挺香的，这都是为你们俩贵客准备的呢！"

张琳英点点头，这才推推丈夫，拿起碗，也学着倒点醋撮点蒜汁和盐。伸了筷子想去夹那咸菜时，却发现大家好像都不肯去动这点珍贵的咸萝卜丝。

她的筷子在半空僵住了，还没张嘴，就觉得那热辣辣的水直往眼睛鼻子里冒出来。

"琳英、希文，吃不惯吧？你们要有思想准备，这里不像南方，大米少得要命，来了这么久，我们还没吃过一顿白米饭呢。我们刚来时也一样，很不习惯。不要紧，慢慢你们就习惯了。我们现在先吃苦，等以后部里拨来钱了，我就想法子给大家改善改善生活，现在教你们受委屈了！"常书鸿轻声慢语地说着，像示范似的又从盆里添了大半碗面。"哎，这面条是手工擀的，吃起来很不错的，你们慢慢就习惯了。"

董希文结结巴巴地说："常老师，你放心，我们会，会习惯的，我能吃北方的面，木佬佬会吃，也会吃蒜……"他也蘸了蒜汁，连忙吞下去一大口，吃得太急，呛得直咳。

"你看你！"张琳英连忙放下碗，替他捶着背说，"哎，常老师，你们大家别听他吹牛，他根本没有吃过蒜……"

笑声在小土屋里飞扬起来，小屋里充满了秋天的热烘烘的晒麦场的气息。

继董希文夫妇之后，张民权、苏莹辉来了，再接着，李浴、周绍淼和乌密风夫妇也来了。

莫高窟一下子如虎添翼，越来越热闹了。

新来者的第一件事就是参观洞窟。带领新来者参观洞窟，是常书鸿最为醉心的事。每次讲解，他总要从自己一开始就欣赏的北魏、西魏的洞窟开始……

"……你们看，这30多个北魏、西魏洞窟中，保留最完好的是这数千平方米绚丽多彩的壁画，你们看，多么豪放旷达！还有这些朴质淳厚的彩塑和装饰图案。大家看，它们的创作思想和表现手法还保留着汉代的艺术传统，是不是这样？喏，你们再看看这幅狩猎图，这些山川树石，行云流水，多么生动哇！这都是早期石窟，可在这些早期石窟中，就已经加进了许多佛教的内容，你们看看这些飞天、夜叉、天神、梵女等，还有这些，看，看看这些壁画吧！"常书鸿讲着，熠熠生动的眼神在近视镜片后闪露着难以言说的迷醉和喜悦。"你们再看看这块榜书题记，笔力如此遒劲！写在纸上的，我们常形容它是力透纸背……"

"这里让我们感动的东西可真是不计其数、无法形容。来，你们再看看这整个石窟建筑的结构布局，真正是风驰电掣气韵生动！整个石窟建筑的结构布局，都遵循了我们的民族传统。太难得了！"

讲了30多个北魏洞窟，常书鸿照例又将他发现的壁画中运用的"散点透视法"，兴致淋漓地讲了一遍。他讲这些画面上表现的山山水水、建筑、人物，是怎样巧妙地引导人们的视线从下到上、由近而远、由大至小地经过"落花流水""浮云幻城"以及近水远山，最后远远地消失在蓝天白云之中……

一个一个洞窟地看，一座一座地讲，来到编号为第254的石窟时，常书鸿的神情更为激动。"你们再看这座洞窟！我认为这座洞窟，这幅名为《萨埵那太子舍身饲虎图》的壁画，是最动人的。我们先抛开这幅大型壁画的连续性、完整性和艺术性不言，就是这个萨埵那太子舍身饲虎的故事，对我们每个有志从事敦煌艺术的人而言，都是一则最最重要的人生经典，是一个使我们每个敦煌艺术的研究者都可以引为宝鉴的人生座右铭！我到这里已经快半年了，到这个洞窟来的次数最多，因为我总觉得，它给我的不仅仅是艺术的陶醉，而是人生的启迪！这个故事，画面一望而知，萨埵那太子一行出去狩猎，为了拯救已濒绝境的饿虎，他跳下了悬崖……故事很简单，但它透示的人生哲理却是那样深刻！它使你沉思，使你默想起许多人生的意义，它以严酷而又惨烈的事实告诉你，什么叫牺牲！义无反顾的牺牲！……"常书鸿低沉而浑厚的声音在洞窟内回响，他眼神凄怆，整个神魂都沉浸在《萨埵那太子舍身饲虎图》中。

一座一座地讲，一个一个洞窟地看，大家看得如醉如痴，听得如痴如醉。

几个月的时间，加上张大千送给他的初步编号的资料，都使常书鸿对莫高窟的布局渐渐了如指掌。尽管如此，他还是觉得自己所认识所掌握的材料还远远不够，因为在清理洞窟中，每天都会有新的发现，在发现中又有许多新的感受。每天每天，只要一进洞，他就像被磁石吸引，不到天黑不出来。

每个新来者，也都受了感染，这感染来自常书鸿炽热的情感，更来自那几百个让人看得眼花缭乱的洞窟。大家也都着了迷，自然也都学他的样，清晨即起床，朝霞初露即开始进洞，一个个洞、一座座彩塑地观看，揣摩着以后怎样临摹……

三危山下的莫高窟总是迎接第一缕阳光。这个季节，敦煌的太阳又是那么明媚，从早晨到傍晚，从初夏至初秋，整个白天都是那样漫长而迷人。这半年来，常书鸿和他的同伴们，在周而复始的日照中，都更加领悟了敦煌的"大也，盛也"的含意。

清理暂告一段落，第一轮参观结束后，他们要开始工作了。

这天，这群年轻人拥向了常书鸿所住的皇庆寺，要常所长给分配工作。

常书鸿对每个人都熟悉，知道他们来敦煌的动机和愿望。来敦煌就是工作。他们有的是研究美术史的，有的是学绘画的，有的是学雕塑的，就像准备上阵的将士一样，一个个摩拳擦掌。

常书鸿笑眯眯地招呼大家在炕上坐下，然后拿出了他们的全部家当：两卷薄薄的纸、几盒颜料和十几支开始发秃的笔。

大家全都屏气凝神，然后大眼瞪小眼地互相望望。怎么就这么一点东西？但他们都明白，所长常书鸿在这种时候可不会同大家开玩笑。

"喏，我们的全部家当都在这里了，我们都有分工，但我知道，大家最急着想做、我也希望大家都动手做的，就是这件事：临摹。不临摹，我们大家来敦煌干什么?! 我们要保护莫高窟，研究莫高窟，第一件要做的事就是临摹，可以说'悠悠万事，唯此为大'。可是，如果我们大家都动手临摹，这点家当，不够大家用三天。即使以后有了后援，也是杯水车薪，远水不解近渴。所以我希望大家明白我们的家底后，自己设法动手。纸就用这儿老百姓糊窗户的皮纸。皮纸这里常年有卖，且价钱便宜，敦煌县城就有；笔呢，我提醒大家也尽量省着用，坏了，画秃了，自己修理。至于颜料嘛，嗯，你们跟我来……"

大家跟着常所长到了户外——摆着一些木桶和土碗……这就是可以自己制作的黄颜料吗?!

这就是所长说的自制的黄颜料，黄土泡出来过滤沉淀再加上点胶，就制成了黄颜料。

红颜料呢？就用红土。红土也这样……

"这可是资源丰富吧？我试过了，这种颜料不易褪色，古代工匠们就是用的这！要不，许多洞窟壁画怎会保留千年而看上去仍很新呢？"常书鸿又告诉大家，在法国时，他最初跟教授学画，教授就曾教他们怎样不用现成的颜料，而是自己动手制作。

"太棒了！来，我们自己干！"来的都是聪明人，响鼓还用重敲？莫高窟中寺前的土场，就成了大家自制土颜料的加工场。常书鸿按各人的要求和业务能力，给大家分了工。他自己带着龚祥礼和李浴两个同事，继续从事烦琐而又细致的洞窟调查工作。

在莫高窟要一个一个洞窟地进进出出，给张大千做过杂工的窦占彪，成了他们最得力的帮手。窦占彪是当地人，身材剽悍，很能吃苦，遇事挺能动脑筋。常书鸿说声上高处的洞没有梯子可怎么办，他听了转身就走，不消一刻，一个用两根杨树橼子钉成的蜈蚣梯就扛来了。

"张先生那会在这儿时，就用过这梯子！也只用过一两回。"窦占彪憨憨地笑。

"有这宝贝梯子，你怎么不早说？"常书鸿仔细看了看这"蜈蚣梯"，每隔30厘米就钉个短树棍，虽粗糙之极，但好歹是个梯子。

"你没说要用，我也不敢拿出来，这梯子牢稳是牢稳的，我爬爬差不多，你说上哪个高处，我替你爬，你自己可不要上！"窦占彪说着，惶恐地望着常书鸿。他心里真有点担心，生怕他心目中和张先生一样斯文的常先生，也说一不二地要爬上爬下。

常书鸿一挥手说："我们一块爬，你不用担心，我小时候，爬树下湖摸虾，都是好手呢！"

常书鸿手脚并用，爬上了九层楼的高处洞窟，一个洞一个洞地察看，做着调查记录。九层楼最高处为44米，胆小的人别说爬上这高处，在底下仰头一望，腿肚子都会打哆嗦。窦占彪小心翼翼地在前面探路，常书鸿手脚敏捷地跟着。

他们爬到编号为第196窟的洞窟。龚祥礼指着洞口一看，说："老师，你看，还写着字！"

常书鸿仔细一看，洞门口果然有一行用墨写的字，字迹虽淡，却看得出是前人的好意和苦心："此洞系从山顶下。"

常书鸿领着大家进了洞，这个半悬在30米高处的洞窟的内容，常书鸿也早从资料上约略得知，进洞一看，自有胜境。他让龚、李两人核对着里边的数字和内容，一边迅速地记。出了洞后，常书鸿长长呼出一口气，对龚、李说："怎么样，不虚此行吧？"

"那当然，实地看看和光看资料，感受就是不一样。"两人异口同声地说。

常书鸿往四下看看，顿时感到一股尖厉的山风迎面扑来，立在半悬的第196窟洞口看下面，真有几分无限风光在险峰的味道。

龚祥礼往下丢了一颗小石子儿，那石子儿骨碌碌地一下子就滚得没影了。他"咝"的吸了一口凉气说："嘀，还真玄哪！"

他们从原路走时，窦占彪抢先一步，想将梯头换个位置靠得更稳妥一点，不料一用力，那梯子顿时像根在风中折弯了的柳条，软绵绵地歪倒崖下！现在，他们上不着顶，下不着地，真成了悬崖上的孤兵了。

窦占彪脸色灰灰地说："常先生，都怨我……"

常书鸿说："不怨你，现在我们要快想办法……"

龚祥礼说："这样吧，我们一齐扯着嗓子喊，让别人赶快架好梯子来救我们……"

李浴说："你快别异想天开了，你看这周围哪有人？大家都在皇庆寺里，这么远，哪怕我们都有余叔岩、金少山的嗓子也听不见！"

常书鸿说："占彪，你有经验，快想办法，还有别的路吗？"又突然叫道："咦，这写的字不是说可以从山顶下来吗？占彪……"

窦占彪也立刻拍着脑袋说："哎呀，真是骑驴找驴，我也是急糊涂了，上回我跟张先生就是从山顶上下来的。真是的！常老师，你们都先别动，你看，从这儿爬上崖顶不过十几米，陡是陡一些，不过路近，我先爬给你们看看！"窦占彪说着，就弓身弯腰，敏捷地爬了上去。

龚祥礼一看，随即尾随在后也跟着爬，谁知刚攀上去没两步，他心一怯，腿一软，连声大喊："哎呀，不行不行！"就又从上往下哧溜溜地滑回了原地。

李浴担心地说："常老师，你可别慌，我们慢慢来，我殿后……"

谁知他话未落音，常书鸿已经不声不响地攀上去好大一截。看着这灰蒙蒙的山崖，他想这沙石一定会一踩一个脚窝，便使劲一蹬，谁知这山崖是极其坚硬的砾石，反弹的劲倒特别大，他没有蹬住，心里一惊，手里的记录本子突然滚了下去，一下子飘到崖下没影了。

常书鸿只好退了回来，心疼得不得了：这本子肯定找不回来了。

窦占彪在崖顶上趴着，大喊道："常先生你们都别慌，先别动，我一会就下山找绳子来救你们……"呼啸的山风立刻把他的话淹没了。

龚祥礼说："老师，你别太急，我们摔死了不要紧，你要摔坏了可不是闹着玩的……"

常书鸿皱着眉头说："谁摔了都不行，我是心疼那个本子。哎，我真糊涂，这些记录早就应该做备份，一式两份多好，要真找不回来，这两个月就白费了！"

天气也怪，刚才还是风和日暖，一会儿，山风说刮就刮大了，冷飕飕地直往人脖子里灌，天色也灰暗起来。

窦占彪去的时间并不长，可是，束手无策的他们，觉着就像过了一天一月一年。

"喂，常老师，你们接着！"从崖顶上终于传来了窦占彪的喊声，一团粗大的绳子也从崖顶上抛了下来！

一场惊险终于过去。刚才在洞前站着还是冷飕飕的，一下到地上，三人的内衫却全都湿透了。窦占彪最后一个"下"到了地面。

最令常书鸿惊喜的是：在擦黑时"滑"下来的窦占彪，手里紧紧握着他的那个笔记本。

"常老师，快来看！看看，看看我们发明的反光镜！"

张琳英像只快乐的小麻雀迎着他说。这个身材娇小、性情活泼的女学生，不光是董希文的好伴侣，她与周绍淼的妻子乌密风一起，那咯咯的笑声、活泼的举止都为他们这个小小的团体，带来了无尽欢乐。

　　常书鸿高兴地跟着她走了过去，果然，她在临摹的洞窟口装了一面镜子，早上的太阳一射到镜子上，那光芒四射的光线，就能将洞里的壁画照得十分清晰。

　　"你看，老师，我们这反射镜还能跟着太阳转，下午太阳往西，我们这镜子就往另一边挂，你看这又省油又延时的长明灯好不好？"

　　"好！好聪明！这是谁出的主意？"

　　"谁的主意？是不是又想奖励发明者吃一碗有咸菜的白面条哇？嘻嘻嘻……"

　　"你这个小丫头呀！"常书鸿笑嘻嘻地点着她的鼻子。在他心目中，张琳英的确是个小丫头。可现在她都能独当一面了，而且想出了这么好的主意。

　　"老师，师母什么时候来呀？"

　　"她会来的，快了，快了！"他心里像被什么搅动了一下。又好多天没顾得上给芝秀写信了，他应该赶快行动，赶快设法去把她接来。

　　"老师，陈延儒病了！烧得很厉害……"

　　"是吗？我去看看，要不，赶快套车送他进城去……"常书鸿立刻就朝住处走去。

蒙着被子的陈延儒果然烧得脸通红。常书鸿一摸他的额头，像块火炭。他着急地说："烧成这样，昨天就该去县城了！快，快叫老窦去套车……"

知情的人在旁说："延儒昨晚还想熬一熬的，谁知今天更厉害了。"

常书鸿俯下身叫："延儒，延儒……"

陈延儒吃力地睁开眼睛，梦呓似的断断续续地说："常，常先生，我，我要要是不行了，你无，无论如何把我拉到有，有土的地方去埋……"一滴泪珠突然滚到他通红的脸颊上，"常先生，你可千、千万别把我扔到沙、沙漠里呀！"

"延儒，看你说到哪去了？快，车子套好了，这就送你去县城医院……"

老窦赶来了牛车。这辆唯一的交通工具，在一群人的注目中，缓缓地滚动着走向县城。

常书鸿将两滴清泪攥在了自己的手心里。

有惊无险的日子、有惊有险的日子，一天天地，就像长了翅膀似的过去了。

一天工作结束后，当他带着一身倦累，吹灭那盏如豆的油灯躺在炕上时，那无可遏制的思念、那可怕的孤独就袭来了。

这几天，他经常想起张琳英的问话："师母什么时候来？"这问话就像一道无形的细绳，抽紧了他的渴念。是的，应该去接芝秀，赶快地不由分说地去接她们母子到这儿来！

当教育部的汇款一直杳无音信，当他在县城的借款单子上又签上了使自己也心惊肉跳的一个数目字后，他骤然决定：必须立刻动身去重庆了。

"敦煌就是我信仰"

"爸爸！爸爸！"沙娜像只燕子飞了过来。几个月不见，她突然长成了亭亭玉立的少女。

常书鸿像以往那样期待着她飞扑过来，勾上他的脖子，但她喊了两声，待扑到他跟前时却又略显羞怯地退后了一步。常书鸿明白：女儿长大了。

一岁半的嘉陵却躲在妈妈身后，将一只指头含在嘴里，怯怯地看着他。这孩子秀眼挺鼻，十分细瘦，一副教人无限怜爱的样子。

最教他意外的是芝秀，竟然保留着在巴黎的样子：丹唇涂朱，细眉修长，斜戴着她一向喜爱的雅致的便帽——今天，她戴的是一顶明蓝色的船形帽，与身上的秋大衣十分般配，而与重庆灰蒙蒙的天色恰成反差。这明艳的色泽，好像就是为了映衬她迎接丈夫回来的喜悦。

常书鸿不禁奇怪起来：贵阳的那场大火，把他们的家产全部烧尽，也包括芝秀在巴黎买的全部时装，包括她最喜欢戴的各式各样的帽子。到重庆后，别的物资逐渐添置，唯有这很能展现巴黎风采的时装帽，芝秀曾抱怨重庆也不能得觅，不料今天她却如愿！他明白，芝秀和孩子整洁而出色的装束和打扮，都出自她的心裁，这一切也都是为了欢迎他的归来。

陈芝秀走上前来，不顾前后左右人的注视，就像仍在巴黎，在他腮上印了一个长长的吻。

常书鸿傻愣愣地笑着，神情恍惚。这一切，于如今的他是多么陌生，他只觉得这儿的情景和敦煌的情景都像是梦。

"是看我的帽子吧？知道是谁送的吗？是合内，她知道我老是为那些帽子心疼，特意写信让巴黎的马婷小姐为我买好寄来的呢！你记不记得马婷小姐？"

常书鸿释然地笑着点点头。

马婷小姐也是他们在巴黎的同学好友，想当年，她与芝秀反串角色，在他们家女扮男装戴着学士帽夹着香烟，模仿舞台剧的角色拍"男士"照片，是多么活泼！

俱往矣！

他们各领一个孩子分坐两辆人力车，两个孩子兴奋地嬉笑着。弹性十足的车子，在弯弯曲曲的石子路上跳跃，把团聚的欢乐撒了一路。

可陈芝秀怎么也没有想到：分别大半年的丈夫回来不是与她团聚，却是要将她们带到敦煌去！

常书鸿怎么也没有想到：芝秀对去敦煌的"反弹"，比下午所乘的人力车在石子路上还要"弹"得厉害。

他刚刚说出一句"我回来就是要带你们去敦煌",芝秀的脸色就"唰"地变了,她眉峰紧聚,眼神悒郁,恼怒极了。"走了半年,回来什么话也没问,你就……"芝秀爆发似的嚷道,"就是要绑架也得有个商议哇!你别说了,反正我不去!"她把刚端上的砂锅往桌上一放,负气似的背身而坐。

聪明而敏感的女儿沙娜,一发觉父母言语龃龉,带着嘉陵很快就离席了。

芝秀的态度是那样决绝,常书鸿惊愕了。芝秀这么"冲",口气这么强硬,要费多大的劲才能扭转这种局面?他心情烦乱地望着满桌的菜肴,没吃几口就放下了筷子。

芝秀这才觉得自己有些过分了,她转过身来往常书鸿碗里夹菜,然后轻声咕哝说:"天大的事也得吃饱了饭再说,我和两个孩子天天盼着你回来,可你,唉,你回来除了敦煌两个字,什么也没心思说,你总得叫我有点思想准备嘛!"

能开口说话就好,这是说,还有商量余地。"哎,芝秀,上一阵,我不是三天两头给你写信吗,写了,嗯,起码有十几封吧?在信上我天天同你说敦煌,怎说没有思想准备呢?倒是你,这么久我只收到你一封回信……"

"十几封?哪有那么多,我只收到过三封……"

"才三封?"常书鸿愕然。"有时我是好几封装一个信封。这不怪你,那儿交通不便,有些信说不定还在路上呢!"

"书鸿,你得想想,在巴黎,我们不是好好的吗?你说声走，我虽然不乐意也同意了你，一回国就碰上抗战，兵荒马乱的哪里还过的了安生日子？你说声走，我又什么也不说什么都丢下跟着走，到贵阳，炸得我们差点没了命！你难道都忘了？现在，好不容易安定下来，我们就过安生日子不好吗？你喜欢敦煌，隔三岔五去看一看，不好吗？何必要把整个家、把孩子们都往那个沙窝窝里拖呀！书鸿，你就是不为自己想，不为我想，也得为孩子们想想……"她说着说着，又伤心起来。

书鸿也转缓了情绪，细言细语地说："芝秀，我不是不体谅你，也不是不体谅孩子，要知道我们是一家人，我们总不能永远分隔两地吧？你知道我的，我是认定了要在敦煌做一番事业的，这个决心我是死也不会变的了。不错，我们眼下在敦煌是很艰难，可是艺术的宝库就在那儿，若不为敦煌，又何必从巴黎回来？现在，那里的同事都眼巴巴盼着我快点同教育部办好交涉，把经费带回去，他们也很希望你能同去。你知道，没有你们，我一个人在那儿过日子，是什么滋味？这种苦，是难以言说的苦……"

陈芝秀心里像被什么搅了一下，心一酸，眼泪差点落了下来。

"……你总不能教我永远一个人在那里呆下去吧？你想想，我的学生董希文和张琳英，还有周绍淼和乌密风，他们都是小两口，只要两个人在一起，哪怕生活上再艰苦，心里也是甜的。再说你不是也希望自己在雕塑事业上能有所成就吗？芝秀，到了敦煌你就会发现，那儿有很多了不起的杰作，莫高窟有许多教你醉心的东西，就像我信上说的，你只要去看看，保准不后悔……"

常书鸿细言慢语，左哄右劝，终于说得陈芝秀软了下来。

有道是失之毫厘，谬以千里。常书鸿万万没想到，他们苦等半年所吃的苦头，却"谬"在那样一个可笑的错误上。

到家的第二天，他就往上司部门跑，他想弄清楚几个月杳无音信的"拨款"是怎么回事。

他心里憋了太多的委屈和苦楚，他要往一个能让他倾吐苦水的地方尽情倾诉。他要向他们诉说敦煌面临的磨难，他要诉说……

可是，执掌权柄的人仿佛对他的诉说并不感兴趣，他们打哈哈，推诿、扯皮、搪塞，让他揣着那几份公文来回转圈子。能听他倾诉的只是朋友，可朋友们又都没有权。

无奈之下，他终于再次去找当时竭力支持他的梁思成。他想问清那份电报是怎么回事——那电报明明是梁思成回给他的呀！上教育部问了几次，都说梁先生去北京了。其余的人一问三不知，唯有梁先生的一个下属看他跑得实在辛苦，终于自告奋勇去查阅了文档，还说他记得梁先生赴京前也提起过，说是接到常先生从敦煌发来的电报，梁先生曾亲去教育部查询过的。顺藤摸瓜七翻八翻，终于翻出了结果：教育部早将这份报告报到了财政部，财政部发回一个查明结果的回文，说是并无"国立敦煌艺术研究所"的预算，只有一个"国立东方艺术研究所"

的经费计划，因为查无地点，所以无从汇款，云云。

常书鸿看了这份结果真是哭笑不得。老天爷，就是他这个满口杭州话的人，也分得清"敦煌"与"东方"的区别呀！如果他这次不是破釜沉舟地来重庆亲查，这谬误将不知道要延续多久，他们这批眼巴巴地等着经费来支撑工作和生活的人，真不知道要死熬到什么时候！

"看看，我说吧，皇天不负苦心人！总算有着落了！"常书鸿一进门就对芝秀咧着嘴笑，"明天，财政部的拨款总算可以汇出，我们这回到敦煌再不用当背债鬼了！哈，人说周瑜是赔了夫人又折兵，我呀，这一趟没有白来，我是赚了夫人又得财，真是两全其美！"

"什么赚了夫人又得财？看你说的，这是哪里跟哪里呀，哼，回家一个多礼拜，今天头一回见你露个笑脸！真是上帝保佑！"

"好啦，现在一顺百顺，芝秀，你就赶快收拾行装吧！不不，要不，我们去买菜，等会把斯百夫妇还有临乙和合内这些老朋友都叫来，再聚一次好不好？等我们去了敦煌，老朋友再要聚在一起吃饭可就不容易了！"

"看你这糊涂劲，你来的第一天我就同你说过了，斯百到南京去了，只有临乙夫妻俩在，哎，还有秦宣夫、曾竹韶、吕霞光，就是不知他们出去了没有……"

"好好，只要是老朋友，都请，都请……"

"看你这斗米财主，你都不问一声我手里有没有钱……喂，我说先生，你可晓得我们到那里还要添置什么衣物？那儿很冷了吧？我这些大衣呀鞋子呀要不要带？"

"可以可以，你看着办吧，反正那儿不会有人注意你穿得好不好，你现在的东西足够了，尽量简单，尽量简单。嗯，这里有，原来是这……"常书鸿嘟嘟囔囔地说着，从皮包里拿着一份资料又看了起来，他嘴里是与芝秀说着，实际上他都不知道自己说了些什么，他的一颗心，早又沉在这份从图书馆找来的资料中了。

常书鸿的心不在焉，芝秀的没有经验，使他们一到兰州就叫苦不迭。

在重庆时还是秋阳明媚，一到兰州就雨雪霏霏了。

常书鸿哭笑不得地望着芝秀穿的长筒丝袜和高跟鞋，说："哎呀，你就穿这么一点怎么可以？你怎么不带一点御寒的物品，哪怕有双暖和的蚌壳棉鞋也好……"

芝秀气恼地说："你不是说那儿一到冬天也可以把屋子烧得很暖和的吗？我是问过你的，你总说尽量简单，尽量简单，现在可好，又来怨我了！"

"好好，现在不争你是我非，我先去给你们弄两件皮大衣，不要把孩子们冻坏了！"

常书鸿果然去买来了一大一小两件皮大衣，给芝秀和沙娜全副武装起来，又让芝秀把所有的毛衣全给嘉陵裹上。沙娜穿上这毛茸茸领子的羊皮大衣，觉得很好玩，可芝秀刚一披上，就不由得一阵恶心——她隐隐闻到了这大衣的羊膻味。她皱着眉头，总算把埋怨的话咽了下去。从这次团聚起，就不断发生摩擦，遇事就拌嘴，真叫人不开心。

离开兰州，又坐上了那辆美国造的常书鸿原来坐过的又老又破的敞篷卡车——常书鸿学当地人的样，把它称作"我们的老羊毛车"。这是当地人用来拉羊毛的运输工具车。虽然又破又旧，但部里说过了，这是拨给他们专用的交通工具，以后就归他们了。

常书鸿却为有这辆"我们自己的车"，快乐得发疯。个把月的艰苦行程，开开停停，停停开开，又是一路千辛万苦，总算到了敦煌。

一到千佛洞，陈芝秀的心情立时变了样，莫高窟果然有这样辉煌的雕塑！她披着老羊皮袄，穿着那双高跟鞋，兴奋地走来走去，一时都不知从哪里看起好。

这骤然而起的新鲜和激动，终于使她将一路的辛苦和不快，忘得一干二净。

她走进那有着盛唐坐佛的319洞、有着9尊高大彩塑的427洞，目眩神迷，吃惊得大张着嘴。"我的上帝！走遍全欧洲也没看见过这样金碧辉煌的！"她喃喃地说，习惯性地在胸口画着十字。

常书鸿哈哈地笑起来："在老佛爷面前画十字，也只有你，芝秀！"

"哎，那可怎么办？"芝秀仿佛第一次认真地想到这个问题，"书鸿，我入了天主教，且已信了这么多年，总不能让我改变信仰吧？"

"不是什么改不改变的事，我也不会勉强你改变，我什么教也不信，但我也有信仰，信仰是人发自内心的一种无法替代的敬崇的感情……"

"看你，你说你什么教也不信，可你刚才说的，比布道的牧师还要严肃！"陈芝秀笑着撇了一下嘴，"你也有信仰？我看除了敦煌，你什么都无所谓，什么也不信！"

"说对了！芝秀，敦煌就是我的信仰！"

中寺的油灯还是那样火苗微弱，可是从现在起，再不是孤灯独对了。常书鸿家眷的到来，特别是可爱的沙娜姐弟，受到了研究所全体同仁的欢迎。

西屋的另一张炕上，玩了一天的嘉陵早已沉沉入睡，沙娜却饶有兴味地在小桌上用铅笔有滋有味地画着什么。常书鸿从背后看了一眼，心里暗喜女儿的爱好和天分，但他不愿惊动她，又悄悄退回到东屋。

陈芝秀收拾好里外的一切，从带来的箱子中，找出一块很有风味的蜡染花布，用一根铁丝穿好，挂在窗子上。

"哎，芝秀，还是你细心，我没说起过，可你还是连窗帘都想到了！嗯，我发现你对窗帘情有独钟。"

"窗子和窗帘是一个房子的眼睛呢，怎么能掉以轻心？再说你这里就这么一个窗户洞，而且又对着大炕，总不能叫人家从窗子外就看见躺在炕上的人吧？"

"哈哈哈，我一个人进来出去的当了半年多的和尚，无所谓，所以就忽略了。哈，还是有老婆好，老婆万岁！"他搂住芝秀就亲了个响亮的嘴。

"别别，你这是做啥呀？你那些同事就住在前边小土房里，这么近，不怕别人看见笑话。"

"那有什么，谁也不会笑话我们。你没见大家对你来有多高兴吗？芝秀，你相信不，只要住长了，你就会发现人是最能适应环境的动物，在哪里都一样生存，只要一家人住在一起，敦煌也是杭州。"

"看你，说着说着又忘乎所以了，敦煌怎么能跟杭州比？这儿除了莫高窟叫我喜欢外，别的我一概不喜欢。你看，连县城里都没有一家像样的饭馆，菜场肯定没有鱼儿虾儿的，你最爱吃虾，清蒸河虾，是不是？要是老不见荤腥，可怎么办？"

常书鸿愣了愣，说："我从来没去过菜场，鱼好像有，四月初八庙会时，我见有的老乡从县城赶集回来提过鱼。至于虾，没见过，不过，没关系，我可以不吃，将来回到杭州再大吃特吃，把这些年的损失统统补回来！不过，你别愁，以后住长了我们自己也可以养鸡养鸭，再等鸡鸭生蛋孵小鸡小鸭……"

"哎，书鸿，你把我们弄到敦煌就是为了来当这个养鸭公养鸡婆呀，在这儿住一阵熬个一年半载也就罢了，还能真在这里住一辈子？你可想得真长远！"

常书鸿想，先不与她抬杠，要不，把好端端的气氛又给弄坏了。他想了想，从桌子抽屉里翻出一张东西来。"喂，芝秀，你看看，这是什么？"

芝秀皱着眉头看了看，纸头上画着弯弯曲曲的几条线，什么意思呢？哎，边上那一行小字她认了出来：千佛洞月牙泉蘑菇分布图。

"这是什么？"

"你忘了？我给你的第一封信就提起过，这是张大千临走前留给我们的秘密图纸，他这人真细心，你不是嫌这里少荤腥吗？春暖花开时，说不定就用得着了，找来蘑菇炒炒，又是一道好菜……"

陈芝秀被一阵钟声惊醒了。她一睁眼，书鸿早已不在身边，原来打钟人就是书鸿。

在路上，她就听书鸿说过：在研究所他定了几条规矩，包括上下班都用打钟来提示。莫高窟别的物事奇缺，唯有大大小小的钟倒有好几口，九层楼大殿的那口钟尤其洪亮，一敲就能传出几里远。

她知道丈夫从来不会拿架子，令她叹息的是，身为所长的书鸿，事必躬亲到连敲钟这样的活也要自己去做，真叫她不知道说什么才好。

她望望窗外，只见一片模模糊糊的白亮，料定时光还很早，从枕头下摸出表一看，才6点。本想立即起身，却感到腰膝酸软，于是便想在床上懒一下。

人说久别赛新婚，一点不假。这一个多月夫妻团聚，那种炽烈而又成熟的朝云夕雨，使她分外感受了中年夫妻的厮守是多么互为需要。这些天来，尽管亲见了敦煌的荒漠和冷肃，但只要莫高窟能让她保持这种对艺术的沉醉，倒也不失为好事；有书鸿朝夕之间的言语温存、肌肤相亲，还是一种较为和美的生活方式。长的不说，在这里待上三五个月，能让她把那几个最教她着迷的洞窟临摹下来，也算是意外收获，日后在朋友间说起来，她陈芝秀也不枉是去法国留过学的雕塑家。在朋友中间，成绩平平无可厚非，但下降为一个纯粹的家庭妇女，总是羞于人前的。她展直身子，伸了一下腰肢，长长地打了一个舒舒服服的呵欠。啊，伸个懒腰多么舒服，以前她好像没有注意过人在起床前伸个懒腰的必要。人说懒汉，懒汉，懒汉才打呵欠伸懒腰，那么她现在喜欢上这一切，岂不是也成了懒婆娘了？

西屋里，沙娜和嘉陵没有动静，听着姐弟俩的鼻息和鼾声，她知道小姐弟睡得很香。黎明的甜睡对于孩子是那么重要，反正时在冬天，这里又没有什么学校可上。

这土炕果然不错，看着硬邦邦的，可是烧暖和了，睡上去真舒服，真比杭州冷飕飕的冬天还要好过呢！土炕，呵，真想不到她陈芝秀会跟丈夫孩子睡在这大西北沙窝窝中的土炕上！

嚓嚓嚓……听脚步，她就知道是书鸿回来了。干脆装睡，闭上眼睛，就像昨天和前天一样，等待他轻手轻脚地过来，在自己的唇上、腮上印上深深的吻……

门吱的一声开了，进来的常书鸿带进来一股清冷的寒气。陈芝秀下意识地裹紧了被子。

"呀，你怎么还在睡?! 不行，不能惯你这懒毛病，人家都起来进洞里工作了，我不是同你说过吗，这里日照时间短，太阳直射洞里的时间很短，稍微一偏就看不清了。大家都是利用日照的时间抓紧好好画，你却还……喂，你倒是听见没有?"常书鸿进来坐到炕沿，推着她。"快，芝秀，快起来呀!"

没有期望中的爱抚，没有料想中的甜吻，芝秀微微有点失望，她嗔恼地嘟囔道："天天要起这么早，昨天和前天也没见你来催……"

"那是你刚来。常言道，事不过三，今天是第三天，我既然给大家定了规矩，所长夫人也得按规矩做事!"

芝秀心里有点愧然，却作出不买账的样子，撇嘴轻轻一哼："就你的规矩多! 要叫我早起不难，晚上你得放老实点!"

常书鸿一愣，惶惑地看了看四周，他想他一定脸红了。他的担心是多余的。这间小土屋，除了他们夫妻，还有谁呢?

"你快起来吧，张琳英和乌密风都在等着你呢! 她俩说要请你指点指点，今天她们都在319窟，准备先临摹那几座盛唐坐佛……"

"是吗? 她俩也要临这个窟?"陈芝秀一骨碌坐起了身，慌忙跳下地，洗脸刷牙。

319窟和427窟都是她最感兴趣的，她不但要临摹，更想做一个毫无二致的飞天雕塑。

常书鸿看着她洗完脸后又对着一面小镜子慢慢地描眉化妆，看看怀表，着急起来："唉，你就快点吧，在这儿不用化妆也没有关系的……"

芝秀正拿着眉笔在描，听书鸿这么一说，心里一不高兴，手一跳，那弯素来描得细细的眉毛就跳歪了。她想干脆洗了后重描，又怕书鸿说她耽误时间，一着急，原来娴熟于心的描眉涂唇的动作，似乎也不得心应手了。总之，她化了一个最糟糕的妆。

她气鼓鼓地把眉笔往洗脸的盆架上一丢，嘟嚷说："都是叫你催的！女人不化妆多不礼貌！从在巴黎生活开始，我哪天不化妆？女为悦己者容，你连这也不知道！"

"好好好，反正我一直'悦'你还不成吗？快走吧，我的好太太！"

"两个孩子的早饭……"

"没关系，我们这里都是到十来点才吃早饭，伙房里会送的……"

一走进第319窟，陈芝秀就感受了那种叫她陶醉不已的气息。

陈芝秀和张琳英、乌密风商量后，决定各自分头行动：由她来先临这第319窟的盛唐坐佛，琳英和密风一起临建于隋代的427窟的那九座彩塑，临到一个阶段后再交换探讨。这两个窟虽然隔得较远，但都是敦煌的代表窟之一。按芝秀原先一见倾心的痴迷和贪心，这两个窟她都想临，可她继而一想，即便如张大千这样的高手，几次三番来到此地，一呆就是两三年，也不过临摹了部分洞窟，而她一个人要想独立完成这两个窟的临摹，说不定熬到猴年马月也难如愿。这一转念，便收敛了自己的狂野心思，倒不如就按书鸿指点的，与伙伴们精心合作一阵再说。

早上果然是临摹的最好时间，温暖的太阳直射进莫高窟几百个洞窟，一座座彩塑在阳光的照射下越发金碧辉煌、奇妙无比，绚丽夺目的光彩简直叫人无法形容。

在里昂，在巴黎，在伦敦，在佛罗伦萨，那些年，她与书鸿一起遍走欧洲，看过不计其数的教堂和博物馆，当然也看了不计其数的雕塑，可是，欧洲的雕塑都是单色的，雕塑的对象和造型也大同小异。而像面前这个建造于盛唐的319窟，不但通体彩绘，它的华美和精致也无与伦比，这是欧洲的雕塑无法企及的。

第319窟是一座盝顶佛坛窟，虽然东壁与窟顶东披都已坍毁，可是光那窟顶的藻井图案的花形和色泽的绚丽，就像神手搬进来的一座百花园！窟顶中心为赭红底色，以石青、石绿、黑色为主画出了三团花，这些花瓣的层次是那样丰富，色调是那样沉着，周围绘着联珠、蓓蕾、卷草和团花边饰。

此窟所塑的大佛和这两个弟子，不仅衣饰、外貌和年岁有别，且性情和表情也大有不同，栩栩如生的神态犹如世间之人……芝秀眯起眼睛遐思绵绵，心驰天外。

她出了一会神，猛然发觉洞外的光线移走到另几处塑像上，扩展成几圈大大的光斑。于是接着仔细地去看那一对菩萨和天王，只觉得相对作"游戏坐"于莲台上的菩萨，发髻高耸，上身赤裸，佩饰璎珞环钏，披巾，腰间各系着红、绿色镶金边的锦裙，仪容俊美，令人心动；而天王呢，则完全是一副威武外貌：束发髻，红发红眉，连八字髭也是红色的！天王的装束自是在戎装中透着威仪：身穿铠甲，内着绿花短红裙，长勒靴，又腰握拳，气势非常威武。

一千多年的韶光流逝，使得这些彩塑大部分已经变色，可是只消细细审视，就会觉得它并未失去原貌神采，特别是这些菩萨的造型，身体比例匀称，衣纹线条流畅，面貌生动，各具个性，慢慢端详品味，更教人感悟到什么叫美不胜收！

陈芝秀长长地叹息一声，坐在了高高的脚凳上。她忘情地四顾，一只没有套牢的高跟鞋掉了下来，落在地上，发出一声空洞的很大的声响。她并不去管它，只管眯着眼睛，一味忘情地欣赏着，然后，慢慢地举起画笔……

陈芝秀觉得自己已经累成了一摊泥。一回到皇庆寺，她恨不得立刻往炕上一躺。小嘉陵大概又是玩累了，四仰八叉地在炕的那一头横睡成一个"大"字。

她把儿子往里边推了推，就势躺在炕沿。烧过的炕还有余温，这余温加深了她的疲劳和舒适，她大舒四肢地躺着，重重地呻吟了一声。

沙娜闻声从西屋跑过来，惊慌地连连问："妈妈，你怎么啦？"

她闭眼摇头。常书鸿正好掀了棉帘子进门来，见状吓了一跳，忙问："芝秀，你没事吧？"

陈芝秀还是摇头，倦懒得连说话的力气也没有了。

常书鸿伸手要去试她的额温，芝秀抬起胳膊一挡，这才低声笑道："我没生病，是太累了，你想，脑袋整整仰了一天，现在我觉得脖子都要掉下来了。"

"哎，看你说得这么洋神无道的，你呀，你真会吓人！"常书鸿说着，就亲昵地吻了她的耳根一下。"嗯，只要咬着牙连着疼上三天，你就不会疼了！哎，芝秀，你以后干活，别穿这高跟鞋，这会增加你的疲劳。"

沙娜见状，知道妈妈没什么事，这才又轻手轻脚地走回西屋去了。陈芝秀这时才翻身坐起，凑着书鸿的耳朵说："嗨，我的先生，以后别当着孩子的面……沙娜大了……"

"那有什么，再大她也是我们的女儿……"说着，他又响亮地亲了她一下。

"看你，你这憨大，就不会小点声！"芝秀嗔道。说实在，累虽累，她憋了一天的兴奋劲还没过去，出神地说："书鸿，现在我才觉着以前没细细看你的那些信真是不该，看来，我以后要补课，否则临摹起来心中无数，就难以形神两似了。"

"这就对了，哦，你要看资料，先看看这！"常书鸿说着，就从抽屉里掏出那个已经磨得边缘发白的黑公文包，抽出厚厚的一沓纸和一个卷宗来。"这就是大千给我的一些资料，还有我前些日子作的调查记录，当然，我只记下最简洁的，要知其详，还得好好看看原来的系统资料。嗯，我打算让乌密风或者邵其芳他们以后兼职保管文档资料，研究所一定要在这儿正式建立莫高窟的档案资料馆……"

"看看，你是一说到针就来棒槌，回家还是没完没了。好好好，别的先不说，今晚我们自己弄饭吃吧，我去伙房要点面来。"

常书鸿嗯嗯地边应边点着头。芝秀嘟嘟囔囔地说些什么，他都没有在意。芝秀一走，他就点起灯，扑在室内那张唯一的小桌上翻看起资料来了。

不料，陈芝秀去转了一圈，就懊丧地空着手回来了。一进门就没好声气地说："你明知道也不说，好好地叫我白跑一趟！"

"怎么啦？"

"张民权不在，伙房里没有细面了，只有一点苞米糁子，怎么吃呀！你说怎么办？"

常书鸿一愣，这才想起他们生活上最大的依靠——总务张民权昨天就已经走了。神秘出走的张民权，没有向他细说是到何处去。有人曾悄悄告诉常书鸿，张民权是共产党员。常书鸿没有心思细究张民权究竟是谁，他只觉得张先生这个人温和诚实，前些日子帮他做了不少事，是个难得的好人。至于是共产党还是国民党，他是不管的，反正他常书鸿除了敦煌，不问政治！但这个能干又寡言的总务张先生一走，对他们生活上构成的威胁是不言而喻的。这么说，以后，全所人的柴米油盐，又要他这个所长亲自操劳了。

常书鸿愣了一会，说："张民权说不定以后还会回来的。芝秀，苞米糁就苞米糁吧！熬稀饭不也可以吗？今天晚上就先对付一顿好了。"

对付一顿，拿什么对付？陈芝秀不高兴了。但她终于想起在重庆出发时，曾带来一小罐奶粉，本是为小嘉陵准备的。她从小柜里拿了出来，想了想，还是舍不得冲。再说，全家大小四口人，也不能都喝这一点点奶当饭呀！

"你真是的，俗话说巧妇难为无米之炊，就是对付，也得有东西才能对付。你说我拿什么做稀饭？"

"芝秀，你这样说不就是将我的军吗？我是说刚才你应该将那玉米糁子领回来。"

"你去吧，我不去，我不能为这一升八两的东西来回跑。"

"你不跑那就只有我跑啰。"常书鸿无奈地放下手中的纸笔。"你说吧，还去要点什么？"

"要点什么？我哪知道有什么？反正不是醋就是盐，还能有什么？"陈芝秀没好气地说。一阵委屈突然升上心头。在敦煌，看看洞窟、画点画是蛮不错的，可是日常生活这样凄苦，别说没有钱，有钱也没有东西买，这日子过到什么时候才是头呢？

"芝秀，这就是你的不是了，是你说要在家里做饭的嘛，现在倒朝我撒气了。依我说，你以后就不要找这个麻烦，反正我们全所人都在一个锅里吃惯了，大家吃一样的饭，多省心！等以后我再找一个总务来，让他专门负责解决后勤和吃饭的问题就好了。"说着他又一屁股坐了下来，眼睛又盯到刚才的纸页上。

"'好了好了'，"陈芝秀气呼呼地学着他的腔，"看看，还没说完又坐下了。你总是这样，说了话转眼就忘。什么'等以后等以后'？远水不解近渴的话少说点！"

"爸爸，你写字吧，我去伙房要！你和妈妈都先歇着，我来给你们熬稀饭。"沙娜再次从西屋出来，拿起那只装面粉的小袋，蹦蹦跳跳地走了。

常书鸿感慨地望着女儿的背影，再次从心里觉得女儿的懂事和可爱。

正在这时，嘉陵醒了，惺忪着眼便嚷："妈妈，我饿！"

陈芝秀心里不悦，没好气地说："再饿也得等着，你爸爸当我们都是神仙，不吃饭也可以过日子呢！"

常书鸿一愣，一阵懊恼冲上心头。芝秀这话真让他听得不是滋味。但他忍住了，哄着嘉陵说："好孩子，明天，爸爸让人赶车到县城去，给你装一大车好吃的东西来，好不好？"

"等你爸爸让那辆老牛破车到县城给你驮回吃的来，我们都该饿昏了！"陈芝秀继续嘟囔说，动手给嘉陵冲奶粉。

常书鸿正出神，妻子这不依不饶的话很伤他的自尊。他觉得芝秀变得有些烦人了，小小一件事，如此没完没了？真是小性子！他懊恼地想，不一会又沉入到手中的纸页中。

重任在肩喜相连

1944年的元旦来临时，国立敦煌研究所终于去掉"筹委会"这三个字，正式宣告成立。

财政部的那笔拨款总算到手了，常书鸿松了一口气。

1944年1月1日，教育部批准国立敦煌艺术研究所在莫高窟正式成立，任命常书鸿为所长，照片是当时敦煌艺术研究所全体成员在莫高窟前合影，中间穿中山装的是常书鸿先生。孙志军供图。

旧债一还清，他觉得自己也扬眉吐气了。

敦煌县长陈西谷，在常书鸿送了那幅《莫高窟风景》后的若干时日，忽然差人来请常先生，说是有要事相商。常书鸿好生疑惑，他手头忙着事，不想动身。

来人大概颇知底细，又使眼色又暗示：陈县长是想对他"意思意思"，好像是要帮他们解决点交通问题。

常书鸿撞了"大运"——到县府他才明白：县法院近日正好处理了一宗鸦片走私案，收缴了一匹枣红马。陈县长顺水做人情，这匹马现在以县长和县府的名义，作为一件礼物送给研究所。

常书鸿简直不相信自己的耳朵。高兴之下，他也不顾自己是否骑过马，是否会骑马，县府的当差一牵过马，他一跃就上了马背。

伊尔根觉罗的后代在此时大大弘扬了"世袭云骑尉"的血性，这匹驯良的枣红马仿佛和常书鸿极投缘，立刻就稳稳地载着他回到了莫高窟。

全研究所的人像看新娘似的来看这匹枣红马。

这一来，研究所的牲口家当就像模像样了：连同他们原来买的两头驴子、一头黄牛，研究所一下子有了四头牲口了！

福也有双至的时候。

饲养牲口，首先要有关养它们的地方，中寺后面的那所小土地庙，是最合适的地方。

小土地庙里有几尊清朝末年制成的乱七八糟的泥塑：山神、牛王、马王、药王。常书鸿检视过这些制作得很差的泥塑，认为没什么价值，于是决定把泥塑移到河对面的塔中。

搬迁这样的稀泥加"草包木头"的泥塑，是很轻便的事。窦占彪接受了搬迁塑像的任务。

谁知，那日去忙了半天的窦占彪，急匆匆回来告诉他：拆搬时发现了异常，泥塑里边有经文，请所长去定夺。说这些话时，窦占彪的嘴唇都哆嗦了。

常书鸿一见他的神色，知道一定非同寻常，立即赶往现场查看。

原来，这几座泥塑的中心支柱在基座下埋得很深，很牢固，老窦挖了半天也没法挖出来，只好拆开塑像。一拆开，又发现泥塑的中心支柱是桃木的！桃木支架就不简单了。

作为西北人，窦占彪知道当地人对桃木有着特别的迷信，桃木通常用来制作与神灵相关的物事。拆开支柱时，又发现包桃木支架的材料也不是麦草和芦苇，而是写着经文的残片！于是，就赶紧来报告他。

常书鸿到现场一看，包裹这些中心支柱的，果然是写经。而且，由于没用泥和水，这些保持干燥的写经保存得非常好，轻轻剥开一看，这些写经的纸，纸质又细又薄，墨色焦黑，书法严正，遒劲有力！

霎时，常书鸿呆若木鸡。

天哪，他几乎叫出来！出现在他眼前的将是一些有什么样价值的瑰宝哇！经文中明晰的有关"北魏""六朝"的记载，是不可忽视的年代标示。直觉更告诉他：这将是敦煌和莫高窟的又一个空前的震惊世界的发现！

常书鸿定下心来后，当即决定：为鉴定准确，以昭郑重，他特地邀请当时正在敦煌佛爷庙发掘晋墓的中央研究院的考古专家夏鼐、向达、阎文儒等人来进一步鉴定。

接着，他又请当时本所的精兵良将董希文、李浴、陈延儒、张琳英、苏莹辉、邵芳等各方面的技术专家，一起参加验收工作。

次日，窦占彪又夹着一卷经卷交给他，这也是他和泥工在泥塑旁的土砖中发现的。

这两次发现所得，计有佛家经、咒、疏等79件；另有写卷碎片32件，价值无法计算。

一时间，千佛洞的上寺中寺，人来人往，北魏六朝写经被发现的消息，不胫而走。

嗣后，兰州的《西北日报》"西北文化"第23期"敦煌艺术特辑"的第一期上，有

1944年，敦煌艺术研究所成立之初，常书鸿与同事在莫高窟进行洞窟勘察。

关这条消息，又被宣传得轰轰烈烈。

人们无法不轰轰烈烈看待这件事，虽然这些写经数量不多且多有残损，但是，因为它明白无误地标示着年代，这些北魏六朝的写经就成了无可估价的文物之宝。

千佛洞上寺的易昌恕喇嘛，又一次成了大家不断咨询的对象。易喇嘛以切实的回忆，在写经的"时间由来"上，提供了有力的依据。

易喇嘛言之凿凿地说：土地庙和上寺（即雷音寺）是同时建于清道光十一年（1831）的。为他的话语提供最有力的佐证的，当然是上寺门口那块"清道光十一年建雷音寺"的匾额。而土地庙的神像是道光年间建土地庙时塑的，早于藏经洞的被发现（1900年）69年，这就是说，这批新发现的北朝写经绝不是第17窟藏经洞里的东西，它们可能比藏经洞内的东西更早、更古老。

这就为有心或有兴趣研究它的人们提出了一个耐人寻味的话题：这些写经是从哪里来的呢？

"这些写经是从哪里来的呢？"——这样的问话，历来是文物工作者们最感兴趣的；这样的问话，在常书鸿的一生中，也每每使他兴味盎然；这样的问话更是一个鼓槌式的巨大感叹号，或说是感叹号式的鼓槌，常常震响在他的耳边，催赶他为心中的敦煌做更多更多的事。

枣红马成了研究所的交通至宝。当枣红马蹄声"嘚嘚"行走在皇庆寺和莫高窟的走道上时，女人和孩子们的笑声也飞扬起来。

男人学会骑马好像很容易，但勇敢的沙娜比所里的许多男子汉学得更快，她跟着父亲骑了没几天，就敢自己骑着马来回奔跑在宕泉河边了。

常书鸿所长有板有眼地全面铺开了工作：莫高窟的保护工作自然是当务之急——他让窦占彪带着民工继续清除洞窟积沙，让主要的创作人员绘制莫高窟全景图，其余的人则开始临摹壁画。他自己的主要精力还是放在考察洞窟、逐窟逐窟地作记录上。他知道这是份看不见实绩，却是为大家今后的研究铺平道路的工作，他也明白年轻人不喜欢做这件琐碎而默默无闻的事。那好，那就自己来！

不过在大部分时光被琐碎的事务占据的空隙中，他见缝插针地临摹了第257窟的《鹿王本生》；第285窟的《作战图》、供养人；第249窟的《狩猎图》、供养人和动物；还画了油画《莫高窟下寺滑冰》《葡萄》《小鸟》《野鸡》《咯哒鸡》《古瓜州之瓜》……莫高窟的题材，再次勾起他的炽热情绪，他无法不日夜沉醉在创造的热情中。

使常书鸿高兴的是，芝秀情绪终于趋向稳定，临摹进展也很顺利。她在319窟的临摹接近尾声，按照前议，她和乌密风、张琳英"交换场地"——由她们两人去临窟顶那个"藻井图案"，她自己则转入427窟去临那九尊高大的彩塑。她一再对书鸿说，等这个窟的临摹也完成后，再动手做好那件飞天雕塑，向世人展示"敦煌的维纳斯"……

"为什么非要说敦煌的维纳斯呢？敦煌就是敦煌，敦煌有着和维纳斯一样美的飞天！敦煌的盛唐坐佛和你将要临摹的这九尊彩塑就是敦煌的一绝！我看她一点也不比维纳斯逊色！"常书鸿语气激越地说。

"你看你，我这样说一点也没有贬低敦煌的意思呀！你呀，简直是敦煌的偏执狂！敦煌就是你的心肝尖子！"

"偏执狂？哈哈，你用词不当！我是狂而又执，狂而不偏，至于说'心肝尖子'，说对了！芝秀，你、孩子和敦煌，都是我的心肝尖子！"

"噢，既这么说，那我问你，假若我和敦煌之间只任你选择一样，那你要什么？"

"只许要一样？哪儿的话！现在我不是鱼和熊掌兼而得之吗？"常书鸿闭着眼养神，把他坐的那张木椅子往后一仰，变成了一把半躺椅的形式。这在他，是少有的一种悠闲姿势，也是他心境特别好的时候。

"看你得意的，我是说只许你要一样的时候……"

"你又说孩子话了，什么时候什么人只许我要一样？好端端的你犯什么神经？"

"我犯神经？你别顾左右而言他！我就是想问你，我是说假如，假如！你懂不懂？"

"那，除非忽然降下个妖怪魔鬼……"

"说呀，你说你选择哪一样？"陈芝秀固执地追问。

"那我……哼，我把这要拆散我们的妖魔鬼怪，嗯，就像孙悟空抢金箍棒一样，一棒砸得它粉身碎骨！然后还是……好了好了，别说孩子话了。喂，芝秀，忘了告诉你，我跟董希文商量好了，过两天我们一起到南疆工地去，顺便也看看那儿的一些洞窟……"

"南疆？要多少时间？"

"大概个把月吧。"

陈芝秀立即脸上一片乌云。"我的上帝！你看，你又管自己走了，你叫我一人带两个孩子怎么办？"

"嘉陵也快两岁了，沙娜也能帮你做不少事，哎，你看到没，现在沙娜画的画也大有长进呢。这孩子很有天分，要不是我怕没人帮你太劳累，我本来想把她也带走，让她见识见识呢！芝秀，你别不高兴，我与希文一块去，是工作需要，你是所长夫人，要谅解嘛！你看，张琳英都快临盆了，希文要离开，她都没二话，你总不能连她这个觉悟也没有吧？再说我作为研究所所长带人去写生，是我的分内事，人家希文为了事业吃苦在前，我作为老师又是所长，难道好意思不出窝吗？"

"反正你总是有理！"

"哈哈哈，知夫莫若妻，你说这一句可说到点子上了，谁叫我姓常嘛！"

常书鸿叫住了正往洞子走的董希文。

常书鸿问道："希文，琳英的预产期是不是近了？"

董希文不好意思地点点头。"就在这个月吧。"

"那么，你别去南疆了，换个人吧！"

"不，老师，说定了我跟你去的，怎么可以不去？我一定要去的，生孩子是女人的事，又不是我生……"

常书鸿哈哈笑起来："你这个不懂事的父亲！好，只要她不提前早产，还是你去。不过，一有动静要早点说。还有，希文，你要劝琳英，从现在起她不要再上洞子画画了，要让她多休息，孩子是我们的后代，你要负起做父亲的责任！一有动静，赶快叫我，叫所里的人！"

就像故意给不懂事的父亲开个玩笑，董希文的孩子提前出世了。

董希文本来没有忘记老师的话，"一有动静"就准备去叫人的。可是，和老师一样，每天早晨一进洞，他就将什么都置之度外了。那几天，他临摹第254窟的《萨埵那太子舍身饲虎图》又正好到了关键时刻，他一心想一鼓作气地画完。直到张琳英肚子已经疼得不行，邻居告诉常书鸿时，才让两头毛驴载着张琳英的担架向30千米以外的敦煌县城急急而去。

还没到达县城，就在驴车颠簸的半路上，滚滚沙尘中，小婴儿呱呱坠地了。

满头大汗的董希文一颗心都跳出腔外，接生的护士告诉他：幸亏张琳英身体强健，总算母子平安。

全所的人都把这个小婴儿的诞生当作最大的喜事。董希文满眼泪水地抱起儿子，说："老师，请你给孩子起个名吧！"

"这个孩子诞生在沙漠，太不容易了，他是我们大家的宝贝，要不，就叫沙贝，怎样？"

"沙贝？好！太好了！"

"希文，这儿什么都缺，我写信让人买点产妇和婴儿的营养品寄来……"

张琳英泪水盈盈地说："老师，你就别操心了，家里会给寄的，不过迟些日子罢了。"

一个月后，常书鸿和董希文正要出发时，又一件意外的喜事再次推迟了他们的行程。

就在他们出发的前一天，负责清理洞窟的窦占彪急匆匆跑来告诉正在整理行装的常书鸿："所长，快去看看，220号洞有名堂！"

再没有比这样的消息更叫常书鸿精神一振的了。"哎，你是说……"

"我们把这个洞的沙子扫清后，我看后壁的壁角还有沙子，就拿木铲刮了刮，这一刮不打紧，跟着铲子掉下一大块泥皮，我一看，里边露出的好像是夹层墙，用手扒拉一下，嗨，有颜色！想起常先生你叮嘱过的，可能里头有宝画，我就忙来告诉你……"

常书鸿的心突突地跳，立即问："跟着你清沙子的人没再动手吧？"

"我们记着常所长你吩咐过的事哩，你不是一直嘱咐我们遇上这样蹊跷的事要多长个心眼，不能乱动手吗？我叫他们围着圈站着，谁也没敢动一下！"

"那好，那就好！"常书鸿说着又嘱咐正在聚精会神画画的沙娜："快，快叫你董希文叔叔，还有李浴叔叔马上到220号洞去！"

话音未落，他已迈开了大步，那步子快得连窦占彪这个壮汉都追不上。

糊着的泥皮揭开了。又一桩奇迹赫然重现面前——那是一幅多么辉煌的图景啊！

这220窟，原被认定是宋或西夏的殿堂式洞窟，满壁的千佛好像出自同一个工匠的劳作，单调而呆板。因为，四壁墙上巴掌大小的千佛都是一个姿势一种坐相，而现在，当这上层的壁画剥去以后，却忽然大放异彩了！——又是一套建于初唐的艺术杰作！

220窟的主室四壁有一龛，内塑一佛二弟子二菩萨，龛檐下面画的供养人虽然已经模糊，但确凿无疑是初唐的作品：标记谁家所塑的"翟家窟"三字明晰可辨，这一属性标记，是唐时石窟已具家庙性质的最好说明……

令常书鸿等人欣喜若狂的自然还不只这些，瞧瞧这龛外两侧的文殊、普贤经变；瞧瞧南北两壁的通壁大画——南为无量寿经变、北为药师经变；东壁门上画着一幅说法图再加男女供养人各一身……这一切的最好说明文字自然是那一方高悬门庭的"贞观十六年题记"；这里，最教他们激动非常的是大门两侧的画——维摩诘经变！

"常所长，这真是又一件非同寻常的重大发现！这方题记真是无价之宝！是研究莫高窟历史的最好资料啊！"李浴啧啧地连连摇头，背着手，退回来又走上去，叹息着，像醉了似的，摇晃着他的高大身子，从这头走到那头。

"常老师，我们是不是要马上上报教育部或检察院？这里的一切，大概过去的那几位外国的敦煌学家，还有张大千先生也未见过吧？"董希文喃喃着，他的脸色也因为激动而通红了。"这满窟的壁画可以说件件是上乘之作，这维摩诘经变，真是人物画的精品，依我说是莫高窟50多幅经变画中最好的！常老师，可不可以说是极具顾恺之的画风又能与阎立本的《历代帝王图》媲美的作品？你说是不是啊，常老师？"

董希文连问几声不见回答，扭头一望，只见他敬爱的常老师看得两眼发直，两只大手紧紧攥在胸前，而近视眼镜后的那双眼睛，早已噙满了两眶热泪！

天长日久情生变

　　1945年的年初分外凛冽。陈芝秀觉得自己的一颗心几乎冻在了零度以下。

　　这凛冽，源自常书鸿的越来越无心管家，越来越无心眷顾她们母女母子。自从220号洞窟原是初唐所建的重大发现发生以后，他更像中了魔似的没日没夜地忙着；后来与董希文去了一趟南疆，一走就是一个多月，回来的当天，便一头扎入整理搜集的有关初唐、盛唐的佛教文化和寺庙建筑的资料中。他自己早出晚归茶饭无心，每晚回来一躺到床上就鼾声大作。现在，芝秀早晚叫住他，与他商量个家长里短的事情，他不是哼哼哈哈听得心不在焉，就是"别来烦我了，你去办就是了"这样一推六二五地应付，真叫她又气又愁。

　　这凛冽，也源自伙房里那永远少滋没味不见荤腥的饭菜。陈芝秀自己倒也罢了，苦的是孩子。孩子适应性强，乖得叫人心疼，特别是沙娜，日常帮她做家务事，还认真学画画。到敦煌后，沙娜一直没有正儿八经的学校可上，她早已认得不少字，但总不是正规学习。她嘟囔了好几次，书鸿才在前些日子托人在酒泉的一个中学给沙娜报上名读了个插班。

沙娜一走，芝秀就更孤寂也更忙碌。那日嘉陵发烧，她想为孩子冲一碗鸡蛋羹，却发现没有糖。正好，书鸿要骑马去县城办事，她连声让他记住买两斤糖回来。哪晓得他糖买好了，却又遗忘在半路——饮马时，将那个糖包悬在树杈上就忘了带回……诸如此类的事不胜枚举。

这凛冽，更在于她自己的心绪。自从来到这儿，她心情一直好一阵歹一阵。她也努力想在单调的忙碌中将种种不快遗忘，可是生活是那样实际，就是柴米油盐酱醋茶。这儿的柴米油盐酱醋茶却偏偏样样令她叫苦不迭。每到这时候，她发现自己沮丧得连诉苦的对象都没有了。

那无可言说的凄苦寂寞向她泼头盖脸地袭来，她不是喃喃自语就是一个劲地发愣发木，仿佛整个人也像洞窟中一些蹩脚的雕塑，了无生气。

最令她难受的是孤独感——没有一个可交心的朋友。虽说有几个女同事，但她们都比她小，且都是学生辈的，平日里师母长师母短的，无论是生理年龄还是情感阅历，总觉着有点距离，不像在巴黎的那几位知交：合内、马光璇，还有那个非常活泼的马婷小姐。那时的光景啊！她们既有充裕的时间，也有可心的环境，还有可观的经济来源，她们常常随心所欲地举行小沙龙式的聚会，可以无话不谈。那是多么开心的日子啊！

可这儿，唉！自从总务主任张民权先生走了，后勤无人管理，尽管书鸿已经里里外外忙得不可开交，可是伙食还是再次降到了水平线下。令她奇怪的是，研究所其他人好像对吃什么都无所谓。水煮土豆当饭吃了三天，土豆蘸盐、土豆拌蒜的日子又连着过了三天，吃得她一看见土豆就吐酸水。孩子适应性强，沙娜倒也什么都能下咽，小嘉陵也是，除了馋一点外，见什么吃什么，可她不行。她有多长时间没见过西餐了啊！如果说，能将土豆弄成个炸薯条，倒是盘很香的法式菜，可是油呢？他们根本没有那么多食油，更别提炸薯条用的色拉油！实在忍不住时，她就对书鸿嘟囔两句，常书鸿大概是工作上不顺心，反过来劈头盖脸将她训了一顿，气得她接连两天都赌气没与他说话，而他竟浑然不觉。

好长时间，他连过夫妻生活的念头也没有了，亲昵、爱抚、亲热前的喃喃情话，一切的一切，都被他忽视了。

前天，他们又为过年后回不回重庆争论起来，他是铁了心不肯回去，她不甘心，就跟他摆道理，说自己好像哪儿都不对劲：腰痛，胃不好，所里伙房的饭食她一看就反胃，一切的一切，都教她受不了，可他对她的诉说无动于衷，任她怎么说就是一句话：不回去！

说着说着，两人又吵了起来，越吵越凶，吵急了，也不知谁先嚷的——"离婚"二字冲口而出！这本是一时气话，可气话冲口而出后，另一人也就失了理智："离就离！"

声音这么大，口气这么冲，两人都被对方吓了一跳！吵得太凶了，两人各自背转了身子。

沙娜和嘉陵就在他们吵得天昏地暗时悄悄走出去了，到天黑时也没见影！后来，是姐弟两人合演了一出"苦肉计"才教他们两人暂歇战火。

那天，他们只顾乒乒乓乓地"开火"，却一点也没留意沙娜姐弟什么时候走了出去，待她和书鸿吵够了，书鸿也拂袖出门时，她惊恐地发现：两个孩子不见了！

她惊恐万分，立即返身去叫书鸿回来，一同去找。

他们分头在同事们的家、集体宿舍找了一遍，没有！就这么几间土房子，还能找不出来？他们着急了，夫妻两人一起奔到了外边。

他们各分东西，对着旷野大声喊叫，分分合合，就像打球交换"场地"似的转圈找，可是，还是没有！

外面多冷啊！2月刚刚过去，就因为2月是放寒假的日子，沙娜才得以回家。可是，糊涂的他们，不不，主要是糊涂的常书鸿，连女儿好不容易回了家的机会也不知珍惜。一切的一切，都是他造成的！

"沙娜！嘉陵！沙娜！你们在哪儿，快回来吧！"

"沙娜！嘉陵！沙娜！好孩子，天黑了有狼哪！你们再不回来，你妈妈要急疯了哇！"——或许，是书鸿的这句话奏了效——在黑暗中根本看不清的一个大沙丘后，终于立起了一高一低两个黑黢黢的小小身影！

芝秀扑上去，将两个孩子一把搂在怀里，哭出声来："沙娜，嘉陵，好孩子，你们为什么要偷偷跑出来？"

书鸿也责备道:"沙娜,这一定是你的主意吧?知不知道你们这样做,你妈妈多伤心吗?"

沙娜倔强地闭着嘴,一路上,一言不发。

到家后,沙娜委屈而大声地嚷了起来:"妈妈,那你也不想想,你跟爸爸老吵架,我们就不伤心吗?你们说离婚,我们不难过吗?爸爸妈妈,求求你们,求求你们,再也不要吵了!"沙娜说着,一直强忍着的眼泪,流满了脸。"没有错,是我出的主意,我就是要吓唬吓唬你们,爸爸,妈妈,你们以后要是再吵,我们还出去,让你们再也找不着我们!这可不是吓唬,我一定会这样做的!"

沙娜这一席话,确实教他们吃了一惊!她看看女儿,从心里升起一阵凉意。她深深了解这个倔强而有主意的女儿,她会这样做的!

她和书鸿吃惊地四目对望,沉默了。是的,孩子是上帝派来的天使,可有时候,却也是你心灵的最大障碍,是你自由的最大羁绊,要是没有这两个孩子,她可要轻松多了!

上帝,细想想这一念头,真可怕!

沙娜走后才几天呀!他们就又拌嘴了。是她没记性还是他太固执?反正,他根本不拿这事当回事,她已经看出来了,要他对敦煌的事回心转意,那是休想!

进进出出,他只是忙碌他这个所长的事,忙,忙,忙,她恼火死了他无休无止的忙。有些情况她也是明白的——他现在根本没空去敦煌县城,根本想不起为她,也为孩子哪怕操丁点心。其他人呢，个个忙碌得不可开交，自顾不暇。可是，再忙的人，不也得吃饭睡觉吗？她真觉得到敦煌后，常书鸿着实变了个人，而且脾气越来越暴躁了。昨晚他们一拌嘴，常书鸿还把一个小盘子摔了，令她委屈又伤心。睡觉时，她故意将被子掉了个头，不理他。谁知他忙到半夜三更，只顾倒头便睡。根本没在意他们刚才是否口角过，根本没有过来向她表示歉意和爱抚，就像他以往所做的那样。

这是他们结婚近20年来第一次分头而睡。陈芝秀委屈的泪水淌湿了半只枕头。

陈芝秀想着想着就发了呆。手里的一纸画稿飘然落地。

"芝秀，芝秀，你来！"常书鸿高声叫她。陈芝秀假装埋头看画稿，不想应声。

那天为小事拌了嘴，书鸿说了重话没有向她道歉，她的气还没过去呢！

"芝秀，快来呀，你的老乡来了！"常书鸿更起劲地叫，那声音透着一种什么事都没发生过的亲热和一切都冰化雪消的和解。

拌嘴的晚上，她为此委屈了一宿，看来他一点没发觉呢！陈芝秀悄悄吐了口气，暂且收起不快，走到门外来。

再怎么说，对外时，夫妻间的这点面子总要维持的。

陈芝秀拂了一下衣裙，出了皇庆寺。她穿着蓝色的呢子大衣，亭亭玉立在冬日的阳光下——站在自家的门前。果然，常书鸿领着一个男人朝她走来。

"芝秀，真是你的老乡来了！他叫赵忠清，是来给我们当总务主任的。"

陈芝秀矜持地斜睨着眼一望，正好跟那人的目光碰了个正着，不觉脸微微一红。

"夫人好！"那人垂下头来，低低地鞠了一躬，谦恭地说："我是诸暨枫桥人，以后还请夫人多多包涵。"说着，他抬起头来，恰好再次遇上了女主人的目光，他明显地看到：女人的脸上再次荡过一线红晕。他滑腻的目光适时捕捉了这两朵迷人的红晕并停留了一瞬。

"哎，侬果然是诸暨枫桥来的？格惹？"陈芝秀掩饰不住地兴奋起来。上帝，这可是地道的诸暨口音，是她来这里一年多碰到的地道的诸暨枫桥老乡啊！她情不自禁地重新打量了一下面前的这个人：他穿着一身军装，个子高挑，长长的脸很白净，鼻梁和两腮有几颗明显的麻子，但并不使人讨厌。"十麻九富，俏皮麻子穿绸裤。"她突然想起家乡的这句谚语。

常书鸿也立时感染了妻子少有的兴奋和快乐。"怎样？我没有骗你吧？看，你们说话的腔都是一样的！哎，芝秀，赵先生是酒泉的朋友介绍过来的……"

"常所长，常所长！请你快来！"有人在远处大声喊。

"哎，你们谈，你们先谈谈……"常书鸿着急地挥了一下手，急急地走了。

赵忠清变戏法似的从背着的手中，亮出了一个紧扎的小布袋。"夫人，没什么好东西带给你，这是枫桥的香榧子……"

哎，枫桥的香榧子！真香啊！

"常所长，赵忠清可了不得，你看，他会打猎！"所里的人拖着常书鸿来看赵忠清的猎获——一只肥大的黄羊躺在地上，在血泊中挣扎。赵忠清自是一脸英雄凯旋的微笑。

常书鸿更加高兴。昨天，赵忠清提出要借枣红马去试试运气，他想也没想就一口答应，现在果然有了这么大的收获！全所的人真是有许多日子不见荤腥了啊！他兴高采烈地拍拍赵忠清的肩膀，爽脆地说："以后只要我们不到县城去，这马就归你打猎用！"

"你这次可总算挑了个能干人！"在炖羊肉的香气中，陈芝秀对着丈夫不绝口地夸。小嘉陵把头埋在汤碗里，眉开眼笑地喝得解馋极了。

"那是自然，他在军队待过，骑马打猎当然是小菜一碟！"常书鸿说，"好啦，以后我们大家吃饭就不用发愁啦！"

陈芝秀骑坐在高高的梯凳上，揉着仰得发酸的脖子，闭起了看得发花的眼睛。

这时要有一碗红枣木耳汤解渴解饥，那该多好！

"夫人，快歇歇，请下来喝口汤吧！"那个熟悉的令她快乐的家乡口音，又鬼使神差地响在耳边了。她睁眼一看，赵忠清端着一个热气腾腾的大汤碗，笑嘻嘻地立在她面前。

"赵忠清，你真是，"她用掩饰不住的兴奋语调说，"我真有点渴呢，哈，你就来了。"

"哎，这么说，可也是瞌睡送枕头！算我来得正好！"

陈芝秀立即从梯凳上移步下来，下到最后一级时，赵忠清连忙放下汤碗，伸手搀扶着她。她拍了拍身上的灰土，自在地坐在了最下面的那级梯凳上。

赵忠清依然笑嘻嘻地立在她面前。立在面前的这个人的恭顺和及时的体贴，像盼望中的春雨，使她心头温暖而熨帖。她接过了碗，笑着问："你从哪里弄来的枣？嗯，他们都有吗？"她没有问书鸿有没有，是因为书鸿一早就和董希文一起出门到西千佛洞去了。

"有，都有。敦煌嘛，别的没有，弄点红枣给夫人你滋补滋补还是办得到的。"他回答得仍是恭顺而温和。她接过碗时，不意又碰着了他的手，他好像颇为紧张而难为情地一缩，这一羞赧的表示，更使她感到他的诚朴和拘谨。

"夫人，你太辛苦了！女人家是不好这么辛苦的……"赵忠清两眼一眨不眨地望着她，细声细语地说，口气里有说不出的爱怜。

"不辛苦做不到啊，谁教我们选择了这项事业呢！"陈芝秀叹了口气。她吹了吹热腾腾的枣汤，喝下一大口，又用小匙子撮着吃了几颗枣，热腾腾的甜意从嘴里一直甜到心底。

她舍不得吃完，想把这碗里的枣留给嘉陵。赵忠清立即看出了她的心思，说："嘉陵还有呢，另有一碗，我已经送到家里了，给你在锅里暖着！"

她这才点点头，安心地笑了，一颗颗吃完了枣。她掏出手绢，抹了抹嘴，把碗递还给他，又碰上了他那固执而潮热的目光。她的心微微抖动了一下，随即笑哈哈地道："赵主任，不，赵忠清，以后，你就别喊我夫人了，喊夫人太见外了，你就叫我名字，叫我芝秀吧！"

"那怎么行？人家都这么喊你的。"

"人家是人家，谁叫我们是老乡呢？以后，我也喊你忠清，不喊你那个什么主任，这样才不生分，好不好？"

"好，好，只要夫人，哎，不不，只要你，嗯，你和所长吩咐，叫我做什么我就做什么。"

"那我叫你向东你就决不向西吗？"她笑了，立即带点顽皮地问。不知为什么，跟这个老乡打交道，令她如此宽怀。

"那当然，叫我打狗，我决不撵鸡……"赵忠清立即笑嘻嘻地接上了嘴。

真是个机灵人！

常书鸿和董希文出门已经四天，赵忠清那变换着内容的汤碗也端了四天。红枣、枸杞、狗肉、羊汤、羊杂碎，荤素齐全。

第四天头上，估计着赵忠清快来了，陈芝秀索性也不画塑像素描，也不捣那堆和得差不多的塑像泥，她提前从梯子上下来坐着等他。

短短的几天，她的心情全变了。现在，她已不再难耐于洞中工作的单调和寂寞，他的到来就是她的节日，她有了热情细致而善解人意的谈话伙伴。他一来就和她说东道西，他点点滴滴地说他原来待过的新疆和部队；从自己打过的几场不怎么精彩的仗，说到闲暇时见识过的民族婚俗，令她讶然的是，什么鸡零狗碎的事到他嘴里都有声有色。

芝秀惊异地发现，这个没多少文化的老乡讲起话语来，总用他和她都极熟悉的方言东比西喻，这种有时夹杂方言俚语的话语，着实比一肚子学问的书鸿讲话还要生动有味。

于是，为了还报他的殷勤和热情，她也对他谈天说地。她说起法国里昂和巴黎，说起沙龙、画展、咖啡、派对和夜总会，说起塞纳河的游船和巴黎的五月花……这一切对他，自然只是初闻却断断不能设想的世界。于是，他听得专心而虔敬，他那边听边点头边连连发出的啧啧之声，就是对她那久违了的世界的一种赞叹，也是她久被遗忘和久无尝享的一种骄傲，一种重新被唤起的自尊自荣。除此之外，他们更多的是闲谈浙江，话说他们共同的故乡诸暨，诸暨的东白山、五泄瀑，诸暨的毛竹笋、豆腐皮……

他们聊得极为投机，聊得津津有味。原先被她准备好的用来做雕塑基座的那堆泥，渐渐被冷落一旁。几天过去，素描的佛像头部还只是头部，做基座的那堆泥还是泥堆模样。

今天，陈芝秀午后就在那里坐着了。等待时，她开始焦虑不安，渐渐地魂不守舍。等着等着，她忽然又想：我这是干吗呀，他算个什么人？值得我为他这样盼着念着吗？

她想着，渐渐地生了自己的气。她想，她应该立刻站起来，回到梯凳上，再开始工作……可是，不知为什么，她就是不愿动，懒得动。她还是想着，等着他的尽快到来。

她瞧了瞧腕上的表，哦，其实，现在才午后两点，就是说，距他前几天来的时刻，早两个小时呢！是自己太心急了吧？人家也有人家的事忙呢！

咦，脚步声！哎，是他，他来了！难道真是心有灵犀，互有感应？赵忠清今天早早地来到了她的面前。

像每次到来一样，他的手上又变魔术似的变出一样东西——这次，是一个纸盒。

还像以往一样，赵忠清先是笑嘻嘻地一语不发，然后慢慢揭开纸盒，啊，一盒驴皮胶。

在午后的射进洞里的冬日阳光下，这一块块骨牌大小的驴皮胶就像美丽的琥珀。

太珍贵了！在这兵荒马乱的日子里，在这百物难觅的敦煌。

陈芝秀一阵感动，几乎语声哽咽了："你，你从哪里搞来的？"

"夫，哎，芝……芝秀……"尽管她早已改口，他却还是出于谦恭而不太习惯喊她的名字，但今天，他勇敢了。他直直地望着她的眼睛，一双灼热的目光又转移到她的双手，那双斑斑点点沾满了颜料和泥巴的手。

他直直地望着她的眼睛，再次爱怜地说："芝秀，你，你过得太苦了，你真是太辛苦太瘦弱了，你的身子骨这么弱，得好好补补才是。我听医生说过，他们说驴皮胶给女人补身子，最合适……"他絮絮地说着，有意回避了这物事的来路。是的，对于他和她，这东西的来路不是主要的。主要的是，他要尽力表现对于她的忠顺，那种对于她怜香惜玉的无限心情。

"忠清，你太好了！"陈芝秀喃喃地说，感激的泪花几乎涌满了她的眼眶。

是的，她何尝不明白？男人之于女人，不在于赠物，不在于物件的贵贱，而在于心情，眼前的这个男人，真正的心细如发，多会体贴人呵！这样的男人才是……

这时，她突然又感觉到了他的注视，像往常一样，他的注视里有很多教她慌乱不安的成分，但她无法抗拒，隐隐中还有几分需要。现在，他的热切而焦渴的目光已从她的脸上转到她的双手上，她突然感到一阵紧张，一双手不禁微微一颤，她为自己的这双沾满了颜料和泥巴的手而羞愧。瞧，自从来到这儿，虽然晨妆、底霜、口红和晚妆从未忽略，但指甲油却已用完，很久很久未涂了。这些天，因为老想着要和这堆用来雕塑基座的泥，她好像连手都不曾好好地洗。

"芝，芝秀，你这样的人做这样的粗重活，真是太辛苦太叫人不忍心了！"赵忠清再次说，声音放得很轻很轻。那声音轻得发颤，颤音中透出他难以言喻的心疼。"你这双手应该是……唉！"他突然长叹一声，"以后，家里洗洗涮涮的粗重活，你不要动手，我找个人帮你做。看到你这样吃苦，我老在想着怎样帮你才好，我恨不得，唉!"他重重地长叹一声。

"你想帮我做?"陈芝秀叹息一声，"忠清，难为你有这番好意，很多事外人是相帮不来的啊!"

"不，芝秀，我请你，从此以后，你不要拿我当外人，我，我……"赵忠清热切地说，突然，他伸出手，将她的一只手紧紧地捏住了。还没等她反应过来，他立刻又将另一只手，覆在了她的那只被他捏住的手上，头一低，他立即将嘴唇凑在了她的手背上。陈芝秀吃了一惊。对方嘴唇、手心的潮热和粗重的呼吸，立刻就传给了她。她慌乱万分。他要做什么? 他这是做什么? 她应该责备他! 一时间，她的脸孔像着了火似的飞红。

是的，她应该挣开他的双手，可是，连她自己也说不清，被他这么紧紧地一捏一吻，她竟感到了一阵陌生的、久违了的亲昵和冲动，那种曾在她过去的生命历程中有过的只有与异性的肌肤相亲时才有的体验和冲动。

她是怎么了? 要知道她是有夫之妇，不管是什么冲动都应当属于书鸿的，从来都是属于书鸿的，可是，她已经多久没有体会过这种异样的、绝对是来自生理需要的强烈的冲动了啊! 眼前的这个人，明明并不是书鸿，她本来应对这种越轨的轻薄的举止表示愤怒或谴责，可是，她竟然没想到这些，面对这个从认识到现在不过个把月的老乡，虽然她对他的出现表现了兴奋和欢迎，但像这样的单独相处，也很有限。奇怪的是，她却每每对他的到来和出现隐隐有了一种企盼和依恋。这，这是为什么? 对他刚才的行为，为什么竟然也只是慌乱而并非厌恶，相反的还有某种期待中的快意……这是为什么？为什么？

她简直无法明白眼前发生了什么，她喉头发紧，僵怔着，一时心乱如麻。

"芝秀，我是真心想帮侬，请相信我！"赵忠清低声道，又用地道的诸暨话重复着："伢真是想对侬好！"他抬起了脸，却仍没有松开手，没有松开的手紧接着轻轻而又固执地摩挲着她的手，他正要抽出手来试图揽住她的腰时，突然，他手一松，跳了开去。

洞外响起了脚步声！

"芝秀！芝秀！"喊声和脚步声在洞口近处响起。是常书鸿！

陈芝秀仍旧怔在原地，但赵忠清已经抢先一步迎向洞口，恭敬而又笑眯眯地与常所长打起了招呼。"啊，所长回来了！我来给夫人送水，她做一天生活，连口热茶都没顾上喝……"

"哎，是吗？"常书鸿一脚跨进了洞内，他顾不上看别的，也顾不上夸奖这位殷勤而又细心的总务主任。他匆匆赶回来，本来是为一件公务，可没想到刚才一回到家，相帮照看嘉陵的大妈却说嘉陵有点不舒服。

陈芝秀总算恢复了常态。她背转身子，掩饰地装作仍在注视面前的那堆做基座的泥，以和往常一样懒懒而漫不经心的口吻笑着说："我说常先生，你这回总算知道提前回来了！"

"哎，我早早回来是拿几份材料，明天还要走。芝秀，嘉陵病了，听大妈说，好像有点发烧，你快回去看看吧。"

"是吗？早上我出门时他还好好的……"陈芝秀立即心慌意

乱起来。"哎，我这就走。"

"哎，所长，夫人，你们别急，我去找个郎中来。"

赵忠清说时，偷偷拿眼朝陈芝秀一瞟，立即大放宽心：芝秀已将那盒驴皮胶藏过了。

小孩子的病，来得快好得也快，没过两天，嘉陵依旧在莫高窟的沙土地上淘气得像个泥猴，陈芝秀却病倒了。

确切地说，她是被常书鸿气病的。他回来的那天晚上，他们又一次大吵了一架。

第二天一早，拿了材料和画具的常书鸿自然还是顾自走了。他说他要到安西榆林窟去！见他果真不顾不管孩子的病，她着实生气，因为生气、赌气，她越发恼怒，吵着吵着时，她也随手摔了一只碗，还冲口而出地骂了一声。

她居然摔盆子打碗，还用粗话骂人，常书鸿愣了一下，接着便冲过来给了她一个巴掌！

他居然动手！动手打她！！陈芝秀僵在那里，因为骇异于这一可怕的事实而倒噎了声气。

她和他，都失态了。她知道开始是自己不对，本来她可以道歉，可她明知故犯，就是不肯说出口。这是她第一次发脾气摔东西，可他不也摔过东西吗？

她不明白自己为何火气那么大，是否因为一种莫名其妙的失落呢？

她躺在炕上，独自生气。天下还有像常书鸿那样不讲理的人吗？她恨恨地想。敦煌的事业果然重要，可你常书鸿也不能老婆孩子全不要哇！莫高窟的工作不是三年五载能够忙得完的，难道你常书鸿真的要窝在这里一辈子吗？就是你我吃得了这种苦，别人呢？总不见得所有的人都会像你这样要豁出去一辈子的光阴在这里苦熬吧？

这敦煌，这莫高窟，哪里是人能长期生活的地方哇！先不说吃的用的一概难求，这里根本就没有"生活环境"——刚来那一阵，她到附近村子里转了转，到敦煌县城去转了转，四面八方的人全直了眼了，为什么？看她呀，就像看猴戏似的看她呀！看她的衣裳、看她的高跟鞋，甚至看她搽过脂粉的脸和嘴唇。围拢来的人，就那么直愣愣地白着一对眼珠瞪着她看。她只不过像素来做的那样，马马虎虎化了点淡妆而已，可是，这里的人看她的那种眼神，真让她心慌，觉着自己好像也成了什么妖魔鬼怪了！这地方太不开化了，这么愚昧，怎么呆？怎么呆得下去？真要在这儿长呆下去，太可怕了！

现在他们过的，算什么日子呀？如果还在巴黎，不，不说遥远的，若是还在重庆，还用着过这样的日子哇！要来教育部的那一点经费，就把他高兴成那样，可是，经费又用完了呢？往后的日子，他根本就不想，好像天塌下来也不在乎，他从来都不考虑后果，不考虑她和孩子，这清苦的日子何日是头？她真是想也不敢想！

今天，她心情格外烦乱。上午，她接到了马婷小姐的一封信，一封从重庆辗转寄来、前前后后走了快半年的信，一看邮戳，还没打开看内容，她的眼泪就像断线珍珠似的掉落。久违的朋友，美妙的巴黎！马小姐跟她说了不少巴黎朋友们的事，自然，朋友们也并非个个一帆风顺，可那些困难与这里的艰难相比，简直是天渊之别。

巴黎，久违的巴黎，从今往后，她还有心劲与这种境遇有天渊之别的朋友对话吗？维系友情的最大基础是平等，是经济和才学、实力的平等，所谓志同道合，意趣相投，然后是互相需要。现在，她和她们之间……难道，巴黎的那些朋友还惦记和需要她这个境遇糟糕的可怜的陈芝秀的友情吗？一切都是荒诞，一切都是过眼云烟，生活，对于女人来说，是实在的，是可触可摸的，她不再需要浪漫，浪漫在严酷的生活面前，已经粉身碎骨而虚无缥缈了！她陈芝秀作为女人，现在，只需要实实在在的生活，只需要一个温柔体贴的男人，一个善解人意的能教她过上温饱与安定生活的丈夫，除此之外，她什么也不想要，不需要。

常书鸿哪里是这样的丈夫呢？现在他对她，根本不关心，他心心念念的就是莫高窟，除此之外绝对无他！陈芝秀想一阵又心疼一阵，现在她也不心疼他了，她没有必要心疼这个竟然动手打她一巴掌的人，从此以后，她不再心疼他！不再心疼这个粗暴的男人！

陈芝秀想一阵又恨一阵，颠来倒去地想这一二十年的往事，想一切的一切，愈想她就愈是茫然。她觉得自己现在真是糟糕透了！活得如此狼狈不堪、无滋无味，还有什么意思？生活上如此清苦，感情上无限寂寞，上帝，什么时候能脱离这无边苦海啊！看来，她陈芝秀是得罪了上帝吧？要不，为什么会受这样的惩罚呢？如果她将挨了书鸿一巴掌的事告诉别人，啊，那真是太无颜面见人了！更糟糕的是，以后，这样的吵嘴打架还会不会重复？会的，会的，人说夫妻吵嘴打架有点像吸鸦片，只要有第一次，就会有第二次、第三次。会的，肯定会的，只要他还是对她无所谓，对家事漠不关心，只要他执意永远留在敦煌，就像张大千说的，执意要熬这个"无期徒刑"，他们的生活就永无宁日。

天哪，这样下去，她可怎么办？"无期徒刑"啊！她恐惧地想。

生活上如此清苦，感情上无限寂寞……什么时候脱离这无边苦海，什么时候？啊，现在，只要有人说声带她脱离这儿，逃离这个鬼地方，她一定会二话不说毫不犹豫地跟他走！是的，只要脱离这个不毛之地，她陈芝秀也不是没有能耐之辈，她同样可以找机会去搞艺术，真搞不成了她教书总可以吧？她不信离开了敦煌，离开了你常书鸿就活不成！是的，她完全可以显示这个能力，她完全可以让你常书鸿看看，世上并非只有你的这一个活法，艺术的途径并非只在敦煌！只要她能脱离这个苦海，只要……

问题是怎么脱离呢？就凭她这个身单力薄的女人，就凭她两手空空地去乱闯，只怕还没走出敦煌县城就寸步难行……

一定要找一个有本事的男人，一定要有一个强大的依傍，一个能够带她勇往直前义无反顾的人的依傍！有这样的人吗？有这样侠肝义胆的勇士吗？

有的，有的，比如……赵忠清！

刹那间，她一哆嗦，一阵恐惧，使她的心激烈狂跳起来。她这是怎么了？为什么要将自己的命运和他联系起来？他是这样的人吗？他是个从军队溃散下来的下级军官，只不过是拿过枪闯荡过江湖的毛躁人，他和她以前接触过的人根本不一样，他并不温文尔雅，当然也不是赳赳武夫，但他有一点长处，他会知冷知热体贴女人，他三十出头了还没有娶过女人，可越是这样的人对老婆就越会奉若神明，他说过，只要她吩咐，他什么都愿意做，那么……

一阵轻悄的脚步声移近了门口。几乎不容猜测，她本能地知道，是谁来了。

陈芝秀一阵战栗，腾地坐起，她想下炕，想去关上那扇本来虚掩的门，但她却又隐隐觉得，这不必，那扇虚掩的门，本来就是某种愿望的暗示。如果来人真是他，那么，将会发生的一切，又都是自己渴望和期望中的，她不能抗拒也不想抗拒。这一想，她又软了身子，立即就势躺下。

她一坐一躺，只不过一瞬间，可是，这几秒钟内动作反复的巨大反差和过度紧张，使她竟然头冒虚汗娇喘吁吁，那么，这会儿，最好的掩饰办法就是闭上眼睛，闭上眼睛装病、装睡。

脚步声近了，脚步声轻悄而鬼祟。如期望中的那样，赵忠清出现在她的炕前。

　　陈芝秀第一次清楚地看到，像个影子闪进来的赵忠清，也是因为激动抑或紧张，在刹那间，他的脸色竟一忽儿通红一忽儿苍白。人未近前，他那粗重而狂野的男人呼吸，就清晰不过地传进了她的耳鼓，虽然假寐似的闭着眼，但她还是清楚地觉察到了：凑到她眼前的这张脸，这原先不怎么惹眼的、在欲望的挑动下的一颗颗麻子孔，竟然涨得很大很大……

　　一切都像预期中的一样，一切都比预期中来得更快！

　　慌乱无主的陈芝秀屏住了声气和呼吸，像失去了知觉。

覆水难收镜难圆

　　难怪张大千如此着迷安西榆林窟！1943年，常书鸿刚到敦煌时，他曾陪张大千来过这榆林窟，那时是匆匆一览，现在，他可以每一处细加端详了。

　　看看吧！光第3窟就有多少精华！这个3号洞窟南壁的文殊变、普贤变，西壁门的南侧、北侧的水月观音画像，东壁的五

1943年，常书鸿与张大千、向达等参观安西榆林窟。

十一面观音，北壁的千手千眼观音像，一切的一切都是绚丽无比。画幅浩大，内容丰富，真值得人奉上毕生心血去临摹。如果有朝一日他来做，也一定会像大千一样，不圆满完成决不罢休。

可是，他光顾自己的兴趣怎么行呢？贪多嚼不烂，他哪里还有这么多精力啊！先不说别的，光所里这一二十个人的吃喝拉撒睡的诸般琐事，就够他操心了。现在，唯有将大家的积极性调动起来，搞好后勤，保证大家有好心情，有好心情才能有好效率，作为所长的他，只能先管大局，不能只顾自己的喜好。为了大局，他不得不将自己最喜爱的临摹先抛到一边。

从榆林窟回来，拿着《莫高窟洞窟内容编写表》和《榆林窟调查计划书》，常书鸿又一次走进了敦煌县府的大门。

别看是一"表"一"书"两份材料，分量有如千钧！这是他和他的部下，千辛万苦的工作结晶，他要凭着这两份东西，说服那些掌管钱财的官员，对莫高窟还有这个同样无比重要的安西榆林窟做点投资。特别是从安西到榆林窟路上的两座桥，若再不修复，以后就会此路不通，不管是什么人再想去看看榆林窟，万难！

他深知要说服那些愚顽不化的官僚是多么艰难，但是，再难也总得有人去做啊！这一阵，他真是把鞋后跟都差点磨烂在这里了，他往这里不知跑了多少趟，可是，经过这一阵与官员们打交道的磨炼，他深知不去死磨硬缠根本不行！那么，就磨吧，缠吧，非有个铁杵磨成针的功夫不可！

为省钱，现在他到县城找人办事，就骑着那匹枣红马来回跑。说来羞愧，有时为了省区区一份饭钱，连饭馆也不进，从所里食堂拿点干粮就算数。他不心疼自己却要心疼马，这马是所里也是他的宝贝。马要吃料、喝水，他不能不去找能拴马饮马的好去处。

就在他找到这一好去处并央一位伙计拴好马时，他发现了从对面大街饭馆晃出的一个身影：赵忠清！

他又来城里干什么？看，他一定是喝了酒，脸红扑扑的，嘴油光光的，正和三五个陌生人说说笑笑地往外走。

"赵……"他正想喊，忽然又止住了。还是别喊为好。要不，多尴尬呀！常书鸿皱着眉想起来：前几天，所里好几个人都对他嘀咕过，说赵忠清这人不实在，表面一套背后一套，跟刚来时根本不一样。说赵忠清只讨好他和夫人芝秀，别人想让他做点什么，万难！这一点，常书鸿应该有感觉。不是吗，作为所长，他老早就让这个总务主任搞点木料请个木工将大家住的那溜西厢房好好隔一下，省得大家做事互相影响。赵忠清开始答应得好好的，可后来就推三阻四地拖到现在也没动静。还有人说赵主任除了往所长家跑就是往县城跑，也不知忙些什么，他屋里堆满了空酒瓶，也不知在干些什么。常书鸿听着大家的议论，心里就有点烦。但他太忙了，实在无心细究。

令他纳闷的是，赵忠清两个星期前又跟他要了一笔钱，说是要到游牧的哈萨克牧民那儿再买几只肥羊，就像他前些日子所做的那样，好为大家改善生活。

所里现在只剩下很有限的一笔菜金了，可是，为使大家尝到荤腥，他就全给了他。

谁知道，他去榆林窟待了好儿日，那枣红马也归赵忠清跑了好几天，却就是不见行动，不要说肥羊，连在县城很容易买到的猪肉和土豆都未曾见到。

今天，这个赵忠清好端端地又闯到县城里来，他是为大家办事买东西还是忙别的什么？

对，先不惊动他，等过几天回去再问他一问，到时候看看这个人是否诚实。

"爸爸！爸爸！"脏得像个泥猴的嘉陵远远地张着两只小手，朝他扑了过来。

常书鸿爱怜地抱起儿子，哎呀，儿子的小手简直就像冰萝卜！芝秀也真是的，虽说已经开春，可乍暖还寒，这种天气不给孩子多穿一点，万一又冻病不是很糟？

他抱起儿子就朝家里走。"走，嘉陵，回家让妈妈好好给你洗洗脸……"

"不，爸爸，我不回家，现在不能回家！"小嘉陵突然溜出他的怀抱，跳到地上。一个劲地晃着脑袋说。嘉陵虽已三岁，但一直瘦骨伶仃的，见了他也总有点畏缩。说话、神情都没有沙娜小时候机灵活泼，玩起来很皮，乖起来很听话。常书鸿将这看作是儿子在离乱中出生、大人一直未曾好好照应之故。因此，对儿子始终有点歉疚。

"怎么啦？嘉陵，为什么不回家？"

嘉陵歪着脑袋看看他，说："妈妈说的，妈妈说叔叔来了不许打扰，让我自己在外头玩儿，等叔叔走了她会来接我回家……"

"叔叔？哪个叔叔？"

"赵叔叔，就是那个妈妈的老乡赵叔叔！"嘉陵两眼乌溜溜地说。

"嘉陵，赵叔叔常来我们家？"

小嘉陵点点头，没说话。

常书鸿心里一沉，嗓子眼里像爬进什么小虫子似的非常不舒服起来。

"赵叔叔来了就给我糖吃，可好吃的糖啦！"

常书鸿耳朵里嗡的一声，他已经听不进儿子在说什么了。

他抱着嘉陵径直往家走，因为腋下夹着一大卷材料，两只胳膊很不对劲，走了没几步就手酸得不行。勉强熬到中寺的家门口时，他试图用脚去踢开大门，嘉陵却说："爸爸，开不了，妈妈锁住的！叫妈妈来开吧！"

怎么？门是锁住的？门为什么是锁住的？他推了推门，门果然是锁着的。

霎时间，他只觉一股血往头脑里冲，冲得脑子木木的。他心神紊乱地僵立了那么两三秒钟，不知如何反应。是的，他有大门钥匙，他的口袋里也装着钥匙，但大门的锁一直形同虚设，因为这扇大门以前从来就没有锁过，也没有必要锁。要想锁门，除非把门从里边闩上，可是，大白天为什么要从里边闩上？

他将嘉陵放下，儿子马上一溜烟地跑了。

他愣了一下，举手想敲门，又停住了。

进自己的家，还用敲门吗？他根本用不着敲门，他本来可以抱着嘉陵，一脚踢开门闯进去，穿过那个经他的双手拾掇出来、种植了两棵梨树和一大片天竺葵和西番莲的院子，径直闯进内室。这是他的家，他自己住的地方，对，他几乎就要这么做了……

不，不能。他在最后一刻总算劝住了自己。

如果闯进去，常书鸿，你会看到怎样的一幕？如果真看到不堪的一幕，常书鸿，你，你将怎么办？如果……常书鸿的脑子里又嗡的一声。

不，不，不能这样做，他应当神志清醒。现在，不是没有发生什么事吗？即使赵忠清来他们家，即使他现在果真在他们家，这又算什么？他不是和陈芝秀是老乡吗？他不是一直对他们夫妇都很殷勤的吗？他不是经常与陈芝秀用家乡话谈得亲亲热热？难道这就算……不，常书鸿是君子，是君子就不能这么做，为了芝秀，他不能这么做。

他抑制住狂乱的心跳，轻轻拍了拍门，没有动静。

是一分钟还是两分钟？不不，时间这时于他有什么重要？重要的是信心，而不是猜疑，重要的是夫妻之间的绝对信任而不是其他，他常书鸿无论在什么境地，都不可听凭一时的心血来潮而失了君子风度……

火气又渐渐聚集。是三分钟还是五分钟？依然没有声响。

他咬了咬牙，看看四周，四周并无一人。他咬着嘴唇，用拳头重重地敲了两下，然后将嘴凑向门缝，用只有里边可以听得见的声音喊道："芝秀，来开门！我回来了！"

里边总算有了响动，拖拖拖拖，有人来开门了。果然是赵忠清！

"啊啊，所长，您回来了！辛苦了辛苦了！夫人病了，我，我也是刚刚知道……哎，我一看，你们院，院子里的这两畦菜地，都需要人侍弄了，我对夫人说，你为什么不说一声，我明天就派老窦来帮你们整治整治。我这人也是粗心得很，所长，你，你和夫人，你们要是不对我说，我就什么也想不到……"

常书鸿咬着牙，铁青着脸，几乎不看赵忠清说话的表情，更不屑细辨对方那稍显紧张而语无伦次的语调，他觉得这会儿若是注意和打量这人的神色，都是对自己的一种亵渎。

常书鸿夹着那卷材料往里走，一边走一边头也不回地对讪讪地愣在他身后的赵忠清说："赵忠清，待会，你到办公室去！"

他径直进了屋，陈芝秀果然在炕上蒙头大睡。被头完全遮住了脸面，只见枕边散着一头乱发。

他心里一动。刹那间立刻想起了里昂。在里昂她也曾经大病，就是她的大病，令爱怜无限的他创作出了那幅得奖的《病妇》。但那时，大病的她，被盖半腰，脸上虽是得病的红晕，却是一副小鸟依人楚楚动人的模样……

"芝秀，你怎么啦？"他问。

陈芝秀并不回答，只是发出一声轻轻的呻吟，立刻将被头裹得紧紧的。

"芝秀，你病了?!"他试图轻轻掀开她的被头，但闭着眼的陈芝秀，将被头裹得更紧，翻身朝里，呻吟般地说："别，别打扰我，我不舒服，你让我安静一会……"

他愣着，放下材料，退了出来。

常书鸿的面前立着一脸尴尬的赵忠清。

常书鸿心里盘旋着怒火，但他无法发作。虽然确凿证明，面前这个人是不诚实的，但他不能把他隐隐约约的猜疑发作出来，因为，这中间有芝秀。而且，就凭刚才那一幕，他不能也不应该作最坏的猜测和判定。那对芝秀，对他自己，都将是一种损害。这损害对他们，将是致命的。无端的猜疑，是君子所不齿的，但面前这个人的不诚实，却是确凿无疑的。

刚才，他问了一个最简单的问题："赵主任，你这两天都忙些什么？"

"哎，忙，忙……所长，你，你是说，哎，你是问我在做什么？对不对？大家都忙，我当然也闲不着。所长，你，你当然明白我们这里有多少闲杂事，所以我有时就到前边去，有时就帮帮其他人，反正谁叫我，我就去帮谁，东大殿的老窦他们……"

"你给伙房买的羊呢，还有其他东西呢？"

"哎，羊吗，有。这事好说、好商量的，我已经跟牧民说好了，过些日子就去挑，我想等等，等春天，嗯，等天暖和些再买，春天羊就肥了。现在呢，母羊太瘦，公羊太老，你不知道，所长，跟那些牧民打交道有多讨厌，他们自说自话，一会这一会那，汉话又不太懂……"

"你不要绕这么远，我是说，前天，你到哪儿去了？"

"前天？我？我哪儿也没去哇！"赵忠清一脸迷惘，"哎，是的，我本，本来是想出、出门的，可后来，后来，哎，对了，本来我想去看看朋友，可这里的事情太忙，就顾不上出门……"

"赵忠清，有一点我想你是很清楚的，我们这里可以收留真心愿意在莫高窟工作的人，也容许那些因为条件所限暂时工作不到位的人。是的，我们容忍这容忍那，就是容忍不了耍奸取滑和撒谎的，你不能辜负大家对你的信任。我们这里条件是困难，但如果你觉着在我们这里工作不合适，那你可以请便！"

"喔？！所长，这么说，你、你是要辞退我？"

"是的，你这么理解没有错。"

赵忠清一怔，脸上顿时掠过一丝阴鸷的笑容："好，常所长，要是这样，何必绕弯子！我赵某人也不是软柿子，任人捏的，哼……"没等说完，他扭身就走。

"站住！"常书鸿尽量压住憋积的火气。"赵忠清，走之前，你总得把所里交给你的财务款清一下……虽，虽然不多，但这总是大、大家的钱……"常书鸿说着，脸先红了起来。

"财务款？就这点钱？哈哈，你放心，所长先生，我赵某人虽然落魄，这点小钱不会放在眼里的……"说着，他扬长而去。

常书鸿又一怔，眼睁睁望着他走了出去，心里说不出是什么滋味。他觉得自己仿佛什么地方失策了。

他立刻叫来了窦占彪。"老窦，赵忠清这人有问题，我已经下令驱逐他了，现在，你负责将他赶出莫高窟！"

"是，所长！"窦占彪立刻答应，一阵大步就追了上去。

窦占彪早就巴不得所长作这样的决定了！赵忠清这人是不地道，有好几回，连他窦占彪都觉着他看所长太太的眼神不对，一个部下，哪好这样看你的上司夫人？而且，这家伙阴一套阳一套，别看他刚来时对谁都点头哈腰的，但现在，处处显着不是个正经东西！只是……

窦占彪走了两步就又疑虑起来：所长只说将他赶出莫高窟，那么，是不是看着他走出了莫高窟就算数了？他很想回去再问问所长，可一想所长刚才的脸色，他不敢。

反正，只要这家伙滚蛋就安生了！

常书鸿仍旧僵坐在自己的办公桌前，心里像塞了一团猪毛似的又乱又肮脏。

刚才，他是不是对赵忠清有欠妥之处甚或操之过急了？虽然此人行为可疑，但毕竟没有大的把柄落在自己手里，也没有更大的实质性问题，如果他不是流氓，岂非冤枉了他？但是，若要说他清白无辜，恐怕也说不上吧？刚才在家门口的那一幕，不是很值得怀疑吗？如果他没有心怀鬼胎，那么，为什么见他回来如此形神紧张？为什么前天他明明在县城喝得醉醺醺的，却竭力撒谎，为什么？行了行了，反正他常书鸿不是与这种社会油子打交道的对手，反正他刚才的决定是对的，走了就好，省心安宁！

吃晚饭的时候，全所的人都知道了赵忠清的被辞退，全所的人对此都没有丝毫响动，可见人心所向。有两个小青年拍手道："这种兵痞子，早就该滚蛋了！"

常书鸿长舒了一口气。

他再回到家里时，已是上灯时分。

在路上，他就思量过，要不要将辞退赵忠清的事告诉陈芝秀？什么时候说？怎样说？

他想了又想，现在最令他忧虑的是芝秀的反应。哦，她不是病着吗？那么，就等两天，等她病好些时再说也不晚……

这次，他很顺利进了门。大门不但没锁，连关也没关，是他平常在家的样子。

他穿过院子，穿过那个在早春的晚风中抖动着一丛丛的天竺葵和西番莲的院子。这院子，原先一片荒芜，是去年夏秋时他一点一滴地开掘出来，开成两小丘地，他想日后能在这儿种点什么。最使他欣慰的是那两棵在上个月栽下的梨树苗，竟然成活了，生根了，现在又蹿高了二尺多，枝梢也发芽了。

他从发了芽的梨树旁走过，径直去推内室的门。为了不惊动她，他放轻了脚步。

咦，屋里没人！他再一看，只有嘉陵像他无数次看见的一样，在炕上睡成个"大"字。

芝秀呢？刚才披头散发躺在炕上的芝秀，哪里去了？他又看看沙娜住的西屋，还是没人！

他将从伙房带回的一小筒鸡蛋细面条放在台子上。那是乌密风听说芝秀病了特意拿给他的，一看那样精致的包扎，就可看出是外地带来的，也不知乌密风藏了多少日子。

他在堂屋点着了靠墙的那个铁炉子，想烧一壶水。他把火生着，把烧水壶坐上。

门"啪"的一声开了，蓬头散发的陈芝秀摇摇晃晃地从外面冲了进来。

"芝秀，你不是病了吗？这么晚还出去干什么？你到哪儿去了？"

"常书鸿，赵忠清他怎么啦？你，你竟然赶他走！"

"哦，你知道啦？他这人不诚实，大家都对他有看法，他自己也不想在这儿干了，走就走吧，我没留他。"

"是你没有挽留还是你要赶走他？你这人怎么连半点情面都不讲？"幽弱的灯光下，陈芝秀的脸苍白得可怕，可一双眼睛却像哭肿了似的通红。

"芝秀，你，你这是干什么？我就是赶走他又怎么样？"芝秀的神情进一步证实了某种疑虑和感觉，常书鸿的火气上来了。"我是所长，有权力聘用人也有权力裁人，他表现不好，大家对他有看法，我当然可以决定让他走！"

"好好，你有权力，你就有这个权力！你真是没有心肝，常书鸿，你一点都不通人性！你这人简直一点都不正常！你太残暴了！"陈芝秀不管不顾，歇斯底里地哭嚷起来。

常书鸿心里一凉。虽然，陈芝秀这一连串的话使他连连倒抽冷气，但他还是咬着牙关忍了又忍。因为，这几个月来，他早已无数次忍受过她的哭闹，为了早日离开敦煌，陈芝秀常常这样丧失理智地哭闹，而人在丧失理智时都是不可理喻的。

陈芝秀一句接一句地继续哭嚷、数落，没完没了。按他平日的火性，他真想再摔一个什么东西才解气，但转念一想：现在对芝秀忍让一步，息事宁人，对于他们的夫妻关系倒是最理智的做法。这一想，他就心定了。是的，无论如何，赶走那个家伙是对的。至于糊涂的陈芝秀，任她哭闹一阵，也许就好了。他决定充耳不闻。

陈芝秀见他不言语，哭嚷得急了，大声吼道："常书鸿，你别装聋作哑，你到底管不管我的死活？"

常书鸿皱眉应道："芝秀，你说话也要讲点道理，我怎么不管你的死活啦？"

"我，我病了这么久，在这儿少医没药的，你就忍心让我死在这儿不成？"

"那你说嘛，你要看病，我明天就陪你到敦煌县城去。"

"我的病敦煌是治不好的，真要看，起码得到兰州去。"

"兰州？这么远，我现在又走不开，你真要去，也得等几天，等我把沙娜叫回来，要不，嘉陵一人在家怎么办？"

"你不陪我没关系，只要你有这份真心，只要你给我足够的经济保证……"

"芝秀，你这就强我所难了，你明明知道我现在没钱，我要是个阔佬，我们在这里也不用受这份窘迫，研究所的日子也好过了。"

"研究所是研究所，家是家，就凭你来时卖卖画支撑，能支撑多久？你看现在别人都对敦煌不理不睬的，你还起劲什么？我们在这里过的是人的日子吗？这样熬要熬到什么时候？常书鸿，你能撑，你就撑，你不要教我和儿女活活跟着你熬死，你死要面子我们可是活受罪……"陈芝秀数落着，又低声呜咽起来。

常书鸿心里一缩，陈芝秀这几句话分外刺伤他的自尊，刺痛他的心田，但他还是忍了下来。一看壶里的水开了，他换上锅，一边哄小孩般地说："芝秀，你不是病了吗？哪来这么大劲哭呀！你瞧，乌密风听说你吃不下东西，将家里寄来的这点细面都给你拿来了，等会我给你下！你看，大家对你多好！"说着，他将这扎珍贵的细面下到锅里，又打了两个鸡蛋。

"我不吃！你别假惺惺！是的，大家都好，就是我不好，常书鸿，你要是有点良心……"

常书鸿再也忍不住了，他将那双用来下面的筷子啪地往桌上一摔："我怎么没有良心了？！陈芝秀，你别太过分了！告诉你，我的忍耐是有限度的！"

也许他的声音太大，也许他铁青的脸色真正吓住了陈芝秀，陈芝秀一怔，再不说话了。

面条煮成了稀糊，糊在了锅里。

第三天，来自敦煌县城的一封请柬飞到了常书鸿手里。那是敦煌县的一个姓田的老教师发出的，他邀请常书鸿夫妇去参加他侄子的婚礼。田老师和他的侄子是敦煌艺术的崇拜者，田老师为人诚恳，有学问又颇具古风，是常书鸿在敦煌新交的朋友。

常书鸿看了看请柬上注明的喜筵日期：大后天，也就是4月13日。

他想了想，这天正好是周末，沙娜该回来了。所里没什么很要紧的事，他应当去赴宴。请柬也写了芝秀的名字。当然，芝秀也得去。

自从那天他与芝秀又一次大吵后，芝秀又跟前些日子一样，已经三天没跟他说话。这使他认真地审视了自己和芝秀的情形，他觉得一同去最好，他知道面对外界时，无论如何，陈芝秀是愿意与他维持夫妻和睦的形象的。因此，这是个可以缓解和修复夫妇感情的好时机。

他把这事跟芝秀说了，她没有应声。没有发火就好。他将请柬放在她的枕边。

12日下午，沙娜回来了。沙娜回来就是常书鸿的节日。他从心里疼爱这个懂事而又善解人意的女儿。常书鸿望着快与自己比肩的沙娜，深深涌起作为父亲的温存。他想起了女儿前不久为了阻止爸爸妈妈吵架而采取的行动，女儿带着弟弟躲到沙土堆后的那一夜，成为他难忘的记忆，永远的愧疚。他将沙娜叫到一旁，悄悄问："沙娜，你妈妈跟你说了没有？她明天到底愿不愿意和我一道去县城？"

"怎么？爸爸，你和妈妈不说话？"

常书鸿心里一惊，尽量用平淡的语气说："你妈妈在跟我怄点小小的气，不要紧，沙娜，天长日久，她总会理解我的用心的……"说这些话时，常书鸿总不由得一阵惭愧。他想，他们实在不该在女儿心中落下父母不睦的印象。

沙娜听出了父亲口气里的忧伤，劝慰道："爸爸，等你们明天回来，我再好好劝劝妈妈，爸爸，你脾气别那么急，妈妈心里也是很苦的，爸爸，你比妈妈大，你就多多原谅妈妈吧！"

常书鸿点点头，眼眶一阵润湿。

第二天一早，常书鸿见陈芝秀开始梳洗打扮，描眉涂唇，心里顿时轻松了。

田家的婚礼简朴而隆重。

在面对外人时，陈芝秀果然一副与常书鸿相亲相谐的样子，大放宽心的常书鸿在酒席上喝了好几杯酒，对连日劳累的他来说，这无疑是心情的一次极大放松。

对陈芝秀来说，也有意外的惊喜——酒席上，有一位朋友说三五天后将赴兰州。常书鸿一听说，马上与之商量：他想教陈芝秀与他同行，请他路上多多照拂。

朋友答应得非常痛快，陈芝秀更是喜上眉梢。

常书鸿于是马上忙着给沿途直到兰州的几位朋友写信，希望他们在芝秀一路东去的途中给予照料，他特别想通过这一路上的无限周到的关照来弥补平日对芝秀没有尽责的愧疚。

酒席后，夫妻两人从县城回家。天已擦黑，像来时一样，他们共骑这枣红马一路回来。

芝秀依然话不多，常书鸿却相当宽慰，他觉得她即使沉默寡言，也比前几日那样无休止的哭闹好得多。蹄声"嘚嘚"中，两人共一匹坐骑的感觉，更教他觉得像回到了从前，回到了在里昂、巴黎的相亲相爱的时光。

在路上，他忽然想起沙娜说过要找时间劝劝母亲，他暗自微笑了：现在看来，不必要了。

朋友的行期定在 4 月 19 日。18 日午后，陈芝秀将一只准备出门带的箱子晾晒在院子里，走进走出地整理自己的行装。沙娜见母亲慢吞吞而又神思恍惚的样子，要帮她整理，芝秀摇头不让，她只好回到自己的小西屋，专心一意地练习素描。

有人砰砰地敲大门，沙娜闻声奔出去开门，只见窦占彪一手挎了只装满青草的筐子，一手牵着一只母羊和一只小羊。

"你爸爸让我去村里买的。"窦占彪笑眯眯地说，"母羊正下奶，所长说可以给你妈妈和嘉陵补补营养，这小羊呢，所长吩咐让我牵去请人宰了，炖好后拿来，给你妈妈送行。"

"窦叔叔，我们一家人哪里吃得了？"沙娜抱着这两头雪白的羊，喜欢得不得了。

"沙娜，这还用愁吗？你爸爸早说过了，所里这么多人呢，大家也沾光解馋嘛！"

说话时，陈芝秀已来到他们身后。她愣了一会，低声道："窦师傅，你知道，我病着，哪里吃得下羊肉呢！"

"吃得下吃不下，那是所长的一片心意呀！"窦占彪说着，笑呵呵地牵着小羊走了。

望着咩咩叫着被牵走的小羊，沙娜真有点可怜它，可抬头看看母亲青中透黄的脸色，她不能不感念爸爸的良苦用心。

"爸爸真好……"她低声喃喃着，回头一看，母亲已经悄悄地走回屋子里去了。

虽然有炖羊肉，但这顿晚饭还是吃得有点闷。虽然是为陈芝秀饯行，可陈芝秀没吃几口就放下了筷子。只有嘉陵狼吞虎咽吃得很欢，沙娜怕弟弟一下子撑着了，要夺下他的筷子，嘉陵很委屈地瘪起了嘴。陈芝秀见状，低声说："由他吃吧，沙娜，他也是多少日子没见油水了。"

常书鸿马上又夹了一大块肉放在嘉陵的碗里，叹道："嘉陵，吃吧，吃吧。沙娜，你也多吃一点，是爸爸不对，爸爸早就该为你们买头羊的……"

沙娜听着父母的话，心里一动，几乎落下泪来。她见母亲又跪到壁角的圣像前，那是母亲自己塑的圣母玛利亚像，就说："妈妈，你不是吃饭前就祷告过了吗？"

陈芝秀摇摇头，闭着眼睛顾自低声喃喃着。

常书鸿朝女儿做了个手势，让她别打扰母亲。芝秀的老习惯，全家人都习以为常了。

天刚透亮，沙娜就醒了。她听见了东屋里的响动，知道父母都已起身了。因为要早早去敦煌赶那班去兰州的车，不能不起大早。因为有母亲的那只装行李的大箱子，骑马不便，他们要坐马车去。窦叔叔昨晚就把马车准备好了。

沙娜本来也很想跟着起身去送母亲。昨晚，父亲曾再次问过母亲："我看还是让沙娜陪你去兰州吧，啊?!"

母亲却摇摇头，执意不肯："不用不用，就让沙娜在家看着嘉陵吧！沙娜，明天你也不用早起，等嘉陵醒来，你给他穿衣裳，热好饭，你要好好管住弟弟呵!"

她虽然按着妈妈的吩咐没有起床，但等听到进了院子的窦叔叔说可以走了时，她还是忍不住趴在了窗台上。

小西屋的窗户糊着皮纸，灰蒙蒙的，连院子里一点影影绰绰的物像也看不清，沙娜跪在小炕上，将窗纸上那块小小的破洞舔得更大一些……

熹微的晨光中，她看见父亲提着母亲的那只箱子走在了头里，母亲手里只夹了个小小的布包，大概是清晨的风有点大，风将母亲的头巾和那件灰绿色的大衣下摆都吹得飘扬起来，母亲将头巾的尾角塞进衣领，怕冷似的缩起了脖子，匆匆地出了院门……

常书鸿没有想到，他许久以来盼望的宁静心境，竟在芝秀走后出现了。

因为没有那种进门就看到的不欢脸色，没有那种一见就是吵吵闹闹的家庭氛围，他突然感觉到了某种轻松和解放。从现在起，他终于可以很从容地专心临摹他最为醉心的第254窟和第428窟的《萨埵那太子舍身饲虎图》了。

这半年多来，一直为所里的生计和重大事项奔走，他不能不暂时放下自己最醉心的临摹。但是，为了多出成果，作为所长的他，必须以身作则。这半年多，尽管百事冗集，他还是见缝插针地临摹了第156窟的《张议潮、宋国夫人出行图》。临这幅壁画当然也是大工程，工时十分漫长，临完以后，他觉得自己累得简直像脱了一层皮。但这幅画只是费时，比之这两个窟的《萨埵那太子舍身饲虎图》，那意义又不可同日而语了。

舍身饲虎的萨埵那王子，其形象的深刻寓意，是所有这些壁画中独具一格的。萨埵那王子故事的惊心动魄，不单是他的"饲虎"，而是从中体现的彻底牺牲的精神。这种常人难及的境界，这种彻底无我的精神升华，其意义就不仅限于佛门，萨埵那是一切为艺术献身者的楷模和象征。每每来到254窟和428窟，他就不由得心神陶醉，灵魂则像受洗似的颤栗不已。从第一次见到这两幅壁画起，他就有了打算：要临这幅画，须在自己心地宁静、无人干扰的状态下进行。他想抓紧临好这幅每每使他感动莫名的壁画，这将是他的又一次精神洗礼和人生境界的升华。别的不说，起码等芝秀病好回来，他将以这一惊人的成果，给她带来无限震动和巨大的惊喜。

从清早一鼓作气画到这会儿，眼睛已经十分酸痛了。他没有戴表，在临摹时，戴不戴表对他来说都是一样的。虽然不知确切时间，但根据投进洞内光影的渐渐西斜和缩小，他明白太阳已经偏西，时候大概不早了。

他蹲坐在窟内的地上，垂下头，闭目养神。

"常老师，你累了吧？该休息了，我们一同回去，好吗？"有人轻声在他耳边说。

他睁眼一看，是董希文。"哎，希文，没有关系。我想稍稍定定神后再画一会，我画得太慢了。"他有点不好意思地笑笑。在董希文面前，他常常觉得自己的精力和速度都相形见绌，已经跟不上自己的学生了。

"不，常老师，才几天呀，你都画了这么多！哎，快歇歇吧，你看，都快5点了！"希文指指腕上的表给他看。"走，我陪你一块回去……"董希文执意地说，动手搀起他来。

常书鸿只得顺从了学生，刚一站起，立刻觉得两眼一黑，他知道这是自己屈腿蹲坐太久了的缘故。他定了定神，没有声张。师生俩一前一后走出洞口。

常书鸿这才觉得时候真不早了，而且骤然发觉：今天的夕阳有点特别，仿佛悲壮地喷洒了最后一腔热血，整座三危山都像血染似的一派猩红！

"啊，希文，你看，真美！"常书鸿陶醉似的眯起眼睛。"你师母说了不知多少次，想塑一座在晚霞夕照中的飞天，可她说归说，行动却老是拖拖拉拉的。你看，如果就以现在这景象作背景，多好！嗨，我真恨不得现在就将她叫回来，实地捕捉一下，感受一下！唉，皇帝不急太监急，有什么用？她一走，就跟放羊了似的，这么些天，连信也不来一封……"

"嗬，是吗，是吗。"董希文心不在焉地答，他迟疑地停住了脚步。"老师，师母走了有几天了？三天还是四天？"

"让我算算……三天，哎，应该是四天了！你不知道，我送她在敦煌临上车前，同她说得好好的，叫她隔一天起码来一封信，或者拍个电报，省得我和孩子们记挂，她也一个劲地点头，可是谁晓得她讲过了又不算数……"

"老师，你，你是不是……嗯，老师，你不用，哎，干等是很烦人的，你，你还是……"

"怎么？希文，你怎么啦？为什么说话这样吞吞吐吐的？"

"老师，我……嗯，老师，你如果不，不生气，我就同、同你直说，你不要再等师母，她，她一走，就可能不会来信了。"

"什么？什么意思？希文，快告诉我！"常书鸿停住了脚步，盯住董希文。

董希文像是受不住他的逼视，想了想，终于从口袋里掏出一沓信来。

"老师，这些信，是我从徐喇嘛那里截来的，是师母她，她写的……"

"她写的？写给谁？希文，你快给我！"

"不，老师，你要先答应我：你不生气，我就给你！"董希文把手缩回去，话语却说得斩钉截铁。

常书鸿隐约猜到什么了，心里立时像堵上了一块石头。他咬咬牙，闭着眼，点点头。

董希文这才将一沓信递给了常书鸿，一边为难地喃喃着："老师，你，你可莫要、莫要生气啊！"

常书鸿一把将信夺了过来。

那些信封封皮都是一色的，有些发暗，左上角，有隐隐约约的山水画，信封上清楚地写着：面呈赵忠清亲启。

常书鸿的心，颤栗而狂跳起来。

信内，陈芝秀那秀丽而潦草的钢笔字，像黑色的钉齿，一下扎在了他的心尖！

忠清，亲爱的！

　　我像个濒死的人在呼叫你，你听见了没有？你快点来救我出去吧！你知不知道我这三天过的是什么日子？我简直是个垂死的人，就等着你来，你要是个男子汉，就不能坐视不救，你要是无动于衷，我就死路一条！我们已经到这一步田地了，再没有退路了，趁着他还没有完全觉察，我们目前最好的出路就是逃出去！你要记得自己的诺言，你不能改变我们以前商量的计划，你不是老早就对我说过你要带我出去的吗？这次我和他闹到这个结局，都是因为你，为了你，我才有这样的勇气，你也应该为我争口气。无论怎么样，你不能忘了我！……忠清，做人要讲良心，男子汉大丈夫要把良心放在中间行事，你不能放弃以前的计划。亲爱的，你若不带我离开此地，我陈芝秀就是死路一条！我做了鬼也不会放过你的……

夕阳失色，天旋地转！常书鸿的两手像风中的两片落叶，颤抖不已，他简直无法看下去了，撕心裂肺的痛苦，使他无可抑制地发出一声野兽般的绝望嚎叫！

董希文吓了一跳！他有点后悔，也许，他不应该将这些信交给老师。可是，事情到了这个地步，他怎能不交？怎能让他亲爱的老师继续蒙在鼓里？他实在没有办法，刚才，还有一个细节他没敢告诉老师——这些信，是他见徐喇嘛行动诡秘才有所惊觉，是他花了钱又加上一番义正辞严的话，才从徐喇嘛的手里买下来的！刚才，若不是老师这样口口声声念叨师母，他也不会……董希文害怕地抬眼望望老师，再次吓了一跳，一颗心便剧烈地颤抖起来。

他从来没有看到过：一个男人在承受巨大痛苦时，一双眼睛竟然在霎时间会坍成两个深深的黑洞！

弃我去者不可追

夜幕像无边的黑幔罩住了沙漠。无边无际的荒野中，一匹马和它的骑者，在夜幕中，像浓缩了的感叹号，又像一支怒发的箭，呼啸着疾奔而来，又向无穷尽的荒原急驰而去，迅速融入前面更远的黑暗之中。

那是常书鸿和他的枣红马。

最初的震惊、愤怒过去以后，最初的悲怆欲绝之感消失之后，他只剩下了一个念头，一个目的：快，快，他要追上她，追上陈芝秀，他要制止这桩罪恶，他不能让那个混蛋、流氓的阴谋得逞，他一定要追上她！

从董希文给他这些信起到这会儿，是多长时间了？不知道，也许只有个把小时，也许好几个钟头，他已经没有了时间概念。在他的感觉中，时间已经是死水一潭，不复存在，只剩下一个感觉：现在，陈芝秀还是他的妻子，还是孩子们的母亲，还属于他和他的孩子们，还属于这个家。现在，他要将这个发昏的女人追回来，追回来再慢慢开导她，他不能教她这样稀里糊涂地就上了一个突然出现的流氓的当，他要让她认清这个坏蛋的真面目，芝秀啊芝秀，你真好糊涂啊！

刚才，他一口气奔回家，将这些可怕的、可耻的信塞到家中仅有的那只有钥匙的抽屉里，一把锁上！是的，他不能教沙娜看到这些信，他不能让这些充满邪恶的语言，玷污了女儿纯洁而美丽的眼睛。但是，他又不能和女儿不告而别，他应该让女儿知道他要去做什么并要立即起身，于是，他到家的第二分钟所做的事便是：叫来正炒好一碗酸菜并准备擀面条的沙娜，他想用最简洁的话说明情况，可是，在最初的几秒钟，他的嗓子却突然失音似的哑了！

一腔就要迸发的热泪窒息了他的鼻腔和喉咙，他剧烈地干咳了好几声，才哑着嗓子说："沙娜，现在，家里出了点事，你妈走了，你要管好你弟弟，我现在出门去，把你妈找回来！"他顿了一下，又说："好孩子，你可要千万管好你弟弟啊！"

说完，他从马厩里牵出了枣红马，并且立即跃上了马背。

沙娜愣了一下，湿着两只沾着面粉的手追出了大门外，声音抖抖地说了句："爸爸，你，你总得吃了饭再走哇！"

常书鸿心里一热又一酸，他不敢回头看女儿，从沙娜的声音他听出来：女儿在流泪！

"爸爸，你等一等！"沙娜说着，旋风似的跑回家里，往马背上扔上来一个小口袋，那是他平时常带的干粮袋，他一把接住，立即策马而去。

马儿一跑出莫高窟，常书鸿就再也止不住两眶热泪，可是，这眼泪刚一淌在脸上，随即就被他心里的急火，被这一路风尘干化了。

跨上马背起初，他自以为已经算准了陈芝秀的行程：她没有走远，她没法走远。

不是吗，就凭那辆从敦煌开出的比老牛破车强不了多少的长途汽车，那是极慢极慢的，这种车开开停停，一天走不了一百千米，到兰州差不多要一二十天。可是据她在信里与那个骗子赵忠清的盘算，她会放弃原先为她安排的从敦煌径去兰州的路线，而改从安西走。在短途内，马比车快。陈芝秀身体差，肯定要走走歇歇，肯定要宿夜的，她一个人单枪匹马，能到哪里？现在，他只要马不停蹄地赶到安西，就一定能赶上她！

谢天谢地，幸亏，他学会了骑马，幸亏他有这匹枣红马，第一次牵上马缰绳的那时节，他真没想到这马现在会用来派这用场！天，他是多么粗心而又轻信哪！这个无耻的流氓赵忠清，他不是发现了他的鬼祟和图谋不轨吗？他不是明明撞见了他的可疑形迹吗？可是，撞见了狼，自己还一味做"东郭"！为了不使芝秀难堪，为了维系自己的自尊，常书鸿呵常书鸿，你竟不惜自欺欺人！

常书鸿呵常书鸿，你是多么愚昧可笑！就在十来天前，当你和她一道赴田家的婚礼，两人共骑这匹马来回时，你还误以为她已回心转意而乐得心花怒放，你还为自己过于粗心而自责不已，你在心里对她说着一千个对不起。常书鸿呵常书鸿，是生活给你开了一个大玩笑吧？你设想过在这里工作和生活的千道难题，但你万万没想过陈芝秀会与人私奔，会和这么一个下三滥的流氓私奔！

常书鸿呵常书鸿，你和陈芝秀出了这么大的问题，她竟然要与你分道扬镳，到底是谁变了？罪在谁？现在，你们种下的苦果，为什么全要让你来尝？

不不，现在，还没到覆水难收这一步，只要能追上她，找到她，就还有挽回的可能。反正那个流氓早已走开，她给他的信也没有落到他手里。反正她还在路上，是的，她还在迷途上，只要追得上，只要找得到，就一定能把她带回来！

月亮又从灰黑的云层中钻了出来，清冷的戈壁滩像死去似的沉寂。无边的荒野中，现在唯有枣红马的马蹄声和他的喘息声。

是讥嘲他的无能吧？现在，那几颗星星终于出来了，闪闪烁烁地眨着眼睛。哦，怎么？莫非连天上的星也窥见了他的家庭悲剧而幸灾乐祸？那么，明天、后天，全研究所，还有他的朋友们，是不是都会知道他们家发生的这桩丑事，这桩不幸？他常书鸿以后将如何为人？啊，常言说"古道人心"，他常书鸿现在走的就是古道，是真正的亘古洪荒人迹罕有的古道，可是，他为什么就不能收获人心？啊，别说是别人的心，连妻子的心都没有收好、安顿好。常书鸿呵常书鸿，你四十刚出头，人生却落得如此惨败，你是怎么了？你还有没有过去的辉煌？你还是不是过去的那个常书鸿？这到底是真的还是一场梦啊！

现在，什么都不要想，什么都无需想，你的目的就一个：

快，快，快快把她追回来！

忽然，胃里一阵痉挛，一阵剧疼使他忍不住呻唤了一声。一路疾奔几个小时，太累了，他大汗淋淋，饥肠辘辘，可是再饿再累，他不能停，不能停，也不能慢，一慢一停，追上她的可能性就失去一分，他常书鸿今天哪怕饿得半死累得半死，只要剩一口气，他也要将自己的老婆陈芝秀追回来！

哦，沙娜，好女儿，真后悔没听你的话，是应该吃一口东西再上路的，磨刀还不误砍柴工呢，人是铁，饭是钢，爸爸不是不知道饿，而是心火盛得再也装不进任何东西。沙娜，那会儿，哪怕你端着亲手做的面条，爸爸也一口都咽不下！

快，快，只要保持这速度，就能在明天早上赶到安西，只要赶到安西，就好办了！

这是到哪里了？这几座大沙包，应当认得的，不是吗，这是"强盗坡"，是盗贼出没之处。关于盗贼在这儿谋杀丝绸之路上的客商的故事，人说得多了，你也听得多了，那些有鼻子有眼的真实故事，有的还真叫人毛骨悚然。

一股寒气顿时从周围袭来，浑身透汗的常书鸿禁不住打了个冷战。

怎么啦？难道你真怕了？常书鸿，到敦煌两年多，你不是无数次深更半夜行走在荒漠中吗？你不是不止一次地遭遇过狼群的出没野兽的嗥叫吗？你去远途考察不是曾连人带车翻落河中而一身浸透雪水不说还差点丢了小命吗？这一切一切的遭遇，你何曾胆怯过？你现在一无所有，你连最后的一点至爱，都快失去了，你所惧何来？

什么也别想，什么也别想，常书鸿，今夜，你一路绝尘，只有一个字：快，快……

天亮了，还是这无休止的大戈壁！太阳升高了，还是这大荒漠！

常书鸿已经浑身乏力，一身汗透的衣裳湿了又干，干了又湿。一夜奔驰，连枣红马也乏了，它的蹄子不由渐渐缓慢下来，一听它那气咻咻的鼻息，常书鸿心里很是不忍。

马呵马，只好委屈你了，哦，你熬住点，咱们就是累死也要熬到安西。我的好马儿呵，安西快到了，到安西，我一定让你歇一歇，让你吃最好的草料，我的好红马！

安西总算到了！不，现在还不能歇，必须先到车站和所有的旅馆去找，哪怕是最低档的打尖小店，也要一个不落地找！

他先是在车站找了个来回，一无所获。他逢店就进，见人就打听，仍是没有半点信息。绝望使他的疲乏越发加深，但他仍然无心他顾，还是一家家客栈询问打听，挨个地问。

他真想在那些哪怕脏得一塌糊涂的床铺上躺下来！他的脑袋发木，耳朵里一直嗡嗡作响，两眼直冒金星……不行，他不能停歇，他要争取时间，他必须问遍安西所有的店和所有的人……奇怪的是，陈芝秀真的像插翅飞走似的，竟然毫无踪影。

就在他觉得陈芝秀几乎已经消失，他也非常绝望于这种寻找的时候，在一个他以前来过的小店，碰上了一个他曾经雇用过的大车店的伙计。

那伙计刚从外边回来，见他这么着急的样子，想了想，拍着脑袋说：

"哎，先生，有，是有这么一回事，前几天，有个长了几颗麻子的男人来找我的一个朋友，朋友会开车。那麻子说是有急事要雇他开到玉门方向去。当时他还以为只是麻子男人一个人，说定后上车时，这麻子带来一个女人，坐在司机旁边……他们是两个人！"

"两个人？"常书鸿惊问了一句，喃喃地重复着："两个人？"

"是的，那女人涂粉搽胭脂，很漂亮的，很漂亮的一个婆娘。路上风沙太大，那女的蒙着一条大头巾还戴了顶帽子，两人说的都是一口南蛮子话……

常书鸿一听就跳起来了。原来她去了玉门！那是完全不同的方向，她跟着赵忠清去了玉门！

现在，已经刻不容缓了，得赶快往玉门方向去追！难以言诉的失望和疲惫再次猛烈地袭来，常书鸿强打精神，向这店家要了水，喂了马，又打开沙娜给他扔到马背上的小干粮袋。他打开一看，是两块玉米饼子。他掰下一小块，勉强咬了一口，却再也咽不下，只觉得嘴唇火辣辣的疼，用手一摸，唇角起了一串大火泡！

虽然胸腔里像被掏空了似的有一股强烈的痛，常书鸿却再也咽不下第二口饼子，他牵出了马，又跃上了马背。

·

怒气化为火焰，在他空空的胸腔中燃烧着，他觉得胸腔里在冒烟……

这两年为走访附近的佛窟遗址，他走了不少地方，可是玉门还从未去过，但是他知道那是个比敦煌更不如的荒凉地方。狗东西赵忠清，他竟然将芝秀骗到这个比敦煌还要荒凉的地方去!!既然有了确切的方向，他就不怕找不到她!

天色很快又暗下来了。常书鸿匍匐在马背上，往玉门方向急驰而去，心情也像这天色一样，越来越暗重了。

愤怒就似盘旋不熄的火焰，烧灼着他的嗓子、他的五脏六腑。昨天他在出门追赶时，虽然也着急，也气愤，但着急多于气愤，心情还比较单一。原来，他只以为陈芝秀一人出逃，他只要追上她，事情就好解决。现在，事实证明是两人有预谋的私奔。看来，陈芝秀的"病"，三分是真，七分是假，她跟他一块去敦煌县城参加婚礼，也只是缓兵之计，只是为了将他瞒得更严实。看来，这桩罪恶的阴谋，酝酿已久，只有他蒙在鼓里。

这个混蛋赵忠清，真将他欺侮够了!

常言道，君子可杀不可辱，这个流氓赵忠清，竟然这样卑鄙地侮辱了他!不共戴天的是杀父之仇、夺妻之恨，如果眼前一头撞上这个赵忠清，他一定会抢起手中的什么武器，劈了他!

常书鸿呵常书鸿!好一个君子!你说什么武器来着?常书鸿在心里讥讽着自己。

武器?啊，瞧瞧，瞧瞧你，你都带了什么?除了女儿给你扔来的这只干粮袋，你什么也没有!那怎么办?如果真碰上这个无赖了怎么办？拼死决斗？赤手空拳斗殴一场？你都没有优势！常书鸿，你知道不？在丑恶面前，百无一用是书生呵！

那么，难道眼睁睁地就此罢休？不，绝不！不管陈芝秀怎样糊涂，她毕竟没有经历过这般生活，也许，一到这种地界，她就后悔了。一到这满目荒凉的地界，她一定后悔莫及，悲号连天了。也许，这个后悔不已的糊涂人儿，正哭天不应叫地无门等着人去救她呢！

陈芝秀，你等着，等着，为了你，不，为了我们的孩子，我常书鸿今天就是渴死累死在戈壁滩上，也要把你追回来！

月亮又升起来了，往事又如潮水一般涌入脑海。

记忆中，和陈芝秀一起生活的日子，有几次是花前月下共度的呢？怎么搞的？他越是努力搜寻记忆，记忆就越是与他找别扭。不是吗，他和她已经共同生活整整20年了，也曾有过各种各样欢乐的日子，可是，他们好像没有一次共同赏过月！

好像有人说过，夫妻之间若无赏月之约，就无恩爱之情。那么，陈芝秀，看来，我们是有所缺失的，啊，为什么我以前竟丝毫没能想过这一点呢？

我是太粗疏了。陈芝秀，从前，就算我亏欠了你，如果你能迷途知返，回心转意，我常书鸿将会以今后的百般体贴和恩爱偿还于你！

哦，敦煌的月亮这么美，这么大！在这里看天，天好像也格外低了，这又大又圆的月亮，好像只要轻轻一跳，就可以伸手够着！月亮以她无与伦比的清光，以她无出其右的妩媚，尽情在此挥洒！可惜，可惜在这茫茫大戈壁，谁是欣赏者呢？

怎么没有？莫高窟的塑工，莫高窟的画工！他们一个个都是心灵无比通透的大自然的欣赏者啊，他们所塑所画的那些佛像、菩萨、飞天，那许许多多的"佛本生"故事中，不是都有以太阳、月亮为陪衬的图景吗？前不久去过的榆林窟，第3窟中，西壁门南侧、北侧的两座巨幅的华美之极的水月观音像，在似海的云水汪荡中，在峻山翠竹的陪衬下，那水月观音所背依的，就是一轮巨大无比皎洁如水的月亮啊！

月亮，你的皎洁圆满，大概就是为了衬托我的狼狈、我的破碎吧？无怪离人曾经呼喊：伤心不看团圆月！无怪愁人曾经咏叹：恨中天月，偏生得圆！月亮，月亮，看来今夜你对于我，也是不怀好意的，你知我身遭大辱，知我心忧如焚，你却生生照出满天的亮丽、满天的媚！

啊，你这可笑的常书鸿，你是怎么啦？人说恨法海恨及袈裟，你怨天尤人竟怨起这月亮来了！你是否因为愤怒而癫狂？你是不是因伤心而变态？是的，是的，陈芝秀，陈芝秀，你知道吗？我的癫狂变态都是因为你。陈芝秀，陈芝秀，你真是吃了猪油蒙了心；陈芝秀，陈芝秀，你走得太不值、太无耻了！你就是要离开我，也得看看你跟的是谁！

常书鸿昏昏沉沉地伏在马背上，紧一阵又慢一阵地一路狂奔，东一头又西一头地胡思乱想。过度的疲劳、焦虑和愤慨，使他的思维越来越处于昏沌状态。尽管在马镫旁的夹袋中，就放着他常带的罗盘，但渐渐地，他已经忘却了这件物事，好像也失去了识别道路的感觉，只是凭着一个近乎疯狂的意念，机械地狂奔，向着他应该追赶的玉门。

天，仍然被这轮圆月照耀得如同白昼，地，仍然是灰褐的毫无生气的戈壁……

前方茫茫，戈壁荒荒，疲劳而又忠顺的枣红马，在主人一个劲地紧勒缰绳下，不时哀怨地低声嘶鸣。突然，常书鸿的眼前，出现了他所期望的景象：在天际一角，在云天灰茫中，一群荷枪执戈的武士，簇拥着两个踉踉跄跄的人来到他跟前，在一声威武的断喝下，那两人一到他跟前就"扑"地跪倒了！

这时，他才看清，这班威武的武士，那长相装束，哦，原来都是莫高窟中的天王！

这时，他也才同时看清，那跪倒在地的，是一男一女两个人！

那男的，他还未看清脸面，就被武士一顿乱棒打翻在地！那个女人，却一直战战兢兢愧于抬脸。他走上前来，扳起她的肩膀一看：果然是陈芝秀！"陈芝秀！你，你太糊涂了！"

常书鸿发狠地一声大喊，却发现自己再次失了声，一句也喊不出来，就像在家中出发前一样。于是，他拼出全身的力气，一咬牙，却觉得全身像虚脱了似的，浑身的血都涌到了头顶，他用力一蹬脚，却两眼一黑，立时从马上摔了下来！

摔到地上的常书鸿，顿时失去了知觉！

常书鸿终于醒过来了。他慢慢睁开了眼睛，却不知道他所在何方。

在他眼前，是一方灰蒙蒙的布幔，他闭了闭眼睛，慢慢地扭转头，终于辨别出来，这好像是一顶帐篷的布幔。

"哎，好了，孙先生，谢天谢地，他醒了！"他听见一个惊喜的声音。

哦，孙先生？孙先生是谁？他又费力地睁开了眼睛。

在他面前，是一张还是两张脸？哦，是两张，两张素昧平生的脸。

"哦，先生，好了，你总算醒过来了！"一张戴一副眼镜的脸朝他俯下来，又伸手试试他的额头，咕哝着，然后又欣慰地叹息一声："烧还没退，不过，看来没有生命危险了。"说着，这人又对另一个人说："傅师傅，麻烦你再给换盆水来吧！他还有点烧，我给他再换条毛巾敷敷！"

常书鸿声似游丝吃力地问："这，这是什么地方？"

"这里离赤金很近……"

赤金？啊，他不是要往玉门去吗？怎么会跑到赤金来了？

"请问，你，你们是谁？"

"我？我是个大老粗，是个钻探工。"那人嘻嘻地笑了："我是说我，我们孙先生可不是，人家是有学问的，就像你，先生你是……"

"我，我姓常，是敦煌研究所的……"常书鸿吃力地说，他的头重得厉害，在此之前的所有情景都在他眼前走马灯似的游动，他的头疼得太厉害了，他有气无力地半闭上眼睛。

"敦煌的？这么远！先生你怎么敢一个人在这荒郊野地跑？你可真够大胆的！"那个自喻为老粗的人瞪圆了眼睛，又笑嘻嘻地指指刚才给他敷毛巾的那个戴眼镜的人。"也算你命大，要不是我们孙先生下车去找他的那把宝贝槌子，远远看见了你，这地方可是三十里五十里都看不见一个人影的……"

"傅师傅，先别跟他说这么多，来，端过水，我们再给他吃药，让他再好好休息一会吧！"

常书鸿只觉得头疼得厉害，刚才的对话，他像听明白了一些，又像什么也不明白，他吃力地闭上眼睛，又昏睡过去了。

常书鸿再度睁开眼睛时，又是一天一夜以后。他终于明白了：救他的这两个人，一个是孙建初先生，资源委员会中央地质局的地质学家，另外那个老钻探工人，叫傅吉祥。四天前，孙先生和傅吉祥，从赤金运送一车钻探器材到老君庙去，发现了昏倒在戈壁滩上的他。

当时的他，已经气息奄奄，是孙建初先生当机立断，让司机先把器材撂下，将他送回到赤金，经过急救和三天三夜的护理，他才脱离了危险。

这三天三夜的情景，像一个混沌的梦境，常书鸿毫无知觉。现在，当他终于能够清醒地面对这两位救命恩人时，就像突然邂逅故乡的亲人，虽然身心仍然极度虚弱，但是，涕泪交加的他，已经能够表达自己难言和无尽的感激了。

油灯下，常书鸿很想向这位已经视为知己的孙建初，将自己的人生遭遇和盘托出，但是，到现在还无法得知陈芝秀的真正下落，也许更多的是碍于自己的脸面，他隐去了她和那样一个人私奔的真实，只说了自己的妻子不服于这儿的水土和生活的苦寂，一时冲动不告而别。说到最后，他话语的沉重、诘屈和凄凉意味，却留给孙建初更多的揣测。

孙建初默默而又温和地点着头，为了不触痛他的心事，他小心翼翼地避开了他的隐痛。对他在敦煌、在莫高窟搞研究，孙建初却表现了极大的兴趣，也极愿与他倾心交谈。特别在得知他是为了敦煌而牺牲了自己的许多安乐的那样一位有名的画家时，孙建初一点也不掩饰那种非同道却又惺惺相惜的感慨。

常书鸿听在心头，温情与感激的潮水像春汛在他心头漫涨。

也戴着一副眼镜的孙建初，因为情绪激动，不时摘下眼镜，擦着湿润的眼睛，一边擦，一边向他叙说着自己的经历。

说来也巧，救了常书鸿的地质学家和钻探工都是河南人。不过，孙建初却毕业于山西大学采矿系。和常书鸿一样，从小品学兼优的他，也怀有远大的理想。他的理想就是要打破洋人对我们"贫矿国"的蔑视，他立誓要在自己的祖国找出各种各样的矿产，从而成为一个权威的矿产专家。门门功课稳拿一百分的他，毕业后顺理成章地分配到了中央地质调查所任职。他为大冶矿区找过矿源，制成了很精密的两万分之一的矿区地图；他夜以继日工作，为每一处矿苗的发现而呕心沥血。可是，也和常书鸿曾经遭遇过的一样，日寇的铁蹄粉碎了他的好梦，这座大有希望的矿山和祖国的半壁河山都被践踏而沦陷。后来，被疏散到重庆北碚的他，接受了资源委员会的委任——上司派他来大西北寻找石油。

几乎和常书鸿的遭遇极为相似，在重庆，孙建初遭遇过意想不到的冷落；到西北勘测时，他和他的助手受到过土匪的袭击；他还目睹了几个优秀青年地质学家的死亡。这期间，他所经历的打击和挫折简直数不胜数。最令孙建初不平的是：政府对他只是"委以重任"，可"重任"下什么条件都没有，却在他出发时就让他立了"军令状"：三个月后找出石油来！

孙建初是坦荡而安详的，他一点也不暴躁，因为他有信心，凭着自己对这块土地的信心，凭着他多年来科学考察所积累的知识，凭着他骨子里的韧劲，开始了艰苦卓绝的工作。他带着两个技术员、四个测量工和一个炊事员，在茫茫戈壁滩上开始了像负重的骆驼一样的日夜奔走。他们吃尽千辛万苦，盘回于河西走廊，两出嘉峪关，辗转于酒泉盆地，当他们又在玉门老君庙附近的山边支起帐篷安营扎寨以后，皇天不负苦心人，他们果然在干油泉发现了石油的苗头！

为此，他拍发电报要求上司发来钻机支援，若干时日后，器材终于到达。为此，他们这些天才频繁活动于这条绝少人迹的路上。

为此，他们才有机会发现昏迷在地的常书鸿。

"……看来，常先生，我们真是三生有缘！"孙建初感慨不已。温文尔雅的他，说话略有河南口音，但口气却是那样有条不紊，不慌不忙。"那天，我们本来是要沿另一条道走的，可是头天，我的一把锤子丢在滩上了，您知道的，锤子对于我的用途……嗯，这就绕了好大一圈回去找，这一找，就找上了你！没说的，真是缘分哪！"

孙建初那玳瑁边框的眼镜后，闪烁着由衷喜悦的眼神。

常书鸿默默地点着头，在孙建初那省略了许多细节的叙述中，他听出了他的细致入微的温情，听出了许多弦外之音。是的，难道这个比自己还略为年长的地质学家，就没有自己的快乐家庭吗？难道在孙建初的奉献中，就没有和他相似的牺牲吗？但他却很少讲，不愿讲，这是为什么？

常书鸿沉默了。他为过分替自己颜面考虑的心思而羞愧，这一想，心里更如打翻了五味罐，又像更多的心火在炙烤，他有点坐卧不安起来。若不是孙建初执意要他恢复得好一点才肯送他回去，他真想早早告辞。

门帘一掀，傅吉祥带进一个人来。

"张场长！"常书鸿两眼一亮。跟傅师傅进来的是农场场长张佳铭，是他不久前结识的浙江老乡。"你怎么知道我在这里？"他咽下了话，既是傅师傅带他来的，还用问吗？

张佳铭摇摇手，示意他躺下。大概在他眼里，常书鸿还是个刚刚脱离危险的重病人。但是，一见故乡人的喜悦使常书鸿精神倍增。他知道这位老乡常有机会在外边奔走，联络信息也多。他突然想起：等他们单独相处时，或许可以托他往兰州乃至更远的贵阳、重庆等地拍发电报，向一些他认为必须告诉的亲友，报告一下陈芝秀的行踪，最好是朋友们的及时规劝，能促使糊涂的陈芝秀迷途知返……

张佳铭点着头，他没说多少话，却使常书鸿觉得他好像已很了解他的情形，而对方那闪烁其词又不无忧虑的神情又使常书鸿猜到，他可能有话要说。

果然，趁着傅吉祥出门打开水，张佳铭便向他抖开了一张刚到的《兰州日报》，他面色不自然地指着四版报屁股的一小块豆腐干大小的《声明》，让常书鸿看。

常书鸿疑惑地接了过来，当他架起自己那已经摔得半破的眼镜，终于将这份报纸凑到鼻尖时，总算将这块"报屁股"看了个一清二楚。

正在这时，孙建初和傅吉祥也掀帘子进来了。令他们两位分外不解的是，被他们好不容易照拂好的敦煌艺术家常书鸿，像受了什么惊吓似的两眼圆睁脸色雪白，只见他那双拿报纸的双手像风中枯叶似的抖动不已，那张报纸又旋即被他摔在了床铺旁的小茶几上！也许动作过猛，这报纸恰恰又碰着了小茶几上的茶杯，"哐啷"一声，那茶杯摔得粉碎！

原来，使常书鸿霎时形神反常的，就是那块"报屁股"——上头，赫然刊登着陈芝秀与常书鸿脱离夫妻关系的"声明"！

举步维艰戈壁滩

车近敦煌的时候，常书鸿才想到自己的疏忽：他托张佳铭为他去发一纸"悬赏"通告，这种一字一计的报纸通告价钱不菲，如果在兰州包括附近的报纸都登载，那将需要一笔很高的费用。可是，他说是说，竟忘了交给张佳铭这笔钱，尽管张佳铭说过这事他一定帮他办好，尽管他也相信这位萍水相逢的老乡为人诚厚，决不会食言，但他还是为自己这种不该有的疏忽愧疚。现在，当他清醒想起这件事并伸手掏遍自己的口袋时，只有不到二百元和区区几张角票！

出门时，他忘了带钱，他是在那种仓皇的状态下出门的，他怎么会想到这一切？从董希文交给他那几封信开始，他的头脑就处在一片迷茫和混乱之中，从思维到记忆，一切都陷于混乱之中。

那个流氓，将他们这个美好的家，将他的一切都搅乱了，捣毁了！陈芝秀的那张"脱离夫妻关系"的声明，更将他的那颗希冀改善夫妻关系的心，彻底击碎了！

在赤金，当他最初的激愤情绪稍趋平静时，孙建初，张佳铭，甚至连拙于言辞的傅吉祥，都开始劝解他，轮流陪伴他。大家的挚诚和热情使常书鸿渐渐不安起来，特别是孙建初，和他一样，是个大忙人，常书鸿不能成为他的拖累。

于是，在与众人商量，并且作了要发"悬赏通缉"的决定以后，常书鸿回到了敦煌。

车近莫高窟的时候，常书鸿再次回想了他的那份"悬赏通缉"的措辞。措辞是他自己拟就的，字字血，声声泪，写完这篇三百字的声讨式檄文，他差点咬碎了自己的牙！

没有错，赵忠清的行为就是拐骗，现在，已确凿无疑地证实陈芝秀是受其引诱密约潜逃。赵忠清拐带在先，陈芝秀声明与他脱离关系在后，于理、于情、于法，他常书鸿通告悬赏缉拿拐带的人犯没有错！

莫高窟的第285窟和第296窟，都绘着"五百强盗成佛"的故事，曾经"断路劫人"的五百强盗，在受到惩罚并被佛施以佛法复明了眼睛以后，才能改恶从善，皈依佛法，入山修行，重新做人。因此，如赵忠清这样的无赖流氓，若不予以惩罚，天理不容！

在这款"悬赏通缉"的最后，他拟道："……如有知其下落，扭交当地治安，予以酬劳，每名五千元；通风报信，各赏洋三千元……"

他在极度愤慨之下，开出了"天价"。登报悬赏通缉当然不一定奏效，既然早有预谋，他们肯定每一步行动都是周密的。

那么，他能期望有人来报这个"案"吗？这一招显然只是虚张声势。但是，这是他能够发泄自己愤怒的唯一手段了，他不能不出这口恶气！

他再度想起了自己开出的这个"天价"——三千元、五千元，常书鸿，你现在就是把你的全部"家产"都抖搂变卖，也变不来这三千元和五千元！你还想做什么？

悲夫！常书鸿，你半生辉煌，到头来竟被这样一个流氓所欺，和你结发20年的妻子竟然会舍弃你和两个亲生孩子而去，这是噩梦还是现实？这是现实中的噩梦，这是噩梦一样的现实。常书鸿，你该怎么办？你真的该好好思考你的下一步了！

车近莫高窟的时候，常书鸿再次想起了他离开前还未完工的第254窟和第428窟的临摹：《萨埵那太子舍身饲虎图》。

是命运的偶合还是一种必然的象征？灾祸发生时他恰恰在这254窟，那天他正沉思默想，为萨埵那太子的悲怆和壮烈的命运萦回不已。萨埵那对饿虎的垂怜是一种纯粹的大爱之情，当然，从某一方面讲，他或许也可称作崇高的理想主义者，在舍身饲虎的一刻，他只是一种壮烈的牺牲和奉献，他并没有想到以后图报，至于以后的成佛和辉煌，那当然是"好有好报"的佛经故事的必然结局。千百年来，这个佛经故事之所以能那样感怀于人，就在于奉献者的完全无我和全心全意。

记得决定让你来敦煌之时吗？于右任先生反复说起这幅图，还说没有看这幅图等于没到莫高窟；为莫高窟工作的，更得要理解这幅图。

所以，常书鸿，你别无选择，萨埵那就是你命运的暗示，他为了几只饿虎尚能如此，那么，你为了挚爱的敦煌艺术，还有什么不能舍弃呢？莫高窟现在的命运，也和饿虎一样，危在旦夕，就是所有的人都弃她而去，你却不能！断断不能！

命运注定了你必须与她生死与共。

到家的时候，又是黄昏。从院子里他就望见了窗户中的一线线暗弱的灯光。

那幅褪色的蓝印花布窗帘，分外暗重地遮掩了室内，灯光幽弱地在这幅窗帘后摇曳着，显得分外凄寂。他的呼吸被突然涌上来的眼泪窒息了。他艰难地喘了一口气，悄然推开了门。

屋子里坐着好几个人！

他走进院子的脚步声没有引起大家的注意，见他立在门框旁，他们才一齐惊讶地站起来——董希文张琳英夫妇、李浴、龚祥礼、周绍淼乌密风夫妇，还有窦占彪等人。看来，他们都是来陪伴沙娜姐弟的，当然，他们也都在等着他的归来。

常书鸿一阵目眩，他站立不稳一般地扶住了门框。

第一个闻声回头的是沙娜。"爸爸！"沙娜扑在他怀里哽咽着，泪流满面。

"常所长！"大家也不约而同地惊呼。

嘉陵已在张琳英的怀里睡着了，可是，姐弟俩脸上的泪痕，都说明了这几天他们曾经有过怎样的等待。

常书鸿紧抱着沙娜，面对满屋的亲人，他只觉得千言万语无从诉说，他忍住满眼泪花，朝大家点点头，以一个古老的礼仪向大家抱了一下拳，轻声地说："多谢，多谢大家！"

朋友们劝慰了一番，先后离去了。夜深人静了，一直依偎在他怀里的沙娜哽咽着说："爸爸，妈妈早几天前就把她所有的衣物都拿出去了。我撞见了一次，不敢问……"

常书鸿点点头，他没有勇气也没有心情去察看他们曾共同存放衣物现在却空空如也的箱箧，只是下意识地望了一下壁角。那个地方曾经摆过陈芝秀亲手做的一个圣母玛利亚的小小雕塑，那是她每天饭前饭后祷告用的。现在，也没有了。

这雕塑是什么时候消失的？啊，对身外之物，对一切的一切，他是如此不经意……

"沙娜，你记着，从此以后，你们不用再叫她'妈妈'！"沉默良久的常书鸿，突然厉声说道，他的声音从来没有这样沙哑而严厉。

沙娜吓了一跳，眼光怯怯地望着他。

常书鸿掏出了一张纸片，那上面写着他的"悬赏缉拿"的草稿。

沙娜看着，两行眼泪无声地在脸上流淌。

常书鸿随即长叹了一声，半晌无语。少顷，才又说："沙娜，爸爸以前没有照顾好你们，你能原谅爸爸吗？"

晶莹的眼泪又在沙娜的眼眶里打转，她点点头。

"沙娜，爸爸还有一个苛刻的要求：我想叫你不再去酒泉上学了，弟弟这么小，你就留在家里帮我照顾他，同时，你也可以跟着我学画……你的文化课，我想，我，还有这儿的叔叔阿姨，都会教你的，你看可以吗?"

两行眼泪又沿着沙娜的脸颊流了下来，她又点点头。

"沙娜，好女儿!"常书鸿再也说不下去了，再次一把抱紧了从此相依为命的女儿。现在，他可以尽情地毫无顾忌地痛哭了。但是，即便他心痛如绞，他也不会号啕，他咬着牙，让刺心的痛苦和屈辱都化作一个父亲和男子汉的热泪，这热泪，像两行溪流似的在他脸上潸然而下……

第二天一早，常书鸿又进了第254窟。以前所未有的激情和速度临摹这幅《萨埵那太子舍身饲虎图》。

画着画着，他又不时到董希文负责临摹的第428窟去看看，作着比较。画着画着，他又有了前所未有的发现：莫高窟中，关于萨埵那本生的壁画不止254窟这一处，第428窟也有这个故事的完整壁画，从他布置任务后，第428窟的临摹，就由希文完成。现在，当他悉心将这两个窟的同样故事作着对照和比较时，就发觉其中的基本情节虽然一模一样，但是由于绘制的年代不同，出自不同的画工之手，在画面的处理和情节的运用取舍上，却大有区别。

第254窟的这一"本生"壁画，位于主室南壁，是北魏绘制的。故事分十个情节展开叙述：（一）萨埵那王子三兄弟入山，萨埵那看见山谷中的饿虎奄奄待毙；（二）萨埵那纵身跳到崖下；（三）萨埵那在饿虎旁躺下以身饲虎；（四）衰弱的饿虎吃不了萨埵那，萨埵那以利木刺身，准备滴血以饲；（五）萨埵那再次投身跳崖；（六）萨埵那再次饲虎；（七）饿虎舔血后唼萨埵那；（八）萨埵那的两个兄长遍找弟弟，找见了残骸；（九）众人抱尸痛哭；（十）建塔供奉萨埵那。

在这幅壁画中，构图的别致成为它最大的特点：在单幅的画内，它将不同时间和空间的许多情节交织编排在一起，形成主题鲜明而又有变化的整体结构。画面上以萨埵那跳崖的一个场面表现其投身跳崖的两个情节，又以萨埵那卧于虎前和饿虎围食的一个场面，表现其两次饲虎和饿虎唼食三个情节，这样的构图节省了有限的画面，不妨碍观者看懂故事的发展，而且更突出了萨埵那舍身的自我牺牲行为及其坚定的决心。在人物形象的描绘上，又极其注意美感，丝毫没有萨埵那被唼食后骸骨狼藉的场面，相反，被饿虎唼食的萨埵那和亲属抱尸痛哭时的萨埵那，其形体衣饰如故，面色如生，仿佛正在熟睡之中，这种画面的处理，冲淡了残忍、恐怖的气氛，着重歌颂萨埵那灵魂的崇高和平静。

第428窟的这一"本生"壁画，则是北周绘制的，位于主室东壁的门南。同一个故事被先后两个朝代的画工重复绘制，可见人们对这一故事的推重。这幅壁画共有11个场面，并以壁画的场地分上中下三段——

上段南起为：（一）辞别国王，（二）骑马出游，（三）林中射靶，（四）歇马谈心；中段北起为：（五）进入深山，（六）观议饿虎，（七）以身饲虎，（八）刺项出血，投崖饲虎；下段南起为：（九）两兄见遗骸悲恸，起塔埋葬，（十）驰马报信，（十一）报告国王。

在这幅画中，画工采用的是横卷连环画顺序式构图，情节发展呈"S"形的走向，画中的背景也比较丰富，以山峦、树木、屋宇表现人物活动的环境，又巧妙地将此作为故事情节的间隔，使画面段落分明又衔接自然，这样一来，不仅画面富有变化，也增强了壁画的生活真实感。如第九幅的画面中，发现弟弟萨埵那的残骸时，两兄的头发飞扬、呼天号地向遗骸猛扑过去的情状，就和戏剧舞台中表现人物极度惊惶和悲恸的夸张手法十分相似；还有，两兄骑马回宫报信时，两骑奔过山道，道旁树木皆随风倾倒，以这样寓情于景、情景交融的手法来表现人物的急迫心情，真可谓异常贴切而又生动至极。

虽然在画面表现上各有千秋，但这两个洞窟的共同特点是：细腻而又粗犷的画风与谨严的叙事手法相结合，这是最能起到夺人心魄的效果的，这也是千余年来这个故事始终震撼人心的原因之一。

越观察，就越能体会艺术的细微之处，越揣摩，就越有收获，艺术的区别就在于细微之中，艺术的收获就在于深入骨髓的体察之中。常书鸿一边揣摩，一边不时和董希文讨论这两幅壁画。越是在这样的时候，他越是觉得自己现在的发现和体察还是粗浅的，但他坚信将来会有后人作更深入的考察，从而有更多的惊世发现，他相信会有这样的后人！

常书鸿一边临摹，一边不时地沉入对临摹对象的感叹之中。

莫高窟，莫高窟，你的丰富和博大真是举世无双！他现在惊为绝顶之作的，还只是自己动手临摹过的这几个洞窟，而他的学生董希文、龚祥礼，还有那些认真工作的同事们、李浴、周绍淼，还有邵方、苏莹辉等，更是各有所获了。他兴奋地想，不久的将来，在莫高窟，不要说别的，单单就敦煌壁画的研究，就会产生一大批研究者，这门新兴的学科——敦煌学，就会有更多的后人。

常书鸿一边临摹，一边痴醉地自言自语。现在，他再次觉得，无论是临摹，还是研究，不能一味地要求速度。临摹，不仅仅是对画面的模仿，它还是临摹者对临摹对象完全的体察和独到的发现，只有具备这样的基础，那么，这临摹作品不但是成功的，也将会促进作者在绘画艺术上的飞升……

一天工作完毕，带着一身倦怠走向皇庆寺的家中，他的脚步再次沉重非常。

他疲乏不堪地想着家里灶灭火冷的情景。尽管那个女人在最后一段时间里，常常披头散发地动不动就吵吵闹闹，完全不是与他过日子的模样，但她毕竟陪伴了自己多年。就算她后来一点不管孩子的起居饮食，但她自己也要吃喝呀。往常，他进了屋子，炉子起码总是燃着的，炕也是热的，即便她总是嫌这嫌那，地上总是干净的，壶里总还有热水的。可现在……

常书鸿，你是怎么啦？别这么没出息，一切物质生活的方便都难抵消精神的伤害。难道，你还指望那种被欺骗的生活重新开始吗？打起精神来！从今后，你就是要既当爹又当妈，从头开始你的生活！

他一推开门，又一次惊呆了。

小屋的桌上，亮着那盏煤油灯，每天擦亮这煤油灯罩是沙娜的任务，现在，这只被她擦得晶明瓦亮的灯下，扣着一只大海碗。碗下，压了张纸条，是沙娜写的：

爸爸：

　　这碗疙瘩面是我做的，你尝尝，味道好不好？

　　张阿姨刚才过来给我们做饭，我不让，她又不肯走，于是，我就让她"看"着我做，以此证明我会做，我以后要学着做，要做得越来越好。

　　我带嘉陵上窦叔叔那儿去玩了，他说要给嘉陵扎一只风筝。

沙娜留

常书鸿端起了这只大海碗，狼吞虎咽地喝完了这面疙瘩汤。他觉得没有配菜没有任何作料的面疙瘩汤从来没有这么香过，吃到最后，他吃出了咸味，也许，碗里有他滴下的泪珠？

他洗了碗筷走进里屋，他日常用来兼作写字的小桌上，放着沙娜的两张小小的画：一张是《春天的消息》，是千佛洞前的白杨树；一张是临摹习作：《飞天》。

常书鸿呆住了。他没有想到，短短时间内，沙娜的画进步得这么快！这一阵，他很少有闲心指点女儿，可女儿却如此灵心敏慧，这张临摹的《飞天》，简直与正规美术学院毕业的学生的水平不相上下！而在这幅《春天的消息》中，他更看出了女儿那种善于发现和捕捉艺术信息的才华——在这幅小画里，她不是古板地照搬现有的图景，而是隐隐地透露出作为画者内心的欣喜和对春天的期待。看，这挺拔的白杨树干，这云雾似的纯洁的迷茫的绿色，这透露在嫩枝梢头的点点鹅黄，哦，多么可爱，她是把江南的春天与莫高窟的姗姗来迟的春天，有意无意地结合在一起了。

从落款的日期中看，这两幅画都是她在酒泉上学时画的，懂事的沙娜想到以这种形式最能慰藉父亲这颗受创的心。

常书鸿再次心头滚热，为有这样的女儿，即使以后再孤苦度日，也是值得的！

"常老师，快看，快看这！"董希文兴高采烈地拿给他一张报纸。

那是一张重庆的报纸，赫然登着张民权将一批莫高窟临摹的作品在重庆展出的消息。

除了这个小型展览的消息，还配发了一篇专栏文章，文章作者是化名的。他介绍了自北魏以来各朝各代不断发展创造敦煌艺术的辉煌成果，文章调子昂扬，文采斐然，极具煽动性和号召力。常书鸿喜笑颜开，再没有比这个消息更教他开怀的了。

"老师，我听好几个人都说张民权是共产党的人，真的吗？"

常书鸿不置可否地"嗯嗯"两声，避开了正面回答这个问题。其实，张民权离开敦煌时，缘由是他要请假回到重庆去将妻子接出来，可是，为什么去了后就没有回来，常书鸿也觉得其中有他所难以了解的真情。"他要真是共产党，为什么还能在重庆办展览，还在这样的报纸上发表文章呢？"董希文自言自语。

"管他是共产党还是国民党，只要宣传敦煌，就是我们的人！就是我们的支持者！"常书鸿两眼闪闪地说，"希文，患难见真情。现在，我们这么困难，如果像张先生这样的朋友多一些，我们的日子就好过得多啊！"

常书鸿又突然想起了什么，问道："希文，琳英现在奶水够不够呢？"

董希文不好意思地点点头。"马马虎虎对付，不够了她就给孩子喂点糊糊，好在沙贝也半岁多了，能吃别的东西了……"

常书鸿拍着自己的脑袋："你瞧我这人，老忘！嗯，沙娜喂的羊，现在每天都能挤两茶缸奶，沙贝能喝羊奶吧？我让沙娜给她送。"

"老师，沙娜早就这样做了。记得那头奶牛刚能下奶时，沙娜就惦记着每天给我们送的。倒是嘉陵很瘦，你还是让他多喝点。"

常书鸿想起来，不好意思地说："快别提那牛奶了，这'事故'差点害了孩子的小命。"

董希文说："那是想都想不到的事故，又不是哪个人的过错，是奶牛渴急了啊！"

书鸿和希文说的"牛奶事故"，自有出处，那真是想也想不到编也编不出来的只有莫高窟才会有的"故事"哪！

还是去年初夏，书鸿偶然以便宜的价钱从牧民手里买了一头奶牛，他高兴坏了。这一下，小孩子和急病的人能喝一点牛奶了。终于，牛下奶了，希文的小沙贝和嘉陵自然都是最早得享这牛奶的成员之一。谁知没过多久，它下的奶忽然有了极浓的汽油味，直到沙贝和嘉陵肚子直泻后才明白这个"祸根"——大概是饲养员的疏忽，忘了给奶牛喝水，牛渴疯了，竟将它身旁的半桶洗车油喝进去了。此后不久，那不再下奶的奶牛也成了伙房的"菜牛"——进了大家的肚子。

常书鸿一想起这些事来总觉得愧对于人，便说："唉，希文，我真是个粗心人哪，你说，我老早怎么就没有想起我们自己可以养牛养羊养鸡什么的？必要时就可应不时之需嘛，你说是不是？我这人呀就是在生活上太粗心，不知道关心人，所以……"

他突然止住话头，呆住了。

只有董希文才明白老师话里未能言尽的痛苦。

又一个夏天来临了。老喇嘛和附近的牧民说过，敦煌是极少打雷的。可这天夜里，突起的风雨夹着滚滚雷声竟然在莫高窟上空，威风地肆虐了半夜。

风雨交加之时，九层楼顶阁四周的铁马，越发丁丁零零地响作一片。

常书鸿担了一夜心。清晨，他先到下寺去找老喇嘛易昌恕。说起夜来的风雨，老喇嘛也是脸色严峻，一边不住地喃喃着菩萨保佑，一边说着"常先生你多操心"，也跟着出来四处巡视。

常书鸿到各处看了一遭，还好，没见什么明显的大损失。看来，他们这两年来对莫高窟的维护措施和保护手段尽管有限，总还是有效的。他正要松一口气，外面送进来一封信，是教育部来的。

一拆信，他顿觉昨夜的风雨雷电，这会儿一下子都倾在了头顶——

教育部下令撤销敦煌研究所！信里说让全体人员待命，而莫高窟将交给敦煌县政府。

拿着教育部的这封公文，常书鸿像木桩一样戳在了椅子上。一时间，他只觉得九层楼已经整个儿向他坍塌下来！

中午，研究所伙房做的疙瘩饭，剩下了大半锅……

撤销？待命？是谁发的这个昏？他们想过没有，这句话、这个词就要置敦煌、置莫高窟于死地！待命？怎么待命？是待命还是待毙？不，他不能这样毫无责任感地待下去，他要抗争，他要申诉！

深夜，常书鸿挥笔疾书，写信给于右任，向这位他一向信任和尊敬的长官泣诉心怀。

这封如万言书的长信发出去了，却如石沉大海，杳无音信。

濒于绝望的悲哀向常书鸿劈头盖脸地袭来，他夜不成寐。

他在漆黑的夜晚一次又一次地走出中寺，走到九层楼的大殿前，他为大佛那永远安详的微笑而困惑而愤怒了：大佛呵，你永远佛手下垂，以示慈悲为怀，普度众生，却为何眼睁睁地看着莫高窟再次濒临毁灭而不显灵？为何眼睁睁地看着世间有这么多的不平而无动于衷呢！

清晨，他一次又一次地坐在坚硬如石的沙地上，怅望着耗尽他们汗水的那道沙石墙。现在，它坚固如磐石，是莫高窟一道非常有用的防护墙，可是，难道如此防护于它的人，最终却难得到起码的工作防护吗？

作出这样的决定，真是混账啊！

这一天，终于又一封信飞到他的手里。

这封信没有发信地址，没有发信人的名字，但是，一看笔迹，他就激动不已了：张民权！是张民权来的信！这封信是张民权赴延安前，在重庆寄发的。信中说，他带去的首批千佛洞壁画摹本，在重庆中苏文协楼上展出时，观者如云，中共领导人董必武、周恩来、林伯渠、郭沫若等都来了，中国共产党的这许多领导以及大后方的文化界进步人士，对他们在边陲戈壁保护祖国遗产赞扬不已，郭沫若在观看展览后还在《大公报》上发表了两首感情充沛的诗篇。

一团火腾地在常书鸿心中点燃了！一阵冲动使他情不自禁地扬着信，真想对着这三危山高声呼喊一通！

这短短一纸使他涕泣，更使他喜从中来：看来，敦煌艺术还有知己！知己就是共产党人！他从心里感谢张民权，感谢这位其貌不扬的曾经在这里默默工作的共产党人。可惜的是，张民权不是自己能够调排的，他走了，到他能够发挥作用的延安去了。自己真蠢，为什么他在敦煌的时候，就很少与他促膝谈心呢？那时，如果自己去掉一点不必要的矜持，多多关心他的生活，张民权就会是一位留得下来的好助手……

理智终于又告诉他：现在，你的感慨都是事后诸葛亮，现在知道了这一切，你就是拼命叫喊也是没有用的，张民权的身份暂时不能暴露给更多的人。现在，最好是有更多的人呼应这次画展的影响，对敦煌的事业予以支持。那么，有效的办法就是再给各地写信，把国民党教育部要取消敦煌艺术研究所的愚蠢做法，告诉更多的人。

深夜，常书鸿又开始挥毫疾书了，他给各种各样的人写信，呼吁他们在道义上、舆论上支持敦煌研究所，信的末了，总不忘加上这样一句："……我所同仁，誓死不离敦煌！誓死不离莫高窟！"

在将这些将寄往四面八方的信件又浏览了一遍，看到最后一句，他凄然一笑，满心苍凉。

世上的事总是如此：只要努力，总有回报——

寄往四面八方的那些信件大多有了回音，有回音的，总是热烈鼓励他们继续坚持下去的。最好的消息还数一位重庆朋友的来信，信中说，他们正在积极和一个民办艺术机构联系，这个机构已向教育部表示：如果取消这个艺术研究所，他们就来接管。

这封信令常书鸿十分宽怀。

还有一封信则更意味深长了，最后一句竟这样写着：你们放心，天快亮了。

天快亮了意味着什么？哦，抗日的烽火燃遍了大地，祖国被日本侵略军蹂躏了快八年，这黑沉沉的天，是该亮了！

这些热乎乎的信，被全所的人传阅着，原来情绪低落的人，也渐渐好转起来。

但是，所长常书鸿仍然为难：手头总是拮据。前些日子要的那点余款勉强支撑到现在，又一次捉襟见肘了，他不得不将大家的生活费一再缩减。

这种情况下，动辄要钱的维修工作只好暂停，但是，可以不花钱或少花钱的各个洞窟的临摹和全面的调查研究却在所长带领下，照旧有条不紊地进行。

意外的小插曲总是时时发生——

常书鸿日日进出这极有价值的第428窟，他日日想着要为这破烂不堪然而宝贵之极的洞窟做两扇门。请来匠人算了算，光木工材料费就要三百元，这笔钱，够全所半个月生活费了！

常书鸿正在尴尬为难之时，恰好，城里的一个商人找上门来，指名要常先生为其画一幅画像。要在平日，常书鸿早就拒之门外了，可这次……他想了想，客气而有分寸地接待了这位商人，答应为他画像，接着，便直言不讳地希望他能为莫高窟捐一笔款子。

商人到底是商人，爽快地答应了为428窟做门出钱，出是出，但是，他要求将他和其儿孙的名字刻在这门楣上。

"爸爸，你给他画像时，脑袋上画个帽翅子，然后都涂上金钱眼！"沙娜气愤地说。

"哎，你是说叫我将他画成戏台上的糊涂官小丑那样的？你没看过戏，怎么晓得有这种扮相的？"常书鸿哈哈地笑起来，然后又长叹一声。"沙娜，你爸爸不是爱财的人，可是，这世上，有钱男子汉，没钱汉子难，有时候真是一分钱难倒英雄好汉哪！他要写，就给他写，没什么，让后人记住这扇门的来历也好，刻上它，就是刻上我们曾经有过的辛酸和屈辱呵！"

所长常书鸿所记的屈辱，在8月15日这一天，得到了痛快的洗雪。

尽管是偏远的敦煌，尽管是荒漠中的莫高窟，一个令全国百姓都欣喜若狂的消息传来了！

那天，研究所的人绝大多数在各个洞窟里忙，突然，他们听到从九层楼的大佛殿里传来了洪亮的钟声，那从未响过的钟声在旷远的空间回荡，发出声震山谷的巨响，一下、两下、三下、四下……惊异的人们从各个洞里跑出来，看到了一个从未有过的景象——

敦煌艺术研究所的所长、他们无比尊敬的常书鸿先生，高高地站在大佛殿上，满眼热泪，满脸亢奋，一头长长的须发披撒开来，就像一个充满激情的交响乐指挥家，用两臂抱着那根巨大的钟槌，正用力地撞击那极少响过的大铁钟——

敦煌艺术研究所所长常书鸿，一边撞，一边涕泪交流地大喊：日本鬼子投降啦！

威震四方的钟声整整响了21下！

曾经弟子皆离散

　　常书鸿下令杀掉了一只羊，让全所的人痛痛快快地庆祝。这一阵，因为心里高兴，常书鸿连着画了好几幅油画：《姐弟俩》《山鸡》《静物》《抗日战争胜利日》，余暇时，便为这些画作一一作最后的润色。

　　他一边画，一边不时看看画中的人像，看看立在身边的沙娜姐弟，无边的爱意漫涌他的心头。当爹又当妈的日子已经过了不少时日了，巨大的创痛渐渐被信仰和理智抚平。日子平静不少，嘉陵不再哭叫找妈妈，这一切，多亏了有沙娜和张琳英等人。

　　一个酒泉的熟人给常书鸿带来了几只鸭子，他吩咐沙娜将它们喂养起来好吃"毛蛋"——这是常书鸿最喜欢的食品；养鸭养鸡又养羊，常书鸿真的把居家过日子提高了一个等级。他们的日子似乎渐渐地有了生气。

　　见鬼的"撤销"命令被抵制后，好消息接踵而来：国立敦煌艺术研究所归属中央研究院，正式由中央研究院接办。这时，望眼欲穿的研究所，才收到了一小笔经费。

被接连好消息鼓舞的常书鸿，掏出了他那本巴掌大的笔记本，盘算着这笔小小的进项如何开支，是的，虽然有了这笔小小的款子，可是，他要面对的是一件千补百衲的破衣烂衫，稍一动弹，各处都裂开了吓人的口子。不当家不知柴米贵啊！

这天，董希文夫妇忽然站在了他的办公桌前。他一向喜欢这对学生夫妇，彼此也有深厚的师生感情。

他们很少这样齐齐来办公室找他，他们的严肃而又庄重的神情，马上使他意识到一定发生了什么严重的事。

"是，是这样，常老师，这几年，我，我们俩在这儿受老师的教育帮助很大、很多，这一点是我，我们永、永远忘不了的。"一向口齿清楚的董希文忽然期期艾艾起来，"现在，日本鬼子投降了，各地交通也方便了，我们打算回南方老家去看看……"

张琳英也红着脸，慌忙接嘴道："老师，将来如果还办这个所，如果你还要我们回来，我们也听你的……"

常书鸿呆了。刹那间，他心里像打翻了五味罐。于情于理，他都说不出"不"字。

不是吗，除了与他先行到此的那六位，董希文张琳英夫妇是来得最早的，且不说师生间的似海情谊，这两年，为敦煌艺术研究所，为这里局面的开辟，他们立下了汗马功劳。董希文临摹完成的《萨埵那太子舍身饲虎图》是这批临摹画中最令他欣赏的，董希文聪颖敏悟，一向是学生里头的佼佼者，他对原画精髓的理解，对艺术创作一丝不苟精益求精的态度，都是令他满意备至的。董希文夫妇在他身边，就像他的左右膀臂。他早就把他们看成是不可分割的，从没想到他们会离开。

这些年，他们与他同甘共苦，张琳英生沙贝那会儿，两头小毛驴拉着担架在滚滚沙尘里奔跑的情景，再次浮现在他的脑海。那会儿，为怕使抬担架赶驴车的人紧张，琳英自始至终咬牙忍着，小孩半路落地，她连哼都没大声哼过！小沙贝还没满月，董希文二话不说就跟他上了南疆！这样的好女子，这样的好学生，他是多么亏欠他们啊！

如今，抗日战争胜利了，他们想回去探亲，人之常情，情有可原。自然，听话听音，也许，不只是探亲，他们可能想回南方谋事求发展了。纵然是这样，他能说出这个"不"吗？

常书鸿沉吟着，他希望他们还能说一句：我们只是回去看看，看看就回来……可是琳英刚才的口气明明表示不会回来，她说了"将来"，但这个"将来"是什么时候，就难说了。

他终于涩涩地问："你们打算怎么走呢？"

希文说："我们计划先去北平，看看再说。"

这么说，他们就是要与他分手了！常书鸿咽了一下干涩的嗓子，说："那么，好，你们走吧，到北平，给我来信！"

说时，他只觉得喉头一阵酸水冲了上来。董希文和张琳英齐齐红了眼圈。

希文说："老师，我们这样做，也是不得已，我和琳英虽然离开了你，但我们的心还是和敦煌连在一起，和老师您永远贴在一起的！"他的话语里满是泪音。

常书鸿猝然觉得，自己在感情上好像愈来愈脆弱了，他埋下脸，尽量控制着那股热乎乎涌到眼窝里的泪水。

当李浴、周绍淼和乌密风三人也一齐站在常书鸿的办公桌前时，他已经意识到了将要发生什么。

常书鸿转过头，没有直视他们那极不自然的表情，心里却像被刀子割着般疼痛起来。

"常所长，我们三人商量了，想要回老家去，您知道的，抗战多年，我们等得心都焦了……"

李浴是河南人，周绍淼是广东人，乌密风是杭州人。对故乡的眷恋情结维系着他们的梦魂！抗日战争胜利了，他们要回去看看。作为所长，只要条件许可，即使他们不提，他也应该为大家考虑，作出安排。现在，他们自己提出来了，他能有半点使他们为难之意吗？只是，他们也是放飞的风筝，这一飘摇出去，就不一定回归敦煌了。这一点是他最难过的。在工作和艺术上，他是多么舍不得他们呵！

他们三人，和董希文夫妇一样，都是最早来敦煌的同行同道。这两年，李浴和他一起探遍了洞窟，记录积累资料之详密，超过许多前人；李浴悉心钻研美术史，很有自己独特的见解。不久前，李浴曾请他看刚写就的论文，是一篇很有创见的论说。李浴多次说：我国历年的画史，历来是很偏颇的，列在其中的，往往只是几个著名的士大夫画家，例如唐代，总是阎立本、吴道子、李思训、韩幹、王维、曹霸等，至于那些民间艺术创作，即便偶有涉及，也是浮光掠影带上一笔，绝不见"正儿八经"地记述，这是一种很大的错讹。而敦煌石窟艺术，恰恰是对这一错讹的最有力的纠正。他一定要郑重专注地描述这一切！他还说，以后他来写画史，一定要将这一点扭转过来，还绘画历史以真正的公正。

周、乌夫妇，也是事业心非常强的，他们和希文夫妇一样，夫妻两人相敬如宾，事业共进，来是一块来，走当然也是一起走，这一放，就是三人。研究所一共这么几个骨干，一下子走掉五位，他该怎么办？常书鸿的心，又像刀子剜着似的疼了起来。没有办法，能放希文夫妇走，就没有不让他们走的理由。

三人见常书鸿久久无语，脸色苍白，一时肃然起来。

常书鸿叹出一口气，说："好吧，只要你们心中有敦煌就行！"

"老师，这哪里会忘得了呢！"如释重负的三人，异口同声地说。

"我知道你们不会忘，只是，我舍不得你们啊！"常书鸿控制不住他那含泪的声音。

三人越发神情恻然，李浴情绪依依地颤声说道："老师，您放心，我们四散到各处，也会使敦煌的艺术之花在各处开放的！"

过了半月，当潘洁兹又带着同样的表情站在他面前时，常书鸿更是难过极了。

失落的刺痛和无法形容的忧伤，像两把尖利的锯子，来回锯着他的心。

"老师，我也想……"潘洁兹嗫嚅着，只说了这半句话。

潘洁兹文才丰赡画艺超群，却沉默寡言。就这半句话，肯定也是思前想后才作出的决定。

潘洁兹原是张自忠部队的一名小文官，因为迷恋敦煌，从部队下来后，一心一意要到敦煌来。可他的妻子一百个不同意，他在兰州将妻子安顿好，硬是自己一路寻觅而来，路费不够，便一路卖画，一个人千辛万苦在河西走廊跋涉了2000多里地，才到达敦煌。

常书鸿清楚地记得，潘洁兹来的那日，正是国民党教育部撤销敦煌艺术研究所的命令到达之时。那两日，研究所的同仁们，个个愁眉打结，人心惶惶。作为所长的他，更如滚油煎心，哪里还有心思接纳新来的人？可潘洁兹神情悒郁而固执，他在中寺前前后后地踱着，专注而有耐心地等候眉宇紧锁的常书鸿，等到他稍稍落闲时，才不声不响地拿出了一封介绍信。常书鸿看了看日期，这介绍信的日期是好几个月前的。原来，他孤身上路一路风尘走了100多天！

常书鸿太能体会其中滋味了。他再看看落款，介绍信是高一涵写的。

高一涵？！抛开他现在的五省检察使大头衔不说，他还是敦煌艺术研究所创办之初的筹委会主任啊！常书鸿愣住了。

高一涵对敦煌艺术研究所的事，从一开始就是"挂名"，一直没有实管，对这儿的近况更是鞭长莫及一无所知。这一切，常书鸿是无法向刚来的这位年轻的潘洁兹说明的，不到万不得已，他一向羞于对人叙说窘况，更不想对一个刚来的人大叹自己这里已到了差不多揭不开锅的苦经。

　　他细细打量着眼前这位年轻人，虽然言语木讷，虽然风尘仆仆衣冠零乱，但眉宇间透出的那股痴迷和执着，那股不达目的誓不罢休的目光，正是他所熟知和喜爱的"行中人"！

　　常书鸿终于轻叹一声，说了句："好吧，你那么远跑了来，那就留下来吧，只要不嫌我们这里苦，那就一块过苦日子吧！"

　　潘洁兹显然是喜出望外了，立即就向他深深鞠了一躬。初见时，他还不知道潘和妻子之间因敦煌所生的嫌隙。

　　常书鸿同样很快喜欢上了潘洁兹。在某些方面，潘洁兹正是又一个董希文或李浴——他超群的绘画才能很快显露出来：他临摹的壁画，自成风格，那刚健清新、简洁泼辣的笔法，很有特殊的况味；另外，他对历代服饰也特别感兴趣，一有机会便不遗余力地搜集整理有关的资料；写文章更是他的拿手好戏：条理分明，切中肯綮，文采洋溢；由于文学功底好，写古典诗词也很在行。这样不可多得的人才，才来了短短几个月，也要走？

　　但是，对潘洁兹，他也实在无法对他说出那个"不"！在了解了他的私生活后，他更有一种同病相怜的隐痛。

　　潘洁兹在此住下后，曾马上给在兰州的妻子接连写了好几封信，但都石沉大海。潘洁兹了解妻子的态度，她的拒不回复，便是最强烈的抗拒。他悒郁式的寡言，是他的心病所致。

无论如何，不能教自己的悲剧在潘洁兹的身上再现，如果洁兹因为留在这里再生出夫妻离散的悲剧，那是他最不愿看到的。常书鸿忍下千言万语，点了点头！

潘洁兹呆了一下，大概，他没有想到当初慷慨收留他的所长，会这么痛快地答应放他走。于是，就像来时那样，向常书鸿深深地鞠了一躬。

当潘洁兹正要向门口走去时，常书鸿又叫了一声："洁兹！"

潘洁兹回过头来，愕然地等着。

"没什么！洁兹，我只是想告诉你：对于一个成年人来说，事业和家庭同样重要，你可不要学我……"说着，他把头偏到了一边。他实在不想让洁兹看见自己眼里不争气的泪花。

潘洁兹吐出一口长气，点点头，轻轻答道："老师，我知道……"

门轻轻掩上了。常书鸿觉得自己的心，一下子空了……

又是一轮好大的月亮！莫高窟上空的月亮又是这样清澈似水，圆润如玉盘。

他们都走了！一个又一个，他的心爱的学生、他的得力助手、相濡以沫的同事、曾经同甘共苦的挚友，都走了，一个又一个，他们都走了！

常书鸿已经接连几夜睡不着觉了。他爬起来，本想再看一会资料，可是，如水的月光泻进了小窗，泻在案头，他一个字也看不下去。

他披衣走出中寺，沿着他走过无数次的路，走向南大殿。

深秋的夜，已经寒气袭人，四周像死一般沉寂。

远处，不时传来狼嚎。以前，这狼嚎，曾使每一个初到的人深为恐怖，在那些孤身外出的夜晚，他也不止一次遇到过狼，有一次还遭遇到群狼包围的威胁。可今夜，这狼嚎反使他感到一点生气，尽管这凄厉的狼嚎，使他倍感四周的阴森和荒凉。

依依无助的孤独感，再次像潮水般涌来。

莫高窟的夜晚，本来就是荒凉静寂的。以前，当他漏夜伏案时，虽然也总是万籁无声，他并没意识到自己的孤独，哪怕是在戈壁滩单身追赶陈芝秀的时候。可现在，面对人去寺空的莫高窟，他从来也没有这样强烈地感觉到自己的孤独和悲哀。

除了极少数几个，除了像窦占彪这样的本地人，他们都走了！一个个都走了！

尽管走的人都说过以后只要他召唤，他们还乐意回来，但这"以后"是"以"什么时候为限的"后"呢？如果他们不再回来，你又有什么理由责怪他们呢？人是需要一定的生活保证的，像这样缺这缺那连起码的日常用品都奇缺的日子，怎么能指望大家安心在此过下去并过上一辈子呢？拨来的有限经费真正是杯水车薪，要不了多久就会用光，用光以后，你又如何坚持呢？

几颗寒星，伴着又大又圆的月亮，幽幽地闪烁。莫高窟北端的石窟群，在凄凉的夜月中，像一只只幽怨的眼睛向他发问：你，常书鸿，你是不是也快抛下我们离去了呢？

常书鸿突然打了一个冷战。揪心的痛苦使他一阵阵痉挛，刺骨的寒意使他不断地打着冷战，他将披着的棉衣穿上再裹紧，仍然感到寒意袭人。

他曾经多少次坐在这凄凉夜色中呵，那朦胧夜色中的石窟群，曾经多少次在他心中闪烁起迷人的光芒。那一个个已经了如指掌的洞窟，那一座座教他叹为观止的彩塑，那一幅幅让他看也看不够的壁画，那一方方绚丽得妙不可言的藻井图案，都已经牢牢地铸在他的心中。这些举世无双的国宝，都已化为他的血肉，他的灵魂，哪怕再大的强力，也断断无法使他和它们分离！是的，即使只剩下他一个人，他也不会离开敦煌！不会离开莫高窟！

踽踽走着的常书鸿，对着那一只只幽怨的眼睛，对着那连片的石窟群，突然指天发誓般呼号起来：上天为证，就是剩我一人，我常书鸿也不会走！

九层楼檐下的铁马，再次丁丁零零地响起来。

第二天一早，常书鸿又开始了对计划内的第61窟文殊洞西壁画《五台山图》的揣摩。

组织临摹这幅壁画的构想，已经很久了。这将是个旷日持久的大工程，在目前这样人手散失的情况下，没有得力的人选，没有像他这样死心塌地固守敦煌的人，是断难完成的。可是，愈是眼前这样的局面，他愈要操心这幅壁画的完成。它将是只许成不许败的标志性成果，有朝一日完成，必将引起全世界的瞩目，和这儿所有的石窟一样，这幅壁画必将列入全人类的重要文化遗产。

第61窟是莫高窟最大的洞窟之一。因为窟中弥勒坛上主尊是文殊师利坐骑青狮的塑像，亦名文殊堂。此窟曾几遭破坏，几代重修。即便遭遇如此，但此窟仍然因为主体画——在西壁的举世无双的巨大的《五台山图》，而使所有的观者敬仰不已。

观看《五台山图》，等于浏览一部莫高窟的小百科全书，等于浏览一卷几个朝代的风情民俗画。

面对如此宏阔而精美的巨型杰作，他常书鸿一个人断难独力完成，但这幅图是一定要临摹的。他要锲而不舍地为此做好准备工作，有朝一日，他一定调兵遣将将它完成。他相信会有人被此画深深打动，也一定有痴迷它的人。

"常所长，陈县长带了个军官来找你，在九层楼大殿前等着!"窦占彪说。

带个军官？常书鸿一愣，揣测着对方的来意，心头好不疑惑。

陈县长很少亲自登门到莫高窟来，他该不是以为研究所还欠着县里的钱款而来要账的吧？欠款不是早已两清了吗。这次来还带着军官，什么意思呢？但是，他不太想得罪陈县长，尽管这些年来与陈县长打交道有过很多不愉快，但他始终记着他送那匹枣红马的人情。

他吩咐老窦烧两壶开水提到大殿，殿前的两个石墩可以当他待客的茶几。

"喔，常先生，久违，久违！"陈县长老远就冲他抱了一下拳，那个军官也顺势将手在帽檐碰了一下，算是向他行了军礼。

一番不咸不淡的寒暄过后，陈县长直入主题："常先生，李师长是我的好朋友，他是个孝子，他的高堂老母今年要做八十大寿了，他看中了咱们这儿的一件东西，给他母亲拜佛用，这个主我就作了，现在给您打个招呼，我说常先生也是讲仁义的人，一定会答应的。"

常书鸿忙问："什么东西？"

那李师长的鼻子眼睛都挤作了一堆："小玩意，哈哈，小玩意……"

"刚才我陪李师长在那个……几号洞来着？就是那，那边，"陈县长指了指南区的一个洞窟。"那儿不是有件菩萨像吗？塑得还不错，李师长看中了，待会就请您让民工起出来，装到车上去吧。"

常书鸿的脑袋嗡的一声！什么？这李师长竟然如此明火执仗地要那件北魏彩塑？！真不知羞耻！还说是"小玩意"，简直太欺负人了！

他好不容易才使自己镇定下来。软藤才能缚硬柴，对付这样的家伙，必须用计谋。

"陈县长，你不是同我说着玩吧？敦煌研究所从成立的第一天起，就得了国家的明令，负责保护莫高窟所有的财产，这财产当然包括所有的壁画、彩塑、佛像以及所有已经发现和将被发现的历史文物，谁也不得损毁，谁也不能占为己有，这是国家法律明文规定的，你我哪里能当这个家？李师长，你们这个玩笑可开不得。"

李师长一听，一脸尴尬，向陈县长使了一下眼色，借着到一边丢烟蒂，讪讪地走了开去，那意思很明显：想教陈县长再与他纠缠。

果然，陈县长又说："常先生，鄙人不是同你开玩笑，莫高窟这么多东西，拿一两件泥塑的小佛像算什么？李师长是军人，带兵打仗这么些年，没有功劳也有苦劳，我们也都是从来不敢得罪军队的人的。"

常书鸿也正了脸色，说："这可不是一码事，即使是为国捐躯的军人，自有国家表彰奖励，敦煌的物件是国宝，谁也无权随便处理。据为私有，更是犯罪行为！陈县长，我们能碰这国法吗？"

"常先生，你言重了，都是兄弟间的事，能帮则帮嘛！"

"不行，这个忙我断断帮不了！"

"那么，就换件别的小一点的佛头也可以的，小东西，反正这儿是你当家。"

常书鸿摇摇头，斩钉截铁地说："不行，只要是千佛洞的东西，一个瓦片也不能动。"

"过去，王道士连外国人来要，都稀里糊涂地给了。那个什么斯坦因，还有伯啥和，华、华什么纳来着……"

"所以，他们就成了骗盗我们国宝的千古罪人！"

县太爷的脸越发难看起来："常先生，何必这么固执？兄弟都是江湖上混饭吃的，我们真要得罪了他们，将来这儿要闹个匪乱什么的，兄弟我就难向他们开口了，真要惹出什么大祸来，常先生你恐怕也没有这个能耐抵挡得了哩！"

"这？像他这么硬要，与土匪强盗来抢夺有什么两样？！"

陈县长已经脸色铁青了："常先生，上头发过话，敦煌研究所让鄙县接管，我这个当县长的总不能一点面子也没有，连这一点点家都不能当吧？"

常书鸿心头一跳！呀，这里天高皇帝远，万一这个家伙真动了武硬来夺走，现在所里人丁寥落，如何是好？他心如油煎，情急之下，忽然动了一念：

"陈县长，你为难我也明白，你帮过我们，我也没忘记。难得李师长是个孝子，他不就是为他娘拜菩萨用嘛，这样吧，我这儿有临摹的飞天佛像，不是也可供起来敬拜吗？"

"这？这还差不多！就是说嘛，常先生，我们做事，前后左右总要内方外圆才是，你这样说，我就有个交待了。"陈县长总算和缓了脸色。

常书鸿已经有了主意："这个家我可以当，我这就给你去拿！"他拿来了沙娜临摹的两张一大一小的飞天画。"你们看，这两张飞天画，也是菩萨。你们可以从中选一张。"

两人围来一看，一齐跷起大拇指："呀，真神哩！常先生，到底是大师高手，出手不凡。"

常书鸿矜持地一笑:"这是小女沙娜的作品。"

两人一愣,又齐齐地说:"你要不说,这跟大师你自己的作品有什么两样?令爱到底是大师后人……常先生,嘿嘿,您若是能割爱,这两张宝画就算送我们一人一幅。"

常书鸿强忍下心中的不快,只想将他们快快打发走了事,只好点了点头。

"爸爸,凭什么要把我的画给这两个人?"沙娜得知后噘着嘴说,"他们真不害臊!"

"好孩子,爸爸要感谢你为我解围啊!现在牺牲的不过是你的两件临摹作品,你马上就可以再动手画出来。不然的话,拿走了这儿的国宝,不是要了爸爸的命吗!哎,孩子,有一点你完全可以自豪的,这两个家伙起先还以为这两张飞天是我画的哩!你看,你现在真不错,画得木佬佬好哇!"常书鸿一高兴,那带杭州口音的土话马上冒了出来。

"爸爸,你又寻开心了,我怎么能跟爸爸你比呢,这不是开我的玩笑嘛!"

"不,沙娜,总有一天,你会超过爸爸呢!"他笑哈哈地说着,忽然心里一动,一个念头在他心里滋生了……

父女携手办画展

1945年底，异常凛冽、干燥。

干冷的风呜呜刮了一夜，静夜中听，除了鬼哭狼嚎，再没有什么词汇可以形容。

常书鸿一家三人准备由敦煌换车奔赴兰州。留守莫高窟的只有老工友窦占彪和范华。

行李统统装好了，两头小毛驴，常书鸿骑了一头，一家三口的行装在他身后的两只驮架上，另一头，则由沙娜搂着弟弟嘉陵骑着。嘉陵欢天喜地地问："姐姐，我们是不是要去接妈妈啦?!"

沙娜斜了父亲一眼，生怕他听见，连忙轻轻拧了嘉陵一把。常书鸿的心里像被刺了一下，他一声不响地给儿子裹好了毯子，又说："好孩子，贴着你姐姐，路上别淘气，明白吗?"

老窦、范华、易喇嘛和徐喇嘛，四个人都聚集在九层楼的大殿前，为常书鸿一家送行。这四个人，现在是莫高窟的全部人员。

要说的话好像在昨天都已说完了，要带的东西也都牢牢捆好了。就在这一刻，常书鸿又忽然感到了从未有过的怅惘，是因为送行者的表情。尽管在此之前，常书鸿已经与他们说过他办完事情一定会回来，可他们却一个个耷拉着头，脸上的表情，更是明显地显示了不知何日重逢的悲伤。常书鸿想要再说点什么，却觉得喉咙像被什么哽住了。

老窦将一包炒好的葵花子塞到了沙娜手里，徐喇嘛也将半袋烘山芋递给了常书鸿；老喇嘛易昌恕摇摇头，不停地念着阿弥陀佛……

"老窦，范华，莫高窟现在就交给你们俩啦！洞窟维修的事，老窦你可千万要多操点心，有什么事，你和范华商量着干。范华，所里其他的公务杂事，你就多挑担子……"

"常所长，你就放心吧！"两人一齐答应着，眼圈齐刷刷地红了。

"常所长，千山万水的，一路多保重呵！"像是为了不教他看见自己所流的泪水，老窦把脸也别转开去。

晨霜中，小毛驴踩出了嗒嗒的蹄声，唯有老窦喂养的那只大黄狗，那只常常陪着沙娜和嘉陵玩耍的黄狗，很仗义地伴随着毛驴，沿着宕泉河追了好几里。

虽然不比重庆、北京，兰州到底也是省会城市啊！高一涵和省教育厅厅长设宴为他们一家洗尘。

虽然不是什么大宴，对于嘉陵来说却是从未见过的，刚退了烧的小家伙饿虎扑食一般，三口两咽地吞下了一份鸡蛋卷煎饼。主人们唉唉地一片怜惜的感叹。

常书鸿心中立时涌起了难言的滋味。我不需要怜悯，我要的是支持。他咬着牙想。不知为什么，他现在敏感于对方的一切话语，特别敏感于从官员口中流露的哪怕是一丝半点的怜悯。因为这怜悯将会蚕食他对敦煌的那份尊严，那份永远无法割舍的眷恋。于是，他反客为主，谈起什么事都报以爽朗的大笑，对方若对他的家事有小心翼翼地探问，他便立刻转换话题。

在他们面前，他绝口不提陈芝秀留给他的屈辱和难堪，滔滔不绝的话题，全然关于敦煌。

长长的一席酒话中，很多是客套，唯有一个建议表现出主人们的真诚，也使常书鸿动了心——他们劝他不必等到重庆，为使敦煌的艺术早日而全面地扩大影响，他们建议常书鸿父女，就在兰州先搞一个为期一周的展览。

兰州的双城门。"常书鸿父女画展"的猩红横标使本来灰暗的双城门，显得非常醒目。

展厅热闹非常。文化界人士叹息：多少年没有看到这样精彩美妙而有特色的画展了！

这画展妙就妙在是父女两人的合展，而且，更妙的是，作为展出者之一的常沙娜，只有14岁。展厅里，常氏父女的作品被精心装裱后，按着一个辉煌的主题高高悬挂，这主题就是敦煌艺术。

在这个展览中，常书鸿关于少数民族的油画、速写共30多幅，而沙娜这几年在敦煌所临摹的各时代壁画的摹本，约40余幅。这70多幅画高高低低地一溜排列起来，本身就是缩小了的莫高窟剪影。

报纸迅速作出了反应，消息和赞扬同声飞扬——在兰州上空，在寂寞的冬天，常书鸿父女以他们的绘画艺术，投掷了一个威力无比的重磅炸弹！

常书鸿画作的艺术成就是不言而喻的，大家知道他本来就是留法回来的大名鼎鼎的艺术家！但是，画展的合作者——常沙娜，也成了大家热衷谈论和评价的对象。人们诧异这许多美丽而精致的壁画摹本，竟出自一个14岁女孩子之手。

常书鸿和常沙娜的照片头像挂在门厅正中，也出现在报纸的醒目位置上。在布展过程中，有许多敦煌艺术的爱慕者自发前来帮忙，其中，就有个叫段文杰的年轻人。

段文杰是重庆国立艺专的毕业生，在帮助布展的过程中，他诚朴而又痴情，不止一次向常书鸿提出：如果敦煌研究所还能办，如果以后有机会到敦煌去，那将是他三生有幸。

常书鸿点点头，心里却打起了鼓。他想：本来像段文杰这样的痴情人，就是他所心仪的敦煌艺术和莫高窟日后的接班人，可是，前两年不都是这样吗？许多当时十分热情要去敦煌的人，后来还是待不住，先先后后不都还是一个"走"字吗！世上最变化无常的是人，世上最难测的是人的心啊！为不灭对方的热情，他向这个面孔宽正眼神固执的四川小伙子点了点头，话语却是模棱两可的，他只说你的志向很好，但现在什么都难以算数，一切得等他从重庆回来后再说。他无法向这个初次见面的小青年许诺什么，这个世界，许多山盟海誓的话也如此轻飘，尤其在此时，连他这个所长的生存问题都还是个问号，他能说什么呢？

展览的第一天，在热热闹闹的参观者中，出现了一个栗色头发的外国妇女，她是由教育厅厅长陪同来的，在被引见给常书鸿时，她伸出手自我介绍说："我叫叶丽华，来自美国，但我是加拿大人，我是露易·艾黎的朋友……"

常书鸿吃了一惊。她能讲一口流利的普通话，但她的一双碧眼透露出的善良和真诚，使他感动。在自我介绍中，常书鸿得知她是新西兰人露易·艾黎设立在陕北山丹的"工合"培黎学校的应聘教师。她在美国本来就是从事染织行业的技师，现在应聘去这个学校，也是准备从事染织教学。她路过兰州，看到了展览消息，特地赶来。

说到末了，这位美国籍的加拿大女士，闪动着那双碧蓝色的眼睛说："我喜欢中国，太喜欢了！中国有许多伟大的东西，是任何国家都没有的，中国的文化艺术，很值得人好好研究，常先生，敦煌石窟，真是和太阳一样灿烂哪！"

正说着，沙娜过来了，叶丽华一见沙娜，一双眼睛更像荡起了蓝色的水波，她立刻紧紧拥抱了沙娜，欢喜之情，溢于言表。

叶丽华是看展览看得最认真的观众之一，她翻来覆去地看了一遍又一遍，整个身心都沉入其中，一边轻轻地自言自语，一边不住地摇头叹息。

展览的第三天，叶丽华突然又出现在常书鸿面前。她没有寒暄客套，上来就开门见山："常先生，我有一个愿望，希望你能答应我！"

"如果我能做到的话，我想我是会答应的，叶丽华女士……"

"我希望能将你的女儿沙娜带到美国去！"

常书鸿大吃一惊。叶丽华头天的言行已给常书鸿留下了深刻的印象，今天，她这一直率的话语使常书鸿更是意外，他万万没有想到，她说的是这样一个愿望。

他毫无思想准备，一时间，脑子就像断了电，他张着嘴，不知说什么才好。

叶丽华热烈地说："常先生，你的女儿沙娜是个非常了不起的孩子，她很有培养前途，我希望能把她带到美国去好好学习，你同意吗？"

常书鸿非常犹豫，因为沙娜只有14岁，太小了。叶丽华却再三诚恳地说，她在露易·艾黎先生的这个学校任教期限是三年，您要是真的允许，三年以后我的工作期限满了，我再来带她，给她提供一个学习环境，当她的监护人……这一来，常书鸿立刻爽快地答应了。

望着叶丽华女士走远，他心想：这位女士也许是一时冲动之念，三年后的事，现在能作什么数啊！

在兰州的画展，一举成功，但真要如他所愿地解决全部问题，还是没有指望。高一涵也劝他，若真想要办成事，还是要到国民政府所在地的重庆去。画展结束后，常书鸿带着一双儿女，再赴重庆。马上就是1946年元旦了，重庆简直像一锅煮沸的粥。

常书鸿在敦煌感受的漫长日子，在那儿深受冷清和孤寂，在这儿却被两个字淹没了：混乱。重庆人人都在忙，到处是忙忙碌碌的"接收大员"，整天是满世界乱飞的各种消息。往上海、南京去的官员如蚁如蝗地挤满了一辆辆列车；街上的地摊三步一岗，拍卖着这些官员家中摒弃、淘汰的各种旧家具，印着"USA"记号的美国剩余物资：奶粉、罐头、糖果等如水横流，大大小小的地摊堆得如山似海……政府部门，却没有多少人认真上班。

每天，去寻找"有关部门"的常书鸿，总是穿行于这片混乱之中；每天每天，他与那些不负责任的官员白费了许多唇舌。

日子一天天过去，常书鸿着急起来。但是，接待他的人，却比他要有耐心得多，他们敷衍、搪塞，你急他不急，今天推明天，明天推后天，这个推那个，那个推这个，常书鸿像只陀螺旋转于一个个"衙门"。日子像长了翅膀，一转眼，三个月过去了。

5月到来的时候，常书鸿终于与中央研究院院长傅斯年见了面。

刚从延安参观回来的傅斯年，整个情绪好像还沉浸在山那边的另一个天地中。虽然他对常书鸿没有着意渲染，但言谈话语中已经流露出对"那个天地"的一番新鲜感受。在这同时，他也没忘处处提到中央研究院的另一位负责人朱家骅，他说自己虽然只是本院留守重庆的负责人，但在许多事上依然可以代表中央研究院的意见，对于常书鸿坚守在敦煌孤军奋战、艰苦卓绝的工作精神，对于他在戈壁滩中苦苦保护敦煌文物，傅院长表示十分钦佩和赞赏。

郁积多时的苦楚终于有了倾诉的时机和对象，常书鸿将敦煌和莫高窟的情景，作了淋漓尽致的描述，傅斯年在极有耐心地倾听的同时，不断地以啧啧有声的叹息，表示着由衷的感佩。最后，他表示这次一定要帮助常书鸿解决敦煌石窟的许多问题和燃眉之急，他让常书鸿列一份清单，诸如经费、隶属关系、补充人员、购置图书设备等问题都可以摆出来，他将尽最大的努力满足常书鸿的要求。

常书鸿心花怒放。见了傅斯年回来的当天晚上，他再也睡不着了，他将记在本子上的许多问题归了类，列出了五大问题，而首要的是重新招兵买马和准备购置一辆能装货、能解决远途运输的大卡车。

一块"敦煌艺术工作人员招聘处"的招牌，张贴在常书鸿落脚的旅馆。

令常书鸿万分喜悦的是，灯红酒绿歌舞升平的重庆，竟然也有不少志愿者前来报名。

主考官常书鸿披挂上阵，对每位报名者，不管是毛遂自荐的，还是被各界朋友推荐来的，在阅读他们的介绍材料后，他逐一面试。

主考官的原则非常明确："宁缺勿滥"。他深知他要招去的人对于敦煌的现在和将来的意义，他们必须和他一样，个个都是敦煌艺术的真正痴迷者，方能成就大业。

早已在中央大学艺术系任教的老朋友吕斯百和另一位教授陈之佛，着力推荐了该系毕业生郭世清和他的妻子——南京师范大学毕业的刘缦云，这对年轻夫妇成了他这次招聘首先录取的学生。老朋友王临乙，则在重庆国立艺专任教，也推荐了雕塑系的另一毕业生凌春德。

报名者陆续蜂拥而来，常书鸿分外高兴。他日夜盼望的交通运输工具也解决了：一辆美国产的"斯蒂贝克牌"的大卡车，隆隆地开到了他的面前。

他打听了一下，这辆在当时十分神气的十轮大卡车，是傅斯年向军政部陈诚直接要求，由军政后勤部在美军遗留物资中调拨来的，吨位大，装备新。有了这个"大家伙"，以后，他所招聘的所有人员、物资和装备尽可以一股脑儿装上运往敦煌了！

半年以来，常书鸿第一次欢颜顿展，有了舒心的笑容。他所需要的小发电机、照相机、胶卷以及绘图用的纸张、画笔、颜料等物资，也在他一边忙于招兵买马时，一一添置齐备。

这天早晨，又来了一位报名者。在问了对方的姓名后，他一反往常鬼使神差地让这位报名者自己在他的小本子上写下了名字。

"5月29日晨，李承仙来，请求去敦，并列其作品呈检，尚合格，准其随去敦煌。"

所有的报名者都"过"了他的眼，所有的报名者都是当场决定录取与否，独独对这个李承仙，不知怎么回事，他让她在本子里记下了名字，还在她的名字下面画了两道杠杠。这天晚上，常书鸿翻开本子时，奇怪着自己为什么独独记下了李承仙，而且，为什么要在她的名字下画那么两道杠杠？

他对着本子发了一阵愣。这一阵，因为太多的事务和太多的忙碌，他不太记得起那些纯属是"过一眼"的来者，因为这些报名者虽然不能用"过江之鲫"形容，却委实不少。

可是，这个李承仙……这个李承仙，确实与众不同。

她大约只有20出头吧？是22还是23？没有问过，没有顾得上细问。他只记得，这个叫李承仙的姑娘特别年轻，穿着镶着蓝边的花格子旗袍，带着一派天真烂漫的神色，几乎是蹦蹦跳跳地向他走来的，从年龄到心灵都显得特别年轻。

他也记得她说话的神态。出于惯例，他先问她来自何方，学什么专业。

"我是重庆国立艺专西画专业的，马上就要毕业了，毕业后我要去省立艺术学校做教员。本来，我是很想再读书的，可父亲……"姑娘看来是直性子，说话的速度很快，但说到这儿，不知为什么停顿了一下，她眨眨眼睛，埋下头，又说："我父亲原是教育部的编审，前年教育部裁人，给裁下来了。"

常书鸿点点头，心里掠过一丝同情。不过，他顾不上表达这些，现在他一门心思就是招人，至于她父亲怎样，这并不重要。李承仙却滚珠连串地说着家世："我父亲叫李宏惠，原名李寄缘，也叫李容恢……"

常书鸿忍不住问："你年纪轻轻，为什么对敦煌感兴趣呢？"

李承仙那双清亮的大眼睛闪烁了一下，调皮地反问："难道对敦煌感兴趣的，就非得是老年人吗？常先生，你也不是老汉嘛！你不也是年纪轻轻就对敦煌感兴趣了吗？"

这个伶牙俐齿得理不饶人的李小姐！看来，在许多人眼里，包括在这位年轻姑娘眼里，他常书鸿居然还不老！他的心情顿时轻松起来。

"……我常听家父说，作为一个中国画家，应当首先到敦煌去，不上这一课，学不好绘画。我也常听伯父对我说，没有到过敦煌，就不能算一个中国画家！"

"喔，你伯父是谁？"

"李瑞清。他曾教过张大千，我父亲与大千先生也有许多交往，我今天来，还是我的老师王临乙鼓动的。"

原来如此！常书鸿立刻兴奋起来。他细细听着，不知不觉间在她刚才签写的李承仙的名下画了一道杠杠。"好，李承仙，把你的作品拿出来看看。"

李承仙稍稍一迟疑，咬了咬嘴唇，打开了自己带来的画卷。

这些画虽然还有点稚嫩，但笔法很大胆！看来，真是有点画如其人。常书鸿心想。颠来倒去地看着，但他没有说出来。不知不觉间，又在她的名字下画上了第二道杠杠。

"李承仙，你要知道敦煌是很艰苦的，嗯，不是一般的苦，你不怕吗？"

"要怕，就不到你这儿报名来了。"

痛快！多长时间没有听到过这样的爽人快语了。他马上说："好，李承仙，要是你真作好了思想准备，我们就录取你，跟我们一块到敦煌去！"

"真的?!"这个叫李承仙的姑娘，眼睛越发明亮起来，可随即，她又低下了头，语气也低哑了："只是我怕目前走不了，常先生，我父亲病得很厉害，我得服侍父亲病好以后才能去敦煌。我今天来，就是想请你一定给我留着这个名额，敦煌，我是一定要去的！"

原来如此！他沉吟了一下，点点头："好吧，我给你留着。"

李承仙眼睛亮亮地一笑，鞠了一躬，随即又蹦蹦跳跳地走了。

随即，他从王临乙和张大千的嘴里，知道了这个叫李承仙的姑娘更多的事：她母亲早已亡故了，眼下，果然如她自己说的，父亲病得很重，家里经济也很拮据，张大千不忍看她中断学业，就给她开了一个存折，她每月都会去望天门张大千的一个开店的哥哥处取钱。她还没毕业，在学校附近租了间房子，将父亲安顿住下，她自己极省俭，却早晚都炖红枣桂圆汤给父亲吃……

"古书上说二十四孝，我看承仙她真可称得二十五孝呵！"张大千说。

"李家不是大户人家吗？她祖上总有底子的，是吧？"

"有底子那是从前，再有底子也挡不住败落哪！"

原来是这样！

看来，这位叫李承仙的姑娘，一时半会是去不了敦煌的了。

张大千又说："这样吧，她不能跟你们一块去，过几个月等她父亲李先生的病好了，我带她一块来敦煌吧！"

常书鸿点点头，又想要在李承仙的名字下再画一道杠杠，想了想，又住了手。

连李承仙自己也没有料到的是，一年后果然到敦煌去时，因为沈福文的撮合，她成了常书鸿的妻子。

晚上，常书鸿到吕斯百的住处接回了沙娜姐弟俩。能够再与吕爸爸住在一起，能够与王爸爸再度相处，这在沙娜，简直是梦寐以求的事。她神情欢愉，整天与吕爸爸一家、王爸爸一家又说又笑的。可这天，常书鸿发现，从吕爸爸家回来，沙娜神情郁悒，一副闷闷不乐的样子。

"怎么啦？沙娜？！"

"爸爸，你，你以后对吕爸爸他们讲话时，不要骂妈妈是贱东西，好吗？"

常书鸿愣住了，痛苦像尖锐的锥子刺进他的心，他没有说话，只是沉默着。对老朋友们，他从头诉说了他与陈芝秀之间所发生的一切，朋友们的叹息是真诚的，在责怪芝秀的不道德时，连斯百不是也叹了一句吗？"书鸿你呀，你这个脾气，再好的老婆也跟不了你！"不是知己，不会这样说。

"爸爸，听吕爸爸说，自从兰州的报纸登了那个什么广告，妈妈就下落不明了，妈妈她也从没跟这里的任何人有过联络……"

梗在常书鸿心里的那把钝刀子，又搅动起来，他咬了咬牙，点点头。

沙娜一直望着爸爸，她知道爸爸这个头，是为她点的，只是为她点的。她感激地又望了爸爸一眼，但是，当她望见爸爸的眼里突然闪漂起一星泪影时，她深深地后悔了：沙娜，你真该死，你怎么好那么要求爸爸呢！沙娜伏在他的膝头，呜咽着说："爸爸，我还会和你一块回敦煌的，不管吕爸爸、王爸爸他们怎么留我，我还要和你一块回敦煌！"

常书鸿不语，点了点头！沙娜看清了：泪水早已在父亲的眼窝里，凝成两颗大大的珍珠。

再结良缘在兰州

到底是重庆，五六月间的明媚气候，使这个灰雾重重的山城也春光乍泄。

城郊外，吕斯百、王临乙所居之地，花事烂漫，一派葱茏。

常书鸿不得不再次和老朋友们话别。如若不是行期迫近，常书鸿真不忍让沙娜和嘉陵这么快地离开他们最乐意与之朝夕相处的二位"干爸爸"家。可是，屈指算来，他们从离开敦煌到现在，差不多已近半年了！这里的事情虽然几经周折，总算大体办妥，他必须回去，莫高窟就像嗷嗷待哺的孩子，等待着他带去的救命之水……

所有的人员、所有的物资，一股脑儿装在这辆被常书鸿称为"一塌刮子大家私"的这辆车上。到底是十轮大卡车，在常书鸿看来，那速度快得与火车不相上下。

卡车隆隆出发，没多时就到成都。

在成都稍作停留，恰巧，四川省立艺专正在举行毕业演出。

又是一次神差鬼使，常书鸿没有想到，他竟在演出场看到了北平国立艺专的毕业生霍熙亮。

这位扮演"黑旋风"李逵的东北学生，现在这儿当男生指导员兼体育教员。师生相逢时，常书鸿试探性地提了一句：

"霍熙亮，你愿不愿意跟我到敦煌去？我那儿十分需要人……"

"敦煌？行呀，怎么不行？到哪里都是干活吃饭呗，跟您常老师走，我还能把过去学过的专业捡起来。"霍熙亮一说话，那悦耳的大嗓门像唱西皮流水一样畅顺。"老师，您说声什么时候走，我就跟您什么时候动身……"

这样爽快的学生！常书鸿眼窝热热地一挥手："你要真无牵无挂，明天就跟我们上车！"

霍熙亮二话不说，第二天就来上了车！

在省立艺专还招了另一名：该校图案系毕业生范文藻。常书鸿心想，像范文藻所学的图案系这样的专业，到敦煌真是有极大的作为啊！

这一来，常书鸿重新招兵买马的随车人员可谓人才济济。

坐得满当当的汽车就要出发了，常书鸿突然想起在艺专任教的教授沈福文夫妇，他们早已有志于对敦煌艺术进行研究，只是一直无缘前往。

常书鸿吩咐车子暂停，又去沈福文教授夫妇那里做了一次说客。

沈福文对能同车前往敦煌自然十分乐意，但他想了想，很腼腆地声明自己与夫人此番前去，只不过是一种先去看看的

"短期行为"。

虽然只是这样的愿望，常书鸿也将此看作是同声相应而欢喜非常。听了沈教授的话，常书鸿诚挚地说："住长固然好，住短也听便，只要喜欢敦煌，宣传敦煌，我都欢迎！"

沈教授夫妇二话不说就上了车。

让常书鸿欣慰的是，在车上，因为有了沈教授，他们天南海北地聊了许多，核心的话题，当然是对敦煌艺术的评价。

沈福文很有学问而又为人谦和，常书鸿很久都没有机会找到像他这样的谈话对象了。

常书鸿觉得，敦煌在艺术界以及国人的心目中还未引起足够的重视，其原因就是很多人并未将这辉煌艺术的作者——那些无名的"画工""画匠"当作艺术的创作者。只用一个"工"、一个"匠"的称谓，就潦草地概括了他们的全部工作。可是，从两晋到元代的1000多年间，正是这些无名的"工"与"匠"，正是这些无名画家，创造了这条举世无双的大画廊啊！

"……他们的未被重视，主要是因他们没有社会地位罢了！想想吧，他们是在一种什么样的条件下工作啊！"常书鸿摇着头，语气里有难以言尽的伤感。"他们，这些无名之辈，住的是和野人差不多的山洞，吃的是什么？我们现在，在20世纪40年代尚且常有衣食之虞，那他们，就更不能提了！他们艰苦卓绝，唯一所靠的就是对宗教的虔诚之心。一代又一代，画呀，塑呀，一代又一代，你说，他们会留恋什么'残山剩水'？不会！他们会有什么胸中丘壑？没有！他们心中有的，就是切切实实的社会生活，就是他们理想中的佛家世界，他们想的，就是笔下画的，这就是为什么这些作品能与百姓大众如此贴近，如此为他们所喜闻乐见的缘由。哦，沈教授，你去看看就晓得了，你去看看，保准每一个都会令你产生一种无可名状的冲动，展开无穷无尽的想象……"

常书鸿说着，说着，语气又转为他素有的热烈。"你去看看他们的那些笔触，那样的刚劲有力，那些线条，真正是流畅自如，刚柔相济；还有那些色块，那用色，真是无比厚重而明快，像这样精致完美的描绘、生动完美的造型，真正是美轮美奂，你在世界上找不出第二处！"

他停顿了一下，若有所思地说："敦煌画工所形成的这种淳朴浑厚的画风，和后来中国文人画的绘画风格，我认为是两种不同的风格和路子，我认为这两种，才是中国艺术的正宗和主流！嗯，你不认为我这说法太偏颇吧？"

静静地听着的沈福文，摇摇头，问道："常先生，你这些观点我都很赞成，只是，我想问你，你是学西画的，那你是什么时候才有这些想法的呢？"

"那当然也是到敦煌以后，在真正认识了敦煌，又做了比较深入的调查研究之后……"常书鸿说着，又若有所思地微笑了一下。"你想想，我原来是那么崇拜西方的艺术大师，现在我以尊崇无名的中国民间工匠为荣，这就足可以说明敦煌艺术那无法抗拒的魅力……嗯，说不定，你一看，也会……"常书鸿一顿，差点把"你也肯定不想走了"的话，一口气说出来。

但是，一看坐在沈教授旁边的妻子，他总算理智地将这句话缩了回去。

沈福文又问："常先生，你刚才说到敦煌艺术无法抗拒的魅力，我当然赞成，那你认为敦煌艺术的魅力，也就是最吸引人的，又是什么呢？"

"创意性！当然是创意性！"常书鸿热烈地喊道："等看了那些杰作你就晓得了，在几百个洞窟的数以千计的壁画、彩塑中，没有完全相同的东西！多么不容易！即便是描写同样经典内容的，画工们也总是根据自己对这一内容的理解，充分发挥自己的想象力，创作出完全不同的作品。这多么了不起！我给你举个例子：第172窟南北两壁，内容相同，画风却完全不同！再如第254窟和第428窟的萨埵那太子本生，也是这样；哦，还有，第61窟的《五台山图》，那是最了不起的大型壁画之一，它有几百个人物，画了磨面的人，登山的人，每个人的神态都是各异的，连马也是，那嬉戏的马就和行路的马绝不相同！那些画工艺人，真是个个独具匠心，他们是用心，用灵魂在创作，这种从心灵深处产生的创造力，最真实，它与虚假做作绝缘！所以我说为什么这些真正的艺术品，即使经历了千百年，仍能给我们以强烈的感染力，哎，你去看看……"

"……去看看就晓得了！"沈福文异口同声地说，两人哈哈大笑起来。

车子开开停停，一个月后才到达了兰州。

刚刚在兰州住下，常书鸿又一次听到了一阵始而迟疑继而急切的叩门声。

来人原来是年轻的重庆国立艺专毕业生段文杰。

常书鸿想起来，他们是见过的。

半年前，他们父女在兰州举办展览时，段文杰曾来帮助布置过展览，并热切地询问过他：敦煌研究所是续办还是停办？如果续办，他表示愿意跟常先生去敦煌，现在，他果然又寻上了门。

这个段文杰，牢牢记住了前约，真是个有心人。

"常先生，我在这儿盼你的好消息，真是望眼欲穿哪！你不知道，在此之前，我和另外三个同学已经经历了一次半途而废的'取经'……"段文杰开始还想竭力抑制住自己的情绪，平和地客观叙述，但是，期待已久的他，越说越禁不住急切之情。"……早在张大千先生在重庆举办他的敦煌之行画展时，我就迷上敦煌了！那几日，我大清早就步行十余里路，排长队买了门票去看，看过的同学没有不入迷的。后来，我与三个同学就商量好要去敦煌，我们从重庆出发，过广元，天水，一路千辛万苦到了这里，那三个同学熬不住了，回去了，只有我在这儿苦苦等待……"

段文杰那浓重的四川口音，那十分精神的宽正而又年轻的面孔，令常书鸿有一种第二故乡人的亲切，他那急切而诚挚的表白，更令他产生发自内心的好感。他被这个年轻人感动了。

"那你现在做什么事，哎，以什么为生呢？"

"我在兰州社会服务处，工作是临时性的，我马上可以辞去，如果常先生答应的话……"

这样的学子，这样炽热的心！常书鸿马上就答应了。

常书鸿一行十余人，又向敦煌出发了。

在路上，常书鸿一边操心大家的衣食住行，一边像常常检点自己富有的家当一样，常常满脸笑容地望着这批随行的人：郭世清、刘缦云、凌春德、范文藻、霍熙亮、段文杰、钟贻秋、张定所，看来一定还能发达发展！

在到达敦煌前，大卡车抛锚了。

比之他第一次走敦煌的百天长途，这种抛锚在常书鸿看来是小菜一碟。可是，大家没有经受过呀！最叫常书鸿难过的，是这位重庆司机，拿着工具左右开弓，"龟儿子、龟孙子"骂骂咧咧了不知多少遍，可直到天黑下来，车子还是没有摆弄好。

脾气火暴的司机，把手中的扳子往地上一扔，又骂道："龟儿子！啥也看不见了，明天再修吧！"

说着，他自顾自钻进驾驶室睡觉了。

看来，又要在戈壁过夜了。大家茫然地望望常书鸿。

常书鸿却笑道："听见了吗，我们是'龟儿子'的祖宗，长寿得很呢，这儿前不着村后不着店，也没法找旅馆，就在这儿过一夜，请大家将就露营一夜吧?! 啊?"

刘缦云紧紧偎在丈夫郭世清身边，怯怯地说："常先生，你不是说，戈壁上常有狼吗?"

常书鸿笑着说："狼是有的，可现在还不到冬天，喂，刘缦云，知道吗，这儿的狼认人，它们都认得我，不敢来！"

"对呀，狼也是挑肥拣瘦的，等先把我们这些大个头的吃完，就饱了，你保准可以幸免……"

"不，我们是去朝拜敦煌大佛的，三危山的佛爷一定会显灵来保佑我们的，请放一百个心好了！"

"那好，我们就学学喇嘛的样子一齐念菩萨保佑吧……"

一阵笑声在戈壁上回荡起来。常书鸿心想：毕竟人气旺呵，人多，就什么也不怕了。但是，最应该"显灵"的还是这"大车神"，马上就要到敦煌了，明天无论如何得修好，可不能再在这里过一夜啊！

第二天，司机又开始在一连串的"龟儿子"声中修车了，时间又一个钟头一个钟头，点点滴滴分分秒秒地过去了。

十来个人围在司机身旁，大家一齐给他递工具，七嘴八舌，尽说着夸奖他的好话，总而言之，如果他能快点修好，真是叫他爹叫他爷都行！

心焦如焚的常书鸿想出了办法——他让沙娜和大家分散到公路两旁去拦车，万一有过路车，能捎走一个算一个。这清冷的戈壁，是很难再过夜的了。

他掐指一算，后天，对，无论如何，后天，他一定得让大家欢聚在敦煌！

就在大家又一次濒于绝望时，车子终于突突地响起来！这声音，简直赛过了世上最美妙的交响乐！

司机狠狠地擦了一把油汗，将扳子扔回了工具箱，骂了一句最响亮的"龟儿子"！

然后，他挥手喊了一声："上车！"

常书鸿总算放心了。他环视大家一圈，笑着说："知道我刚才在想什么吗？那车子一响，我真愿意朝这位老兄喊一声'龟爷爷'呢！"

大家又哄笑起来，常书鸿又说："其实，我比你们都急，知道不知道，明天是什么日子？"

大家茫然对望，唯有刘缦云轻轻捅了捅丈夫。

"明天，不，后天，我说各位，后天就是中秋节呀！嗳，我刚才跟开车的师傅说了，我们反正也不绕到敦煌县城了，车子直接开向莫高窟！"

常书鸿所长回来了！常书鸿所长带着一双儿女和一拨人回到了莫高窟！

易喇嘛、徐喇嘛、窦占彪和范华简直不敢相信自己的眼睛。

滚热的眼泪从窦占彪、范华的眼里淌下来，他们拉着所长的手，摸着沙娜姐弟的头，哭过了又笑起来：你们这一走，可是走了大半年呀！

细心的范华小声地问所长，把这一帮子有学问的人，安置在哪里呀？是的，人来了是高兴，往哪里安置呢？

常书鸿在路上就想好了："老范，皇庆寺不是有排马厩房吗？原来董希文他们住过的。现在人多，不够用，你和老窦赶快找人收拾一下，中间加堵墙，再用木板隔好，弄成一家一间或者一人一间，先暂时对付着，等我们有了更多的钱，再好好修个住房。"

在用马厩房改造成的一溜十二间"宿舍"中，常书鸿召开了全所会议：

"……在路上我就跟大家讲过，我们这儿生活条件极差，或者说，是一种根本没有'条件'的生活，委屈大家住在这里，也是没有办法的办法。可我想，大家既然能来，就是不计较这些的。今天是中秋节，多亏留在这儿的范华和窦占彪两位，他们去了附近的村里，把能买到的三只鸡和四斤蛋，统统给买来了，我们才有这顿好饭！嗯，还有这瓶老白干！现在，会喝不会喝的，我们都要喝一口！来，喝一口！"

十几个碗碰在一起，叮叮咚咚地响成一片。

"大家都看到了，给我们的这辆老爷卡车，很费油的，现在，司机也走了，我们也没人会开，只好先搁着。往后，我们就是这样过日子了：所里有炊事员，有两头毛驴，由炊事员将麦子驮回来，但得大家帮着磨面，大家轮流自管伙食，一个人负责一个月。生活上先这么凑合，大家互相帮助吧！这儿冷得早，一过中秋，就要忙着准备过冬的东西了，这些事，还是让老范多帮着总务划算着做好，我先把工作分工宣布一下：郭世清负责总务、刘缦云任会计；我们这儿，主要的工作，就是美术组，这组长……"常书鸿沉吟一下，说："这组长，我想请年轻的段文杰来当，大家没什么意见吧？"

掌声和碰碗声又响成一片。

常书鸿看了看大家的表情，忽然想到：除了钟贻秋这位也是杭州籍的小老乡以及霍熙亮这位东北大汉外，可以说来的人，绝大多数是"四川帮"！

年轻的段文杰，激动得满脸通红。他本想说句感谢信任或什么别的话，可是，"说得好不如做得好"，还是拿行动证明他对敦煌铁定不移的虔诚吧！要得！

沙娜几乎成了莫高窟研究所的编外人员，她着迷似的爱上了临摹。

父亲对她的要求也格外严格，要求她这个没有工薪的人员，工作时间和大家一样。

父亲要她和大家一样：六点起床，早饭前就去洞子里临摹。几个月前的兰州画展，大家的称道，使她对绘画更为热爱。每天早上，她和大家一样，带好自己的"行头"就进洞了，一干就是一天。

沙娜自己的"行头"，也和她给父亲准备的一样：一副套袖、一面用作反光的圆镜、一套绘画工具。

每当沙娜娇小的身影，迎着朝霞或落日，娉娉婷婷地走向莫高窟的时候，常书鸿的眼前，总是流过一阵恍惚的光影……他突然感觉：和他相依为命的女儿，不也是他心中的一个飞天吗？可是，女儿毕竟是女儿，早晚她会飞离此地的，早晚她会成为别人的……

这天，常书鸿看着女儿忘情工作的模样，忽然动了一念——他将沙娜与女伴们在临摹前的用功情景，很快地勾勒了一个草图，继而画了一幅画，题名就叫《临摹工作开始了》。

同事们围过来，无不说画中的沙娜与本人惟妙惟肖。

沙娜一听，含笑躲在一边。

常书鸿的心头，闪起无边的回想。在大家的议论中，他的思绪飞得很远。

是的，他已经很久没为自己的亲人作肖像画了。在巴黎，在塞纳河边，那些充满甜蜜笑声的日子，亲人是他最得心应手的模特儿，他以此作的画，好像没有一幅不是神来之笔……

他出神了半天，然后用力摇了摇头，仿佛要从此将那些虚幻的回忆彻底抖落掉！

晚上，当常书鸿又一次埋首在沙娜擦得明晃晃的煤油灯罩下时，沙娜进来了，递给他一张卷起来的纸。他展开一看，是沙娜的一幅小小的肖像画，画得相当不错。画者在下方用铅笔注了一行字：

我一定要为你做一个雕塑，你是我心中的女神。

"谁？这是谁交给你的？"常书鸿惊觉地问，口气中不无严厉。

沙娜一见父亲的神情，忙说："这个人是偶然无聊吧。爸爸，你放心，我不会在意的……"

常书鸿沉默着。这个人当然是本所的人，也许就是新来的，他不用刨根究底，也许马上就可以猜着。尽管这样，又能怎么着呢？年轻人表示情感没有过错，能拿他怎么办？谁能规定不准向所长的女儿示爱呢？对沙娜，他更应当放心，女儿是个很有主意的人。现在，女儿向他坦率相告，表示她根本不会把这当回事，他用不着为此担忧。可是，女儿毕竟渐渐大了。唉，有机会，还是让沙娜离开这里为好。

常书鸿只想了一会，全副心情就转移到手下正做的事上去了。

他的案头，摊满了各种资料，他集中精力，要给于右任写一个报告。

自从前年底他与董希文去了南疆，新疆的赫色尔石窟（克孜尔石窟），那一个个有着美妙壁画和彩塑的洞窟，同样教他不能忘怀。现在，他要将在心头盘旋许久的"边疆文化学院"办学方案草拟好，这是那年于院长再三与他讨论过的议题。他极希望这位掌握一定权力的监察院院长，能够成全他这个心愿。敦煌和边疆的这些文化瑰宝，如若没有一批稳定的可靠的行家去保护，日后渐趋破败，将会与莫高窟一般无二。

早上，常书鸿被一阵鸟叫声惊醒了，好像是喜鹊。

他简直不相信自己的耳朵。记得小时候，奶奶和母亲都是很喜欢喜鹊的，喜鹊一叫，她们就喜上眉梢，喃喃着有关喜鹊的所有吉祥语。前年，他也曾偶尔听到过喜鹊的叫声。可有一天从城里回来，只见后寺的易喇嘛在寺前对着一片黏兮兮的血迹在念阿弥陀佛。易喇嘛小声地告诉他：刚才，有几个去打黄羊的军官，因为打不着羊，见到这儿停着的喜鹊，就随手开枪把它们打死了。此后，千佛洞再也不见喜鹊，更不见黄羊了。

他飞快地披衣起床。果然！在他窗下的院子里，他手植的梨树枝头，停着一只长着黑白花翅的喜鹊，见他走来，它瑟缩着身子，又叫了一声，并不飞走，却骨碌碌转着脑袋看他。

喜鹊的孤独无依和有所祈求的可怜样子，使他的心霎时抖颤起来。他急急地奔进屋里，将昨晚剩下的半只馒头掰成碎片，放在了窗台上。

他从那片糊着窗纸的窗缝中窥望。喜鹊果然飞过来了，扑在窗台上跳跃，随即，他就听到了一片细碎的声音，乳色的窗纸上，映出了喜鹊飞快而又贪婪地啄食馒头碎屑的影子……吃饱后的喜鹊，快乐地叫了一声，又飞走了。

一颗晶莹的泪花涌上了常书鸿的眼角。像是唯恐别人窥见似的，他用手背立刻将它擦掉了。他是怎么啦？现在，他变得如此脆弱，而且，只为一只喜鹊……

第二天清早，他竟像约会似的，又开始了这种等待——大清早，他又将一把馒头屑，撒在了窗台上。果然，喜鹊又来了！还像昨天一样，先飞到梨树枝头，然后飞到窗台上飞快地啄食……第三天、第四天……每天都是昨天的继续。

花尾巴喜鹊，成了他窗前固定的食客。有了这只喜鹊，仿佛冲淡了他的一丝孤寂。除了沙娜和嘉陵，他有了这个奇特的伴侣，每天清早他就有了一种充实的期待。

他本来想把这件事告诉女儿或其他人，让大家与他一起分享快乐。可继而一想，用不着。就让这只小小的花喜鹊，成为他自个儿的秘密，成为他自己心中的一道美丽的风景吧！

冬过了，年过了，春来了，夏来了，时间就如流水而逝。

1947年的秋风，使白杨树的叶子，再次镶出了一道金边。

花尾巴喜鹊，果然成了日日必来的常客，就像是他的家庭成员一样。

花尾巴喜鹊，果然是幸福信使。

这天，常书鸿接到了一封信。

信是沈福文写的，写得很简短，信中的语气却是不容迟疑的：

"……常先生，您不是说不日要到兰州办事吗？赶快来吧！依我看，趁便，您就把与李小姐李承仙的好事办了算了，我们观察她也近一年了，她真是如您期望的那样，是一位敦煌痴人，我们把您的事都跟她说了，她同意，她从心底尊敬您……"

直到坐上开往兰州的车子，常书鸿还是觉得似信非信——此事就如梦中一般。

现在，什么都在信中约好了，李承仙从成都赴兰州，他从敦煌去兰州。他们将在那里相会并结婚，他再带着她来敦煌。

现在看来，去年她没有一起来倒是好事，好事常常是欲速则不达。如果去年她只是作为一个艺专的毕业生来此工作，也许就跟其他人没两样，她与他只是师生关系了。就像现在聘书上写的，她只是一名助理研究员。可现在，真是鬼使神差，当然，她如果在后来跟张大千一块来敦煌，他们也许也没有其他想法了。可是，谁晓得张大千会遇上那么多麻烦事？他因为甘肃省议会有个人告他剥落了敦煌壁画，要打官司，来不了；她因父亲的病也来不了；两个来不了使她这一耽误就是一年，这一耽误却耽出了他们的缘分。

当然，这是沈福文从中起的作用，沈福文是艺专工艺美术系的漆画教师，李承仙是他家的常客。沈福文的撮合是头一功，还有学生毕晋吉。拿古话讲，他们都是有功劳的大红媒。另外，也许是她的孝心"感天动地"，现在，她父亲的病，痊愈了。她没有后顾之忧了。

啊，那天，真是鬼使神差，我为什么偏偏让她在这个小本子上留下名字？否则就不会有那么深的印象和后来的谈话了，哦，她比我年纪要小许多啊！

人啊，人啊人……

火车轮子哐哐当当地响，常书鸿心里却盘旋着一曲曲优美的乐章。他急切地回想起上次他们见面的时刻，可是不知怎么搞的，他能记起他们的对话，能记起她对他说过的对敦煌的向往和痴情，就是想不起她的模样。是的，她在他的本子上留下了名字，那三个字的笔画，签得很纤细，就像她本人……

常书鸿又从身边摸出了那个本子，这个小小的巴掌大小的工作本子，就像他的护身符，是须臾不离身的，它像日记又不纯粹是日记。多年来，他就在上头随手记着各种各样的琐碎事情。

他一页一页地翻，终于又翻到了那一页。哦，是的，李承仙，三个字，小小巧巧的，瞧，他还在她的名字下画了两道杠杠。是的，她很年轻，哎，她是二十几岁？他怎么就忘了问她？他好像也没有很认真地问过沈福文。以后再问吧，可是，那又多不好意思，他真是粗心，以后，可真要改改这粗心的毛病了，对于这个比自己小了二十来岁的姑娘，常书鸿，你可真的要细心呵护了。今后，她就是走进你的命运、走进你的全部生活的人，她就是……呵，对了，今后，她就是你的飞天，你最心爱的敦煌飞天！

哦，想想吧！常书鸿，你在43岁后将重建你的人生，你们将在这无际无垠的蓝天碧空、在这绵延千里的赤地中一起飞翔，你们可能仍然会一无所有，你们依然会很清贫，但你们将永远拥有敦煌，拥有举世无双的敦煌！这一点，你必须使她明确，一开始就明确，永远明确……是的，不管怎样，这个李承仙，将是你今后生活的最重要的部分，今后，你应该小心地珍爱她，加倍地呵护她……

啊，这件事，是的，好像还有一点不太妥当……哦，是的，他没有告诉沙娜，从头至尾没有告诉她，包括这次出来的真正目的。他是有顾虑呀，是的，沙娜太聪明，太敏感，他怕猛一说会伤了她的心，可是这事早晚她会知道的呀，她会怎么看？

万一她跟李承仙相处不好，那可怎么办？

不不，别把事情想得那么糟，不会的，沙娜是他的最心爱的女儿，是他的心肝宝贝，她会理解他的。

记得那天，沙娜像往常一样，将那只煤油灯罩擦完，交到他手里，不知为什么，她忽然心血来潮地说："爸爸，你放心，在你没有开始新的生活以前，沙娜是不会离开你的！……"

是的，沙娜在心里是祝福自己的爸爸应该有新的生活的，那么，你还忧虑什么呢？你，常书鸿，还有将要成为你的妻子的李承仙，还有你的女儿沙娜、儿子嘉陵，你们都应该获得真正意义上的幸福，获得真正的属于家庭才有的那种安宁……

那么，当面不好意思讲，就写信吧，对，到兰州后，马上给沙娜写信，把一切都对她说明……不，为什么等到兰州呢？最好是现在就写……哎，急什么，现在写，还不知后来的事怎样发展呢，别慌，等事情有了明确的结果后，再写也不晚……

车子还有几个小时才到呢？天，他是这么疲倦，可是，人越是疲倦，就越是难以闭目养神。

越来越响的车轮声，把常书鸿那幸福而又混乱的思绪，搅得更乱……

李承仙永远都不会忘记这一天，1947年9月10日。

为这一天，她等待过，等待得如痴如醉。可是，她本来不是为了别的，是为了她心中的敦煌而等待的呀！人家告诉她：常书鸿就是敦煌，跟了他这个人，没有错！

常书鸿就是敦煌?!一语如同天音!

她见过他:他体态魁梧,说话慢条斯理,一口杭州腔。记得那天与他交谈的时候,也是她说得多,他答得少,他说的话,除了敦煌就是敦煌——"常书鸿就是敦煌!"

这话说得太好了。他这样的人,就是我心中的敦煌。他是那么出色,他在人群中,那气度,真正是鹤立鸡群。当然,不止是他的模样,而是气质,他就是那种一望而知有学问有气质的那种人。他已经整43岁了,比我整整大20岁。20岁,是父辈师辈的年龄,这合适吗?别人会怎么看?不,年龄差别有什么关系?关键是人品,是真正的白头到老永不分离的爱恋和依赖。在两人关系中,最起作用的是基于对对方的崇拜和尊敬,是的,爱情需要崇拜和尊敬,常书鸿是值得崇拜和尊敬的,他真是我心中的敦煌,这就够了!

常书鸿可真够有块头的,潇潇洒洒伟丈夫一个!还有他的女儿沙娜,真是个漂亮又聪明的女孩子。听说,他还有个儿子,现在快6岁了,正是调皮的年龄,以后,我将做他们的妈妈,不,是后妈了!天呀,这叫我怎么当?他们会欢迎我吗?我比沙娜才大9岁,我们怎么相处?沙娜知不知道他父亲要娶我?这回,他是一个人来的,沙娜肯定还不知道,那以后……

坐在邮政车上的李承仙左思右想,心乱得如千丝万缕纠缠在一起的麻线。

李承仙已经按照约定,住在常书鸿的朋友张子成家中,等候着他的到来。

简直跟钟摆一样准确，傍晚6点半，他来了。虽然已经见过他，虽然这两个月来一直盘旋着今天的这个不寻常的日子，但是，听见他的声音知道他就要进门的这一刹那，李承仙觉得自己仿佛通了电流似的，从上到下都麻了，僵了。

　　她觉得自己目光也是僵僵的，盯着门口又不好意思光看门口，紧张极了。

　　她下意识地打量自己：不错，自己的这件茶绿底方格子的旗袍，剪裁合体，正好衬出了她青春的身材。陪她去取这件旗袍的女友也说过，她穿这件衣服很合适。她放心了。平常，她对自己穿什么并不讲究，只是今天她一定要格外讲究，因为，她知道他的那位前夫人是衣着讲究很漂亮也很会打扮的女人，她不能在这点上输给了她。

　　她已经来不及揣测他的穿着以及他进门时的第一句话和表情了！听到他的声音没几秒钟，他已经进来了。

　　他怎么一手提着一袋米，一手抱着一只哈密瓜？好一副休闲串门走亲戚的样子。

　　哦，他过过苦日子了，他心细，是个实在人，是个知道过日子的男人。

　　他穿的是俄国式的那种半长皮夹克，翻着一条白色的毛皮领子，脚下是一双高筒靴子，完全一副西部汉子的打扮，魁梧的汉子一配这穿着，活活像……

　　想到这里，她情不自禁地笑了一下，这一笑，紧张的心就松弛了。

是坐在对面还是坐在她身旁，他好像稍稍犹豫了一下，因为，她是坐在床沿的。床沿比较宽敞，所以他当机立断地坐在了她的身旁。

她的心突突地跳，挨得这么近，她似乎也听到了他的心跳。她再次紧张起来，低下头，咬着嘴唇，等着他开口。

没想到，他什么闲话也没有，他望着她，两眼满溢着一种幸福而又安宁的笑。他直截了当地说：

"李承仙，你能同意跟我一起生活，我很感动，真的要感谢你。你知道的，我们那边很艰苦的，我的个人生活，当然也很苦，那情形，我不跟你细说了，沈福文去过我们那边，他都知道的，他跟你说了许多，是吗？你说，你有这个思想准备，是吗？"

她应该回答他，是，还是不是。当然应该回答：是！可是，不知道怎么搞的，平常她是很能说话的，可这会儿，她就是喉头发紧，回答不出来，于是，她用力地点了点头。

"那，你想好了吗？沈福文跟你说过了吧？我这回来，就是与你结婚的，我打算明天就举行婚礼，好不好？因为，我不能在这里待得很长，敦煌有许多工作要做，你明白吗？你同意这个计划吗？"

这下，该她回答了，同意或者不同意，可是，不知为什么，她还是说不出来。她稍稍偏头一看，他正紧紧盯着她的眼、她的嘴，于是，她又连忙启齿一笑，点了点头！

"哎，你笑起来真好看，刚才我进门时，你也这么一笑，你是看到我，哎，我有什么不合适的地方吗？"

她摇摇头，仍旧笑了起来，那笑容，带着点顽皮。"是的，我想到了你，你像……"

"像什么？"

"你像头北极熊！"

"啊哈！我是北极熊？！"常书鸿开心地哈哈大笑起来。那声音，发着颤，好像有泪音。不不，他是笑着的，笑得那么开怀，那么满足，那笑容，简直就像她的父亲！

第二天一早，常书鸿说好要陪着李承仙去买衣服。

她正要出门，为他们张罗婚礼的报社朋友来问：报上的"结婚启事"用几号字？

她当然听人说过，两年前，陈芝秀也是在这张报纸上登过一份与常书鸿"脱离关系"的启事，用的是五号字。于是，她自作主张了，她没有征求常书鸿的意见，立刻回答那位朋友：我们的"启事"用四号字！

买好了衣服，他们又急忙去照相馆拍了婚纱照。

她穿上一件枣红底黑圆圈的织锦缎旗袍，戴了一条长长的雪白的披纱，照镜子时，她简直都认不出镜子里的自己了。

她喜洋洋地回眸一瞥穿了一身黑色礼服的他，发觉常书鸿和这身黑色的礼服是那样般配，那么帅，哪里像四十开外的人？不，正因为他比她大了这许多，才显得更稳重更成熟。哦，他穿西服打领带真漂亮，可不，他原来就是学西画的嘛！

省长谷正伦主婚，西北军事委员会主任陶峙岳证婚，常书鸿和李承仙的这场婚礼，在兰州算是最高规格了。

来贺喜的朋友将兰州饭店的大厅挤得满满的。

在婚礼上手足无措的常书鸿，自始至终只是一个劲地对着大家惶惶地微笑。

夜深了，人静了，面对着她，他仿佛才恢复了素常的镇静和儒雅。

李承仙含羞地等待着，等待着她盼望已久的幸福誓词，可是，常书鸿只是凝望着她，久久地，久久地，未发一言。

李承仙奇怪了。已经有了一天一夜的同出同进、耳鬓厮磨的亲昵，她用不着太拘泥，她没罩旧式新娘的红盖头，完全可以看得清他的表情，一颦一笑都看得清。

"说话呀！嗳，你怎么啦？"急性子的她，终于忍不住了。

"哦！"常书鸿长长叹息一声。真怪！他竟然叹气？

"哦！我是在想，不停地想：我是在做梦吧？！"常书鸿低声喃喃道。"仙，从昨天到现在，我一直觉得自己在做梦，我好像在敦煌壁画中的佛国仙境中遨游。"

原来如此！"怪不得人家都说你是敦煌痴人，一开口就是敦煌……"

"那你呢？你不也是吗？你要不痴，为何会嫁给我这半老头？"

"嗯，以后，以后不许你说自己是老头！"

"真的，仙，到现在我还不太相信我们的结婚是个事实，我一直恍恍惚惚，你在我身边，我一直都觉得自己还待在石窟中，一颗心伴着头顶上的'飞天'在游走翱翔。"

原来是这样！李承仙心动如潮，难以言喻的幸福感胀满了胸臆。难道还要别的誓言吗？

有这句话就足够足够了！就为这样的话，叫她立刻去死，她都心甘情愿！

她低头一想，立刻快步走到屋子一角，打开她带来的那只小箱，拿出了一套书。

"书鸿，这是大千送给我们的结婚礼物。"

常书鸿接过来一看，是张大千珍藏的一套图册：日本松本荣一著的《敦煌画研究》，而图片则是伯希和拍摄的《敦煌石窟图录》，全部是黑白版。

常书鸿双手颤抖了。这是大千最心爱的书籍，那上面，还有他阅读时圈圈点点的额批，这套书，对于研究敦煌的他来说，无疑是最珍贵的。

大千呵大千，"桃花潭水深千尺，不及汪伦送我情！"

四年前，大千离别敦煌前夕，送他的那张"食用蘑菇采寻图"，顿时浮现眼前。

"仙，大千先生对我真是太好了，四年前，他离开敦煌时，就曾送过我一件宝贝。"

他跟她讲了"食用蘑菇采寻图"的故事，并说自己后来果然按图索骥，寻着了蘑菇。回来后，感慨万千而赋诗：敦煌苦，孤灯夜读草蘑菇。人间乐，西出阳关故人多。

"哎，你还挺浪漫的呢！"

"那是当然。仙，你知道我在想什么吗？"

李承仙心里作着猜测，她知道自己的猜测是八九不离十的。可她故意不说出来，摇头道："你看你，你想的，我哪能猜得到呢？"

"我在想：我现在是世界上最富最富的人了！有《敦煌画研究》，又有活生生的'飞天'，我不是人世间的大富翁还是什么？"

李承仙和沙娜姐弟如何见面？常书鸿一直萦回于怀。

李承仙和沙娜姐弟见面的这个场面，常书鸿在路上设想了许多次，他想了又想，设计了又设计。从兰州到敦煌的这一路，他承受了性格直爽而活泼的李承仙带给他的全部欢愉，可是车近敦煌，他就渐渐忧虑起来。

他总觉得对于儿女来说，他的再婚有些匆促。出门前，他未对沙娜透露过半点口风，这也使他有点内疚。此时，他又突然想起了去年在离开重庆前夕，沙娜与他的有关母亲陈芝秀的交谈，沙娜当时的脸色、语气，都令他不安。

他感觉到了，沙娜起初曾经恼恨过母亲，但是，天长日久，思念遏制了恼恨，也许，她早已原谅了母亲；也许，她在心底还在思念母亲；这是毋庸讳言的。父母亲是儿女心里永远无法拔除的根，他不能责怪女儿，女儿的善良和宽容，正是他的遗传，他的家风，他不能对沙娜有一丝半点的苛求。

怎么办？要不要对李承仙说说？让她有个思想准备，否则的话，万一见了面，沙娜要起倔劲来，那就会令李承仙异常难堪，怎么办？

万一出现这种情况，就糟糕了。不不，他要把工作做在前头，哪怕他自己承受一切，也不能让李承仙，不能让沙娜姐弟，再承受一点点委屈。无论如何，他的工作应从李承仙这儿做起。承仙和他是患难夫妻，今后，她要分担他的一切苦乐和悲欢，他应当首先对她说。

那么，怎样说才好呢？李承仙一路都在小声地哼唱着，坦诚率直的她，一路都在以这没词没调没有名目的任意歌唱，表达着自己的幸福。"呀，书鸿，屁股挪开一点点，别把我这小包压扁了。"

"啊，装的什么宝贝？"

"宝贝？是的，不给你说，要不，你猜？"

他可猜不出来。

敦煌到了。莫高窟到了。像他每回回家那样，沙娜牵着嘉陵的手，飞奔出来迎接。

嘉陵滚成了个泥猴，沙娜大概还没来得及给他洗。嘉陵的头发、脖窝里有许多沙土，一只鞋也裂开了一个大口子——这就是没了娘的孩子啊。常书鸿心里紧紧一缩。

他迟疑一下，将坐在马车里的李承仙搀了下来。

"沙娜，这是我给你们娶的新……新妈妈。"他说着，一张脸盘陡然涨得通红。"沙娜，来，你们以前见……见过面的，对吗？那就再来认识一下……"

沙娜瞪大了眼睛，从头到脚看着李承仙。她并非全然惊愕而像是有了一定的思想准备，看来他写的信，女儿接到了。

李承仙大大方方地一下子跨到了两个孩子面前，像要将姐弟俩一下抱住似的，笑眯眯地伸开了两臂："一年不见，嘉陵长这么高了！沙娜，嘉陵，还认得我吗？嗳，你们，对了，以后，你们就叫我妈咪，以后，我就是你们的妈咪！叫呀，嘉陵！"

沙娜咬着嘴唇，矜持地低了头，用脚蹭着地上的沙子。

嘉陵却立刻从她的怀里挣出来，往后躲了躲，轻轻地叫了声："妈咪！"

叫完后，嘉陵又立刻跑到了姐姐身后，朝父亲探头问："爸爸，你是不是又没有带糖？"

"糖？妈咪有，还有这个！"李承仙急忙开箱解包裹，拿出了一大盒糖，接着，又拿出了那个一路上不断提醒常书鸿别坐坏的小盒子。

她三下两下地解开了。原来，这是一架小小的八音琴。"你听，来！嘉陵，你听听，很好听的……"说着，她铮然拨动了一下，清脆的音韵霎时飞扬开来。

"你听，沙娜，嘉陵，来跟我学学！"李承仙动情地劝说着，自己马上附着轻轻的琴音唱起来："我的家，我的小小可爱的家……"

原来，她带的是这个宝贝！她可真有心！

沙娜抬起头来，真诚地望了李承仙一眼，那目光分明是理解和信任的。嘉陵眉开眼笑地将"八音琴"抱在了怀里，又甜甜地叫了声："妈咪！"

　　一路的忧心烟消云散！常书鸿发自内心地笑了出来。

艺展轰动上海滩

1947年仲夏，是重整旗鼓的敦煌研究所的又一个鼎盛时期。

孙儒僩、黄文馥、欧阳琳、薛德嘉、肖克俭等一批年轻人，先于李承仙，到了敦煌。

眨眼间，夏过了，秋深了。在北京，在内地，阳春十月正是秋高气爽的季节，可在敦煌，在春风不度的玉门关，十月暖融融的阳光照耀了没两天，第一场小雪已经悄然飘临。

但在重整旗鼓的敦煌研究所，人人都像铆足了劲的发条，一个赛一个地干。常书鸿原来一心要做的敦煌石窟"基础工程"——为洞窟重新编号，现在终于有了称心、得力的人手。他拿出积存的资料，带领李承仙、段文杰、肖克俭等人，着手洞窟重新编号的第一步工作。

在常书鸿眼里，为洞窟重新编号，确实是保护敦煌、研究敦煌的基础工程，前几年鉴于极困苦的条件，迫于无奈，做做停停。现在，他终于可以放手大干一场了。

他要做的第二件事，就是重组临摹壁画的队伍。

他像数宝似的计算着他的人马：孙儒僴、黄文馥、欧阳琳、薛德嘉，还有后来的史苇湘。是的，这些人，都是他细筛精挑选来的，他们完全有能力胜任他所交的任何工作。于是，常书鸿下了大决心：集中精锐力量，把敦煌石窟各个时代有代表性的作品，全部临摹下来。

宏伟的计划如春潮似的在他心中时时奔涌：等这批临摹作品全部完成后，就是储存了又一个敦煌石窟。这将是和石窟同样珍贵无比而能流动的资料。不久的将来，他要带着这批辉煌之极的"流动石窟"，向全国乃至全世界各地的人展示中国美术发展的演变史，展示中国最丰富的文化遗产。为使人人都能成为真正的敦煌艺术的研究者，他想出了一个特殊形式的"讲评"。于是，每到月底的几个晚上，大家所住的马厩，就变成了讲评的课堂。马厩的房梁上，一盏汽灯晶明瓦亮。全所人一个月的"战绩"统统挂在了墙上。

"书鸿，你得给我补课！"常书鸿回到小屋，李承仙就噘起了嘴。

他没有让李承仙去"课堂"，是因为她的妊娠反应——在洞里工作了一天的她，连晚饭也不想吃，喝一口莫高窟特有的又咸又苦的水，她吐出来的比喝进去的还多。

见她反应这么厉害，常书鸿很想叫她休息一段时间，可是，李承仙过分要强，对于工作，叫她少干一点都不行。

常书鸿暗暗有点后悔：悔不该一开始就叫爱妻去参加临摹

那幅规模最大也是难度最大的壁画——《五台山图》。他知道承仙要强，但没有想到她会要强到性命都不顾的地步。看着她吐完了喝、喝完了再吐的可怜情状，常书鸿疼得心都缩起来了。

他无法收回成命，作为所长，他不能让妻子成为大家眼中的特殊人物。而且，承仙在工作上也着实成为他最有力的助手。这一阵，妻子都是吐一会，歇口气，又立即去干，一进洞就是一天。到了下午，光线渐趋暗淡的时候，临摹的艰辛就分外体现出来了——这时，和所有的临摹者一样，她一手举个小油灯，一手执笔，照一下，画一笔，非常吃力。

每当此时，他总无法遮掩自己的内疚——他觉得，让承仙去承受这个最重的任务，固然有她自己争强好胜的因素，但是，也有自己的虚荣心作怪——他是否太急于向大家证明李承仙也非寻常之辈而使妻子不得不吃更多的苦头呢？

"哼，你不给我讲，我来给你讲吧！'大家都晓得，通常，我们把壁画临摹，分为客观临摹、复原临摹、整理临摹三种，客观临摹当然很明了，就是壁画怎样，临摹的作品也怎样。而复原临摹呢，是发现画面如果有缺损的地方，就由临摹者揣度而加以补充，使临摹的色彩复原到原来作画的色相，这样做的好处不用说，但是，事物都有两面性，有利必有弊。复原临摹容易主观武断，造成画面失实。而整理临摹呢，当然是介于两者之间的'……"

"呀，你怎么搞的，说得和我讲过的一字不差？"常书鸿惊讶地说。

他终于明白了，李承仙根本没有听从他的劝阻，他"上课"时，她一直坐在汽灯没照见的一角，而他这个高度近视眼，一点也没发觉。

寒天冻地的12月到来之时，常书鸿让大家休假几天，却带了李承仙和常沙娜赴阿克塞地区，为哈萨克民族风情写生。回来后，常书鸿又一次收获了累累硕果——油画：《敦煌中寺后院》《三危山的傍晚》《敦煌农民》《在冰河上》《肖像》《梨花》《古汉桥》等；水彩画：《哈萨克族牧民》《蒙古族猎人》《马喇嘛》《古汉桥前》等。这些别开生面的绘画题材，就像漫天飘飞的雪絮一样令人耳目一新，又目不暇接。

人们再勤奋，再坚强，也敌不过气候的变化。冰天雪地的数九寒天，颜料冻结，僵硬的手也不听使唤。临摹遇到了难题。常书鸿不得不宣布暂停临摹，让大家把工作重点都转为编号：先编洞窟，后编壁画和彩塑。

剔除了伯希和那无规律可循的383个洞窟编号，在张大千当初粗粗编号为441个的基础上，敦煌研究所的洞窟重新编号工作进展顺利。经大家大半年的切实努力，1948年的初春到来时，他们宣布了编号结果：莫高窟的洞窟为465个。

在"课堂"上宣布这个数字时，常书鸿一再说："我相信这也只是个过渡时期的数字，随着我们对敦煌石窟的陆续发现和研究的深入，在不久的将来，肯定有大于465的数字来打破我们现在的所编，我期待这一天！"

这时，常书鸿看到了同事们脸上所流露的无可言喻的兴奋，这正是他所期望的。这时的常书鸿当然还无法断定，敦煌石窟最后为世界公认的数字是：492个。

人是需要期待的，只有期待能鼓舞人心，因此，当他看到大家与他一样为这一期待所兴奋所鼓舞时，他那憨憨咧开大嘴的"常书鸿式"的笑容，又感染了每一个人。

为壁画和彩塑的编号工作，也是旷日持久的——常书鸿没有想到，这一旷日持久的耗尽他和大家心血的工作，十年以后才告完成。

10个月后，李承仙生了一个女儿。

欢喜不已的夫妇，沿用了姐姐沙娜名字的这个"沙"，于是，这个出生在沙漠腹地的女儿，就叫沙妮。

小小的襁褓中的沙妮，白皙得近乎苍白，小脸秀丽而小巧，眼珠漆黑，五官精致，就像个小小的瓷人儿。常书鸿下了班回来，也总要先抱起来亲一亲。

也许是这外号叫坏了吧，这小"瓷人儿"怎么老不见长呢？满了月的沙妮好像和刚生下来时差不多，3个月的沙妮还没人家刚出生的大；半岁了，沙妮会朝人笑了；八个月了，快一岁了，沙妮也会咿咿呀呀了。可是，身子仍是没见长，脑袋瓜、身子骨，都依旧软塌塌的，去找过敦煌最好的医生，都说这孩子得的是软骨病，先天的。医生说到这里时，照例要说一句：孩子的母亲怀孕时一定是不大见阳光或少见了阳光吧？

李承仙一听到这里，就泪眼婆娑。要强的她，只希望自己在工作的质量和进程上与大家保持一致，但她断没想到，长年累月的进洞，少见阳光，会使她遭受这样一种结果！问医生，医生都摇头，一副爱莫能助的表情。

常书鸿和李承仙目瞪口呆，心如刀割。他们也希望出现奇迹，奇迹却一直没有发生。没多久，可怜的小"瓷人儿"夭折了。李承仙号啕大哭。

面对女儿的夭折，常书鸿也和妻子一样悲痛不已。他能挺过来，就因为他有一颗能承受许多打击的心。他替妻子揩了泪水，等她从最初的极度悲痛中平息下来时，安慰道：

"仙，无论做什么事都是要付出代价的。我们是注定要为莫高窟付出代价的人，我们的小沙妮没了，可是，你看，莫高窟的重新编号工作完成了！"

李承仙泪眼朦胧地抬起头来，丈夫的劝慰今日听来却有别样的意味。他的一句话触动了她的心，她给沙妮穿上最好看的花衣服，严严实实地包好，将她的小小遗骸掩埋在一个废弃的洞窟中。她流着泪，恋恋不舍地离开了洞窟。她流着泪，喃喃嘱告小女儿不幸的灵魂和那些无名画工一起，在这个永不风化的葬埋地从此安息。

这天，莫高窟又来了一位"不速之客"。

断没想到：来人竟是三年前在兰州画展相遇的叶丽华女士。

叶丽华女士开门见山地重提三年前的话题——她要做沙娜的监护人，希望常书鸿能认同她的建议，将沙娜带到美国波士顿美术博物馆附属美术学校去学习美术。

沙娜是想去的：现在，她对能够深造的向往和惊喜，已大大多于对父亲的深深依恋，她现在已经17岁，她确实长大了。

这一回，常书鸿向叶丽华郑重道出了：OK！

签完一份十分正规的委托合同后，常书鸿答应叶丽华：他会亲送女儿去上海。

几天后，常书鸿趁去南京述职之机，带着沙娜姐弟，离开了敦煌。

常书鸿在南京向教育部呈上了他的报告。

几经艰难周折，研究所全体人员多年心血所耗：《历代壁画代表作选》《历代藻井图案选》《历代佛光图案选》《历代莲座图案选》《历代线条选》《历代建筑资料选》《历代飞天选》《历代山水人物选》《历代服饰选》和《宋代佛教故事画选》等十几个专题的500多幅画，编选已就，敦煌艺术展已经筹备停当，万事齐备！

常书鸿在报告末尾强调：作为所长，他恳切希望这些精美的作品能够在各大城市巡回展出，以后再设法出国展览。

如此这般，就会有更多的人了解敦煌。如果此举成功，他的宣传敦煌、保护敦煌的心也有了着落。报告送上去后，常书鸿长舒一口气，剩下的就是等待。

在等待教育部答复的日子里，常书鸿带着将要前往美国的女儿沙娜，带着将要寄放在亲戚家的嘉陵，来到了上海。

离别前夕，常书鸿父女俩，各自都潜生了深深的伤感。

父女俩互相感觉到了对方的情绪，都希望对方不为自己的那丝伤感所感染。于是，常书鸿又一次倾其所有，一连几天忙着为女儿置办各种必需的衣物和用品；而沙娜也从这时起，更加珍惜和父亲待在一起的分分秒秒，每办一件事，都和父亲形影不离。

"沙娜，你看，这件花衬衫怎么样？好看吗？"

沙娜点点头。

"你喜欢吗？这条裙子……"

沙娜又点点头。

"好，你喜欢，我们就把它买下，来，店家，多少钱？"

沙娜意识到父亲又要为她破费了，连忙摇摇头："不，爸爸，不买吧，我的衣服够多了。"

"不！买，再买一套也不多的，你是女孩子嘛，总要多两套换洗的衣裳。"

"真够了，爸爸，要不，你就给弟弟买吧，他长得很快……"沙娜声音含着一丝呜咽。

常书鸿点点头。他将花衬衫、裙子和嘉陵的衣服都买了。

1948年的上海虹桥机场。沙娜穿着父亲为她买的淡花衬衫和素色裙子，那只小小的木箱子被父亲宽大的手掌拎在手里，好像格外轻松。

她的目光不舍得从父亲身上移开，父亲一手挽着她，一手挽着嘉陵，就像他们在敦煌赶集那样。飞机不断起落，旅客中，像沙娜这样年轻的女孩，还是为数不多的。

沙娜并不惧怕自己一人出门，从小在里昂和巴黎长大，她相信自己完全可以适应西方的生活方式和饮食起居，这两年来她在家中挑起了家务重担，她更自信简朴的生活对她来说不是难题。这几天与叶丽华相处，她已经非常喜欢这个热心肠而办事又井井有条的监护人，她对那个未来的学校，充满了向往。现在，教她伤感的，是与父亲、小弟的长别离。她走后，父亲要将小弟放在上海的姨妈——李承仙的姐姐处，杭州的大伯说了过一段时间就来接嘉陵，伯父伯母在电话中一再说，他们将像抚养自己的儿女一样抚养嘉陵。

今天早上，沙娜本来打算趁嘉陵还在熟睡时就出门，否则，像以往那样，嘉陵老是抱住姐姐的腿不肯放，沙娜更要被弄得泪眼婆娑了。可没想到，弟弟与她有心灵感应。她一有动静，他就醒了，说什么也要跟着来，父亲就让他来了！现在，弟弟仍旧像在敦煌时那样，影子似的跟着她。沙娜对弟弟有说不出来的疼爱。

送行的朋友，又为她们父子三人拍了合影。

在办理行李托运处，交付托运沙娜所带的这只木箱子时，常书鸿想了想，在一处僻静的石台上坐下来，又拔出常年插在胸袋里那支炭笔，半跪似的弯伏身子在木箱上写着什么字。

沙娜眼窝一热，拿过朋友的那个小小相机，"咔嚓"一声，镜头里留下了父亲为她躬身弯腰的永远姿影。在她的"咔嚓"间，父亲写好了。

父亲为她在箱子上写了大大的两个字母：S.D.——那是她的法文名字的缩写。

"到那边，万一取行李的人多，这箱子有个记号就好找多了。"常书鸿咧着宽厚的嘴唇，笑着说。沙娜点点头。就像刚才镜头里留下了父亲弯腰的身姿一样，她永远记住了父亲的笑容。这笑容，在面对她和弟弟时，常常就像一个做错了事的孩子请求原谅一样的纯真。

爸爸，她有个多好的爸爸啊！

沙娜心头一酸。霎时间，被她控制住的泪水，突然又涌了出来，揩也揩不干。

"沙娜，记牢，一到了那边就写信来……"

沙娜咬着嘴唇，点点头。"沙娜，记牢，在那边你要尽量多吃水果……"

"沙娜，记牢，有空的时候，多拍两张照片寄来，省得我，哎，省得我和你妈咪惦念……"

沙娜又用力点了点头。她非常明白父亲最后为何要特意点到"妈咪"——李承仙病了，本来他们是一道出门的，但生病使她无法长途跋涉赶来送行，她只好留在了兰州。现在，这个特别的提醒中，融和着父亲再次为糅合她和继母良好关系的良苦用心。

"沙娜，这只小八音琴，你妈咪让你带到那边去。"

沙娜一看，是那只与李承仙第一次相见时的玩具琴。就是这只琴，一下子缩短了她和弟弟与继母的距离。继母是个有心人，而父亲在这时隆重拿出这只琴，可见其用心良苦。

沙娜把琴放回父亲手里，泪花盈盈地说："爸爸，妈咪的心意我领了。琴还是留在家吧，以后，我们总还有小弟弟小妹妹的。爸爸，请你告诉妈咪，我相信她，相信她会对你很好的！"

千言万语难表达，泪花又一次飘现在常书鸿的眼眶里。

送走了沙娜，常书鸿开始一心一意地准备将在南京举办的"敦煌艺术展"。

在南京，常书鸿住的是吕斯百家。在布展中，老朋友再次伸出了无私的友谊之手，一切常书鸿没有想到的问题，斯百都替他想到了。

8月22日，"敦煌艺术展"的大横幅挂在了国立中央研究院——这天是开幕，因外交部与教育部的联合邀请，当时的驻华使节几乎全都来了。

对这一开幕就可能引起反响的展览，常书鸿听从了朋友的意见，聪明地选择了不搞通常的剪彩仪式。当于右任、陈立夫、孙科及中央研究院院长傅斯年等一批顶头上司到场以后，大松一口气的常书鸿立即站在了侧幕——此时的他，大有"目的已达，任人评说"的心态了。

美国的司徒雷登、法国大使戈斯默，在参观的人群中备受注目。他们在一幅又一幅精彩绝伦的壁画前停留着、凝视着，极小声而谨慎地议论着。这几年关于敦煌石窟宝物的消息常见于报端，国人对斯坦因、伯希和，特别是"大盗"华尔纳、鄂登堡肆无忌惮而又津津乐道他们的"所获"多有愤慨之议，作为大使的他们，绝对不会听而不闻，故而，在这批临摹品面前，即便在心里赞叹不已，他们也不能不保持适度的矜持。

即使来了这么多重要人物，常书鸿也没有出面陪任何人参观。他觉得他要说的，他和他的同伴、学生所做的，五年的风霜雨雪，都在这里了，他用不着作任何说明。

傅斯年在临走前悄悄告诉他："上头已经发下话了：过两天他会来的。"

常书鸿心里很明白这个"他"指的是谁。

8月28日这天，蒋介石果然来了。

常书鸿早就听说"蒋委员长"本来在行动上就相当诡秘，在因外事出门时更注重于选时择吉，近来更是如此。因此，选择"8·28"这个从发音到含意都是"双吉"的日子行走，当然是出于精心的考虑。

这天，天偏偏下起了大雨。为表示自己是言而有信的，蒋介石仍然来了。

前呼后拥，层层保镖。在他进院前，许多参观者都被禁止入内。

常书鸿早知有这阵势，本想退避三舍，傅斯年却早早提醒过他：这要引起误会的，有人会说是你刻意回避，这是不敬，龙颜一怒，将来我要为敦煌说话，就难了。

常书鸿点头，心知傅斯年是一番好意，他本想冲口而出说一句：我从来都没有指望过什么皇帝的隆恩呢……话到舌边，又咽了回去。

虽然对"蒋委员长"的面貌早不陌生，但当浓眉鹰目穿一身雪白纺绸衫的蒋介石，在左右前后的人簇拥下，立在他的面前并向他伸手相握作礼贤下士状时，常书鸿竟由于对方的这身特殊的衣裳惊诧得半天没有回过神来。

后来，他再次与吕斯百说起当时的感觉，还是一脸惊诧："斯百，你晓得吗，一看蒋的形神，我心里打了个哆嗦。不是怕他这个人，而是，怎么说呢？哎，真正是骨瘦如柴，形销骨立，又加上他的光头，我觉得简直像面对一个骷髅，他那形象，活活就是个不吉之兆嘛——哎，我说这话要被密探听见了，真是个杀头之罪呢！"

吕斯百轻声笑道："既说了，说一句和说一百句都是死罪，那你就干脆说个痛快吧！"

"其实，我没有更多可说的。我在敦煌，远离世事，除了洞窟，我对其他什么事都不感兴趣。只是，喂，我给你看一封信。斯百，这封信也不知谁写的，是混在参观者里的人塞给我的，你看，好大胆呀！"

吕斯百接过来一看，这封不署名的信虽然只是三言两语，却写得言简意赅：

常书鸿先生：

我们尊敬您为保护敦煌艺术付出的一切努力，但万万不可为一个濒临末日的王朝卖命；只有山那边的中国共产党才能救中国，救敦煌艺术。

"书鸿兄，我看这信的来头不小，事关政治，你可不能等闲视之，这封信你千万要收好，千万不能教它落到外人眼里……"

"有这么严重？那我把它……"常书鸿不待说完，就将这封信放到煤油灯罩上方，一下就化为了一缕轻烟。

吕斯百一声惊叫，想抢没有抢住。"我只是想提醒你，烧掉就可惜了。我是说这信，可能不是一个参观者的话，是政界人士的一种政治提醒。"

常书鸿轻叹一声说："政治不是你我所能左右的事，反正我记在心里就是了。斯百，我觉得南京的这个展览，到此也可为止了，虽然这些大官们都看了，可他们的态度，都没有我预期的那般热心。你看，我们还要不要办到上海去呢？"

"办，当然办。南京的情况你已经看到了，目前的南京是个政治城市，它不可能关注你的艺术，上海就有可能不一样，上海是个商业大都会，你搞这个展览，会有艺术和商业的双重效应。"

果然不出吕斯百所料，一周后，移往上海大新公司楼上的

"敦煌艺术展"，立刻就轰动了上海滩。上海的大报小报连日来连篇累牍地宣传介绍，络绎不绝的参观者使本来就热闹非凡的大新公司，每天顾客盈门，更加热闹。"敦煌艺术展"的消息刚刚见诸报端没两天，印上了敦煌彩塑和壁画图案的被面、丝巾、手帕、儿童玩具等，就在南京路的几家大百货店热销起来。

在上海，最令常书鸿高兴的是，他再次遇到了一个知音：郑振铎。

将敦煌展品中较好的作品彩印出版，是他在敦煌组织临摹时就埋下的心愿。他原来一心期望教育部能资助他完成这一心愿。可是在南京所感受到的一切，使他早已打消了这一念头。上海的出版情况良好，使他心愿重燃。一听说郑振铎先生是在商务印书馆任职的，常书鸿那根兴奋的神经立刻跳了起来。与郑相晤未几，常书鸿已经感觉到郑先生是这些年来他所遇到的最能感应敦煌艺术且最能感应他心怀的人。遗憾的是，郑先生虽然对敦煌艺术热爱有加，却并非阔佬，但他表示将尽最大努力，将这些摹本印成黑白版。

常书鸿一听，着急地说："郑先生，这些摹本若是印黑白版，那就可惜了，要知道，敦煌艺术的很大一部分价值，就在它的色彩中……"说着，他立刻意识到了，自己不可自说自话。难道人家不明白吗？这位郑先生能慨然允诺出黑白版，已经是雪中送炭之举了。

"常先生，问题是我们的经济状况和出版能力都不能尽如我所愿，我何尝不想出一部最漂亮的彩色版啊！"郑振铎说着，脸红了起来。"彩色版成本是黑白版的好几倍!"

常书鸿非常难为情。自己刚才操之过急,说话就没有分寸了。他也红了脸,歉疚地说:"对不起,郑先生,请你务必原谅我的心情……"

"哪里,哪里,我当然明白你。常先生,我倒想起一个主意,要不要我帮你联系一些有实力的企业家,他们如果能出资,经济问题就迎刃而解了。"

他这一说,常书鸿立刻想起来:在南京展出的前一天,早已回到北平的董希文,闻讯拍来电报表示祝贺。希文经吴作人、李宗泽推荐,现在北平国立艺专任教。希文还是穷教员,但他的姐夫黄肇兴是建业银行经理,在上海滩也是有名人士。这事与希文说说,让他去与其姐夫商量,准成!常书鸿一拍大腿:有了!

郑振铎忙问:"你说的是?"

常书鸿如此这般一说,郑振铎连连点头:"与黄经理有这层关系,那决无问题了!"

常书鸿立刻写信请董希文与其姐夫取得联系,黄经理果然慨然答应:愿意出资出版全部彩色版。得了确信的常书鸿,兴奋得直想仰天长啸!

当下,他就给吕斯百飞去一纸电报式的短函:"缘遇巧合,犹如天助!"

为尽快高质量制成版,常书鸿住处、印刷公司两头跑,忙得不亦乐乎。

人在为高兴事忙碌或者说人忙碌的是高兴的事时，日子就像长上了翅膀。有一天，教育部教育司的剡司长，突然从南京赶到上海，屁股没坐热，这位司长拿出部长朱家骅的亲笔信。

教育部长的信十分简短，但口气是毋庸置疑的：

"……俟上海展览结束后，从速将全部敦煌摹本运往台湾展出。"

常书鸿一看，晴天霹雳顿时炸在头上！

愿与敦煌长相伴

兔子惹急了也会咬人！常书鸿瞪着剡司长那油光可鉴的脑袋和面无表情的脸庞，这句话立时涌到了脑海。如果手中有一柄利刃，他想自己会不会一怒投掷过去？会的，他为什么不能发泄一下自己的情感？他常书鸿是属龙的，可不是属兔子的！兔子惹急了也会咬人！

简直是欺人太甚了！这位剡司长，拿了这封信，仿佛就是尚方宝剑，他对着常书鸿像宣读圣旨似的读完了这封"部长亲笔指示"，仿佛常书鸿不立马执行，就是"抗上"！

常书鸿悲愤难忍。这么多年，忍受了这么多挫折，经受了这么多困难，没见教育部诚心关顾，现在说句话就要我把研究所全体人员的心血，运送到台湾去，这与公开的掠夺何异？

他攥着拳头的手一直在哆嗦，他知道和眼前的这个人，无可理论，多年的挫折，使他稍稍学会了控制。墙上的那张印着在大新公司展览的海报晃过眼帘，他压了压心中的火气，说："有个情况，教育部应当知道的，为了敦煌研究所的生存，更为宣传敦煌石窟艺术，我们这些摹本，正在有识之士的帮助下印刷制版，眼前是无法再拿到别处展览的。"

"印刷制版？这事你请示过部里了吗？我怎么不知道？"

"半年前我就向部里报告过了，你不知道是你的事，部里迟迟不批，是部里的事，我是所长，为了全所人的生存，为了宣传敦煌，我有权利作这个主。"

司长的脸色又像青砖一样了。"那，你们要到什么时候才搞完？"

"那可说不准，技术上的事很烦难，一时半会无法结束。"

司长的脸越发难看起来。"这个，你这样的讲法，叫我回去怎么向部长回话？"

"怎么回话，那也是你的事，我对你说的，都是事实。"

"常先生，部长是姓朱的，不是姓常的！"

"这不用你说，可我这个姓常的还有另一个姓名，你不知道吧？我姓常也姓'杭'，叫'杭铁头'！"

司长愣住了。

"常所长，你是知道的，部长的手令，对于我们就是两个字：服从。如果不照办，后果自负！"司长说完，悻悻地站起，拂袖就走。

常书鸿觉得，对这样的人，连跟他说声再见都用不着。

过了一会，他觉得自己还是心急了一点，刚才，他应该对这个家伙再来点小幽默——他不是听不懂"杭铁头"是什么意思吗？那么，索性再讥讽他一句：说到底你也不过姓剡嘛，就凭你这两把小"火"想唬我这"杭铁头"？万难！

随即，他就得知了这位剡司长的行踪：果不出所料，南京的大小官员现在如潮地往南边涌集，等着往台湾去，这位司长来时就买好了飞广州的机票，在上海，他是绝对无心久留的。

常书鸿当晚在跟吕斯百通电话时，说了这段插曲。斯百哈哈大笑："书鸿兄，你现在总算学聪明一点了！"

吕斯百的话启发了常书鸿，事不宜迟，他决定连夜行动。

深夜，他将摹本分两部分包好，一部分交给上海的亲戚——李承仙的姐夫朱惠康保存。

向朱惠康交待完毕，他立即坐上了开往杭州的火车。

深夜开出的这列沪杭列车，十分冷清。他所乘坐的这节车厢，三分之一的乘客都没有。

常书鸿在靠窗的座位上坐着，一天忙碌，虽然疲累已极，他却睡意全无。那个装着另一半摹本的大画箱，宝贝似的躺在他的座位下。为了及时和保险，他不敢托运而宁可教自己受累也要随身携带；膝头上，还横着睡得七仰八叉的小嘉陵。此时，虽然诸事都有交待，但他心里依然有一种难以言喻的凄惶。上车前，他一直心里惴惴，是朱惠康帮他打点了列车员，才破例让他带着这庞然大物的大箱子上了车。这部分摹本他准备带到杭州，让他的大哥常书林珍藏。因为，大哥大嫂早已慨然答应替他照管嘉陵，于是，这一举便是两得。

还在出发时，他就跟大哥大嫂商量好了，让他们带来脚夫接站——既接人又接画。

杭州到了。大哥大嫂按时守候在月台。多年不见的亲人一相见，总有说不尽的话。

除深谢哥嫂照看嘉陵的心意外，他又千叮咛万嘱咐地交待大哥：这批画千万要用心保管。

"兄弟，你就放一百个心吧！你大哥的为人，你还不知道吗？你这么交待我们，我们还有不当心肝宝贝的吗？"大嫂抱着仍在沉睡中的嘉陵，连连地说。

大哥一向沉默寡言，只说了句："我有数了，还有什么事，到家去说吧！"

"大哥，大嫂，为争取时间，我原车返回上海。要不，为何要劳动你们到车站来接呢！"

哥嫂两人惊异地问："好不容易回来一趟，兄弟们多年不见，总要聚聚才是嘛！"

"不，大哥大嫂，你们的心意我领了，我又何尝不想在杭州多住些日子？为了这些宝贝，我不得不如此哇！"

他压着声音，把在上海与剡司长的这番周旋说了，又说他若不赶紧离开上海，说不定那些人又会上门来找他的麻烦。三十六计，走为上计，他只有立即回到敦煌去，那些怕吃苦受累的家伙才不会跟踪而来。就为这一点，他连后天去兰州的机票都托人买好了。

常书鸿说着，心里仍然涌动着许多凄惶。他长叹一声："这就叫国无宁日，遑论家安！现在，杭州的大小官员也是人心惶惶，倒是做小老百姓的无所顾忌。等着吧，等到有了安生日子再合家团聚吧!"

上海到兰州的这张机票，是朋友们千方百计搞来的。直到在飞机座舱中坐定，常书鸿才长长吐了一口气，他觉得自己这一连串的行动，仿佛在出逃，是为了逃回他的故园而奔命。

杭州原是他的故乡，他的梁园，但现在，他的故园是敦煌。现在，没有一处地方再能像敦煌一样牵动他的心扉。

飞机掠过黄土高原时，黄土地那极度的凋敝荒凉又以惊人的面目裸露在他的眼前，使他几乎不忍卒看。就是看一眼，他的心也疼得发紧。

可是，他的头顶，依然是缥缈的白云，依然是明净的蓝天。在他心中，日日不离的飞天——香音神依然在远离红尘的仙界翩跹起舞。哦，飞天，我的爱神，什么时候我才有真正的能力保护你，不让人世间的丑恶玷污你呢？什么时候，我和所有的敦煌崇拜者，才能在苍茫大地毫无顾忌地高喊：敦煌，属于人民！敦煌，属于我们！

离了兰州辗转酒泉、安西，又是朔风凛冽的时日；又是月光清冷的夜晚；又是一头毛驴作坐骑……

一眼望见莫高窟那密密麻麻的"蜂房"时，从驴背上翻身跃下的常书鸿，扑向了一别几个月的千佛洞。

常书鸿一脸风尘，走进了于右任题写匾额的莫高窟，走近了中寺。夜半的千佛洞静静的，周遭空寂无人。一个人影飘游了过来，那是念夜经的老喇嘛易昌恕，他是听到了毛驴的声响，才从上寺走出来迎接的。常书鸿一见是老喇嘛，心里立刻有说不出的滋味。

几次往返，迎接他的总是这位年过八旬的老邻居。常书鸿见他从上寺特意过来向他关照慰问，心里泛起无限温暖。便鞠躬回礼道：

"谢谢，谢谢，不打扰了，你也辛苦啊！不要紧的，我那里有炉子，生起火来就好了。"他猛想起在兰州时，友人曾送给他一些香油，便从毛驴背上的褡裢里摸出来一小瓶要送给他，可老喇嘛说什么也不肯收下。

这时，窦占彪和范华也闻声起来了，他们忙前忙后地为他生火烧水扫炕，烟气腾腾中，一壶滚热的水立刻教小屋温热了不少。

两人见所长回来，少不了又是长长短短地说了不少最近的事。从他们两人嘴里，他知道：所里的不少人因为经费无着告假走了，当然，这其中有不少人很可能是一去不复返了。

烧开了水，喝了茶，常书鸿才觉得冻僵的身子有了活力。窦、范两人走后，常书鸿这才又一次细细环顾这间已经伴他度过了六年的小屋。

"龙窠不如狗窝"，说得真对啊！南京、上海，即便是兰州，住的用的，自然都比这里好，但是再好也都是驿站。只有这儿是他的"狗窝"。倦旅归来，"狗窝"的感觉更加分明。这儿依然是家徒四壁，可只有在这儿，才让他心里踏实，这儿，是他永远的归宿永远的家啊！

六年了，这儿一切如旧：夜月清冷，寒霜满地，他想推开窗子，窗格缝却已经被细沙塞满，推不动。他找出刷子和一个旧牙刷，将窗缝中的沙子细细扫刷，这才哗啦一下打开了窗。

好一派孤灯夜月的清光！他正感慨着，一阵风起，扑的将灯吹灭了。

屋里立时漆黑一团。常书鸿心里一惊：这是个什么兆头啊？！

他怔怔地望着高悬的中天夜月，忽听又一阵铁马风铃传了过来。

铁马风铃，九层楼的象征。铁马风铃，多少次在他万念俱灰的时刻，似警示，似慰语，使他定心；这风铃，又凄凉，又高远，风铃声声，是一面永远响在他心头的鼙鼓，令他感觉着与敦煌的生死与共，令他永远铭记着肩头的责任！

常书鸿回身关好窗，当他摸索着火柴，想重新点上油灯时，却摸了一手沙子！刚刚扫过、揩抹过的桌上、书架上、炕上，全是沙子！

常书鸿呵常书鸿，你要在敦煌继续待下去，首先不光是解决自己的生存意志，还要为你所爱的香音神们劳神努力，为他（她）不被这可恶的无孔不入的沙子吞没而继续斗下去！

他拍了拍手，又从头摸索，才从炉火的微弱光照中，摸到了炉台边的火柴。

灯重新亮了起来。睡意全无的常书鸿，再次扫净了桌面、书架、炕上的沙子，拿出一沓稿纸，倒上墨汁，奋笔写下十三个大字：从敦煌近事说到千佛洞的危机。

常书鸿稍稍顿了一下，脑海立即像狂飙翻卷，万千思绪都奔涌到笔尖。

石室藏经的发现，是光绪二十六年五月二十六日的事，出土有经卷、文书、图轴等，关系历史、宗教、文化各方面，其规模之大、影响之深，不但较中国历次文献的发现，如孔壁古文、汲冢竹书、殷墟甲骨、流沙坠简等为重要，而且较之18世纪意大利发现1800余年前的庞贝（Pompeii）古城也无逊色。这个堪称世界文化史上的重大发现……

他的笔停住了。这句话太平淡，很不过瘾，那么，应该怎么说呢？"这是个内藏了太多奥秘的奇迹"？不不，这样说也没有到位，那么……对了，应该这样写：

这个把世界文化史重新改写的大发现……

这就对了！

从洛克济（1879）、斯坦因（1907）、伯希和（1908）、橘瑞超（1910）、华尔纳（1924）等先后到达……

他又停住了。他掐着指头，默念着这些有着探险家、考古学家一堆堂皇桂冠，但在中国的行为理该被钉上"盗掘"耻辱柱的名字。心想：还有没有遗漏的呢？他嘴里咕哝着，又重新想了一遍，才接着往下写：

相继诱窃盗取，传布宣扬，简直把20世纪这个"发现时代"探险发掘的狂潮，从欧洲扩展至亚洲腹地。一时英、俄、德、法、美、日、瑞典、匈牙利诸国学者均纷纷前来探险发掘，风声所及，昏昧的晚清政府，尚能以保存国故为名，训令敦煌地方当局收集劫余残经，赍送京师（至今国立北平图书馆收藏的九千余卷经书，就是那时候的收获）。以及晚近专家向达、贺昌群、陈万里、张大千、劳贞一、姜亮夫等都有过各种不同的研究和论著发表……

哦，这些名字更是至关重要的，这些理应在我们的功劳簿上记载，理应载入国家和世界文明史册的光辉名字，一个都不能少！

他的眼睛在这些熟稔的名字上扫来扫去，心头荡漾起一片温暖。是的，他们都是敦煌研究事业的先驱者，他和其中几位堪称挚友和故交。与张大千的交往自不必说，桩桩件件都在心头。再比方，与向达，哦，怎么搞的，自己到千佛洞的第一天，见的就是他！可是这些年，不要说自己，随着向老的离去，所里许多后来的年轻人，恐怕连他的许多情况都不清楚。

与向达见面的情景，又一次像电影画面般鲜活起来。

向达就是向觉明。这位取了个"佛陀耶舍"古怪笔名的教授，初到欧洲时，是在英国牛津大学鲍德里图书馆工作，转至伦敦后，在英国博物馆东方部开始了他的研究。博学的向教授，多年致力于敦煌流散在欧洲的经卷文籍。常书鸿和他几乎是前后回国的，可惜在欧洲他们并未谋面。向达回来时，带回了阅读500余卷汉文和回鹘文写卷的详细记录。这是多么宝贵的文献资料呵！回国后也是一头扎向敦煌的向达，先他而住在中寺。

那日，当他去拜会时，亲睹了这个欧洲学子中的佼佼者，是那样含苦如饴地忍受了莫高窟的万般苦辛。当时的天气在江南是阳春三月，可是在乍暖还寒的千佛洞，依然是滴水成冰。

滴水成冰中的向教授，穿戴臃肿一如敦煌老农，陋室中一无所有，只有一张斑驳得全失漆色的桌子，那桌子只有三条半腿——有半条腿是用土坯支着的。就在这三条半腿的桌上，点着一支洋蜡，堆着满满的书卷。旁边一只吱吱叫的土炉子，一只烧得乌黑的搪瓷杯在煨煮着一坨同样乌黑的沱茶。

初来乍到的常书鸿，面对着眼前的场景，讶然得几乎说不出话来！可是，这位和张大千先后来到敦煌的向达，半句没说此间的辛苦，纵横捭阖，谈笑风生，有一股真君子的大气与豁达！

敦煌，就是靠着这样大气豁达的人的传扬和保护，才步履艰难地走到今天；敦煌，就是靠着无数个向达、张大千、贺昌群、陈万里，才有虽然残破却留着一个"正果"的今天！

哦，这些他写也写不完的、不是敦煌的敦煌人，这些才高八斗的中国男子汉，即使有的并未来过敦煌（如贺昌群），但是，为了这个中华民族的文化宝库，为了这个东西文化交汇的神殿，都是那样义无反顾地舍弃了原本属于自己的安逸，把半生心血全都用来凝炼滚滚沙尘中的漫漫史卷。如果追溯他们每个人的行为和为此所花的心血，如果用一句话总结大家眼中的敦煌，也许，真如陈寅恪所说的："敦煌者，吾国学术之伤心史也。"

但这位最早留洋的博学之士又说过："敦煌学者，今日世界学术之新潮流也。"

这两句意味不同的概括，应当说是对敦煌、对敦煌学说最精确的概括。

现在，国事纷乱，百姓多难，谁能维护敦煌？谁会魂系敦煌？作为眼前唯一的留守者，他唯一的使命，就是要为敦煌的生存大声疾呼！就是要为彰扬这些人的功绩奋力呐喊！

真正为千佛洞壁画而来的，要算民国31年当代国画名家张大千先生。那时候一般国画家是争取出国展览赚外汇的，大千先生能走到这种绝塞荒郊，"磅礴坐卧其下者几及三载"，他那种"奇寒盛暑，劳苦相勉"、努力于中国古代艺术发扬的精神，在最近展览中已经获得了应有的代价！……

到目前，事隔六年，我仿佛还看见当时张大千先生在春寒黎明忙忙碌碌指挥入门弟子从事临摹工作的紧张情景，向觉明先生深夜独自秉烛俯伏在洞窟高壁上聚精会神录写题记时的侧影，士兵用铁铲木耙清除沙土的热烈奋勇的场面。千佛洞，文献记载虽然有过十余个寺院和二三百个寺僧门徒，以及第300窟张议潮及其夫人出行图上那样鞍马屏帷贵游的盛况，但经过千余年的沉寂之后，我想，1943年该是千佛洞大事记上的重要时期。可是，这样的时期并不久常。在4月里，塞外初夏，千佛洞梨花盛开的某日，向觉明先生继张大千之后，离此东返。于是，千佛洞又像农历四月初八浴佛节时，敦煌全城人士来此拜访释迦牟尼佛诞辰的次日一般，重新又趋冷落孤寂……

一口气写到这里，一写出"重新又趋冷落孤寂……"这一行字，常书鸿只觉得一颗心，又像被针戳着一样，很酸楚地疼了起来。

这疼痛感使他越发难以平静，他吁出一口长气，把笔丢在砚台旁，闭上眼略略歇了歇，又抓起笔来发狂似的写了下去：

这里既然是一个四十里无人烟的孤僻所在，一般年轻同事，因为与城市生活隔绝，日久就会精神上有异常孤寂之感！平时如此，已甚不安，一到有点病痛的时候，想来想去就觉得非常可怕了。

记得有一年夏天，同事C君……

常书鸿又顿了一下。

他在犹豫。是的，写出那位在发高热时哭泣的C君，写出他哀告大家"我死了之后不要把我扔在沙堆中，请你们好好把我葬在泥土里"的凄凉话语吧。事情已经过去几年，这位C君也早已回到内地去了，但是，一提到这些事，他心里依然万分难受！

是的，提到C君，怎能不提那位陈芝秀？

在这种时候，大家都有"但愿生入玉门关"的心情。就是从城内雇来的工匠，做了几天活之后，往往会不声不响地私自进城去。没有娱乐，没有社交，孤零零、静寂寂的，有时候等待一个人群社团的活动，比盼什么还要迫切。

作者的妻——一个在巴黎繁华世界混了八九年的女人，就是因为过不惯这种修道院般孤寂冷清的生活，在1945年4月抛弃了子女，潜逝无踪地奔向她理想的乐园去了！

常书鸿的呼吸忽然急了起来。是的，他写出了她的"潜逝无踪"，的确如此。到目前为止，他没有她的半点消息。

原来，因为愤怒，因为她带给他的屈辱、带给孩子们的残酷，他丧失了对她的全部的爱，而只剩下恨！他宁愿不要听到她的半点消息才能心头平静。现在，他漫忆这些年来的人事变迁，终于稍稍谅解了她的出走。这谅解，并非是他忘却了那份屈辱，也不是因为有了李承仙的爱，他寂寞的心有了补偿。不，不是的。他愈和敦煌的学说接触，愈和敦煌的飞天缠绵，他的心就越发宽厚，他可以谅解一切人，为什么就不能谅解她陈芝秀？现在，他已将她对他的全部亏欠抛开，反倒剩下了内疚和不安。现在，对她的担忧倒不时袭上心头，不是吗？眼下这兵荒马乱的年月，她跟了那个兵痞子，能到哪里去？那个姓赵的，肯定是惶惶如丧家犬，她跟了他，能到哪里过日子呢？

常书鸿凝神沉思了一会，又抓起笔，一笔一笔的楷书已跟不上他狂卷的心潮，便改用狂草来继续如泻的倾诉：

……五年了，我在这瀚海孤岛中，一个与人世隔绝的死角落，每次碰到因孤僻而引起的烦恼问题——如理想的工作人员不能聘到，柴草马料无法购运，同仁因疾病而恐惧……我常常在问自己："千佛洞的环境是否有设立一个类似机构的可能？"于右任先生在提议设立敦煌艺术学院的时候，早已想到这一层，所以在呈请国防最高委员会的原文上有"寓保管于研究"的措辞。他老先生在1943年1月正当我动身赴西北之前亲口对我说："这是一个不易久居的地方，所以我要找你们艺术家去担负久常的保管工作。因为只有爱好艺术的人，能从富有的千佛洞历代艺术宝藏中用安慰与快乐来抵消孤僻生活中的苦闷。"

我们在盛夏烈日或严冬风雪中，为了往返城郊，穿越四十里不生寸草的流沙戈壁，一个人在沙漠单调的声息与牲口的足迹中默默计算行程远近的时候，那种黄羊奔窜、沙鸟悲鸣、日落沙碛的黄昏景象，使我们仿佛体会到法显、玄奘、马可·波罗、斯文·赫定、徐旭生等那些过去的沙漠探险家、旅行家所感到的"沙河阻远，鬼魅热风"那般的境界……

黎明已经到来，但常书鸿没有发觉，朝霞已经染透窗纸，常书鸿还是没有发觉。他的心已如开闸的江河，他的拌着血泪的心就像这酡红的朝霞，一行行，一字字，都付予了这如龙的狂草！

天亮了，一夜未睡的常书鸿还在写，上午已过9点，常书鸿还在写，从昨夜深更开始的这篇文章，已令他欲罢不能。惦记他的窦占彪，清早过来探看究竟，从窗外望见所长正在聚精会神地写文章，以为他是早起动手写的，不敢惊扰他，又悄悄蹑着步子走了。

快正午了，中寺里还没有一点动静。

窦占彪奇怪了，写文章再重要，所长也不能不吃饭呀？他又一次悄悄推开了中寺的大门，待他趋到窗下往里一看，差点失声叫出来——

常书鸿所长直挺挺地从炕上横到了地下！

李承仙心急火燎地从兰州赶了回来。

等她赶到敦煌时，早已从敦煌的小诊所"出院"的常书鸿，依然在奋笔疾书。

问明了事情经过的李承仙，哭笑不得地夺下了他手中的笔，数落说："你还要不要命啦？"

常书鸿笑笑说："承仙，你别担心，其实，事情没那么严重，我只不过是熬夜熬过了头，晕了一小会儿罢了！你不叫我写完这篇要紧的文章，才是要我的命哩！"

"你倒说得轻松！'晕了一小会儿'，你不知道我这一路上赶得……"李承仙委屈地掉着泪豆豆。"你不要命，不要孩子，我还想要呢！"

自从沙妮死后，李承仙盼望再有一个孩子的心就更迫切了。

"要！怎么不要！可是，你要知道，承仙，假如敦煌的事情弄不好，假如我们失去了敦煌，那我们就是有了一大堆儿女，又有什么意义？承仙，我说的都是实话。"

李承仙一愣，心中如扎针芒。他说的当然是实话，可是有时候，实话并不叫人听了舒服。不过，就敦煌对于他们生命的意义来说，他们不是早已有了共识吗？她破涕为笑地轻叹一口长气，说："什么文章这样重要？"

常书鸿把没日没夜赶写的这篇文章让她看了，又说："你想，现在敦煌的事业又到了无人管顾的地步，我若是不疾声呼救，还有谁来关心？"

"既然这样，那就让我帮你一把吧！你先好好休息一阵，接着口述，我来执笔记录，或者，我先把你已经写好的草稿再替你从头誊写一遍，也省你一点力，好吗？"

常书鸿知道她那闲不住的脾气，高兴地说："太好了，这才是真正的贤内助。你的字又比我写得好。嗯，那就有劳夫人了！你看，我已经写了五个段落了，我觉得，再写两节，基本上能将我想说的写完。"

"写当然是要写的，只是，现在国事这般糟乱，谁能理会你的呼喊？书鸿，只怕你我写也是白写。"

"白写也要写。精诚所至，金石为开。我就不信偌大中国，就没有与我们一样的忧国忧世的人士了？承仙，我们开始吧！"

窦占彪在伙房做了一大碗荷包蛋，端到中寺来。

他满以为所长一定被这位能管住他的夫人劝在床上休息了，谁知进门一看，所长和夫人脸对脸地在一起用功写文章！

他摇摇头，叹口气，在外间的桌子上悄悄放下那碗蛋，走了。

窦占彪本来也想趁便来告诉常所长：今天，他发现第305窟又有一大片坍塌，北区的一个窟，又被沙子掩住了洞口……但是，一见所长夫妇这情状，他不想说了。要说，就去跟范华说。这两个洞窟的清沙和修补，他们就自己动手完成吧，让常所长少操心，少劳累。要是常所长真有个三长两短，敦煌的千佛洞，可就真的完了！

年末中旬，上海《大公报》的主编王芸生，终于收到了常书鸿的这份稿子。

王主编一看这标题，一颗心顿时热了起来。

对常书鸿的敬业心怀，王芸生早有所闻，这通篇忧愤深广的告白，字字血，声声泪！常书鸿以杜鹃啼血般的呐喊，诉说了敦煌的危机，更使王主编肃然心动。他细细读完这誊写得十分娟秀的文稿，五内俱热，如坐针毡。对这篇共分七部分娓娓道来洋洋近两万言的稿子，王主编像被磁石吸住似的一口气看下去，直到最后两节：

……对于一个生存其间负责保管的人，睁眼看到千佛洞崩溃相继的险象，自己又没有能力来挽救，实在是一种最残酷的刑罚。

六

今年是石窟藏经发现的第四十八年，再过两年是整整半个世纪，这已不能算是一个短时期了。我们对于千佛洞这个民族文化至高至上的结晶，那系连着五千年来黄帝子孙的内在的生命，似乎应该有一个办法，作一番不能再延迟的紧急兴修工程。这种工程，除去几个危险裂缝要迫切地支架住外，对于整个千佛洞，先要做一个补包岩壁外壳的基础工程，然后再修支架柱梁，恢复栈道走廊。像《唐大历十一年陇西李府君重修功德碑记》所载："是得旁开虚洞，横敞危楼。"这种栈道走廊，可作为各层石窟的通道。连带着，我们还要把每一个窟门补修起来，然后再逐洞逐窟地做壁画和塑像的补修工程。国家要拿出一批不算少数的款子，也许要经过十年八年才能完成。

七

现在是塞外的深夜，我坐在元代及道光年间重修过的皇庆寺庙廊上写这些琐事，外面一颗颗细沙从破了的窗帘中透进来，正是"警风拥沙，散如时雨"，那一粒粒沙子像南方春雨一般散落在砚台上。这种沙子是从荒原大漠漫无边际的瀚海中随着风浪流泻而来的，就是这种沙子，它盖没了房舍，填塞了水道，在不知不觉中使沙漠上的城市变成废墟，绿树变成枯枝。自古多少远徙边塞、站在国防最前线的卫兵戍卒，曾经在这种黑风黄沙中奋斗生存，人与自然的力量，决定着胜负消长！四十八年前（1900）斯文·赫定在罗布泊沙漠中发现的楼兰长眠城，是消失于纪元后一世纪之初的为沙子所埋没了千余年的古城，这正是汉魏没落了的中国政治势力的象征。我们不要小看这轻微沙粒，它时时刻刻在毁坏千佛洞和宝藏，也就是对中华民族文化能否万世永生的一个挑战！

"……也就是对中华民族文化能否万世永生的一个挑战！"
王主编默念着这句结束语，不禁喟然长叹！
随即，他在稿签上写下了：即发三版头条。
少顷，他又用红笔加圈批语：配专稿花边，标题用大二号。

这篇文稿在《大公报》发表后，常书鸿收到了全国各地读者的来信。信中多是慰问，对他们在千佛洞艰苦卓绝的工作，纷纷表示热情的关切。其中有封上海来信尤为热情，信中说了许多慰勉的话，还直白地透露了这样的消息：

> ……你们的艰苦工作我们不但知道而且经常关心着你们，望坚守岗位不屈不挠地继续努力，直到即将来临的全国人民大解放。

常书鸿看看这封信的落款：写信人署名"戈扬"。

夫妻俩猜测着。这个神秘的名字和"即将来临的全国人民大解放"这行字，尤其教他们兴奋莫名。写信人是出于对他们在沙漠中的"艰苦工作"的鼓励，才故意用了这个"戈扬"吧？他坚信："戈"壁滩的事业，总有一天会大大展"扬"！全国人民大解放的日子，也很快会到来！

歌舞蹁跹庆解放

　　铁马风铃的莫高窟，在与世人疏阔的日子中，又渐渐趋于平静。

　　趋于平静的常书鸿，除了布置老窦和范华等人维持洞窟的日常维修，一心想着的是继续临摹和抓紧画画。忙里偷闲的日子里，他又画了以当地老农和日常生活为对象的几幅油画：《磨坊》《哈密瓜》《牧民的休息》《敦煌一老农》《敦煌梨花》……

　　绘画再次给他带来了愉悦和心头的宁静。尤其在画这些当地的生活小景和人物时，他更有将自己融入生活之感。画那些"静物"是不消说的，他得心应手，信手拈来；画那几幅人物也令他非常顺手，轻松惬意的心境，犹如当年在巴黎完成《裸女》的时候。

　　《敦煌一老农》完成后，李承仙反复地说：

　　"书鸿，这幅画要再拿到巴黎去，保准也会得金奖！"

　　常书鸿笑笑，摇摇头。承仙的心情可以想见，这话却是说得热情又幼稚。就算是有那个水准，现在是什么年月啊！

"国外去不了，那就请你先设奖奖励我吧！"常书鸿忽然想同妻子开个玩笑。

李承仙红着脸，凑在他耳朵旁说："我就是要奖励你——奖给你一个儿子，怎么样？"

"真的？你有了？……"

李承仙点点头。

为使修缮洞窟的门筹措到一点经费，常书鸿不得不再次"画画又为稻粱谋"——他接连替几位有钱人夫妇画了肖像：张氏夫妇、黄氏夫妇，明码标价，只要对方有所捐助，他就画！这种时候，他往往心情矛盾：边感叹，边自嘲，边自慰。是的，古时候的穷秀才卖文为生不足为奇，为了敦煌，为了莫高窟，他卖两张这样的画像，应该没有什么吧？！画！画！画！

现在，他又一次不能指望"上面"的拨款了。混乱时世，他也只有靠画画换钱供大家的清茶淡饭。

1949年7月，当敦煌又开始瓜熟果香时，来自酒泉的纷纷扬扬的消息，却使人们对期盼了一年的瓜果诱人之味也失掉了兴趣。与时局密切相关的人哪里还有闲心注意这一年一度的瓜熟蒂落？他们只伸着脖子，谛听这日紧一日的消息和传闻——

国民党的溃败已成定局，虽然偶有报纸到此，也已经是半个月前的旧闻了。但是，人言传递的速度倒比报上的新闻还快。是日，酒泉来的一位朋友绘声绘色地描述甘肃省政府的大小官僚们开始"逃难"的种种狼狈情状，平日道貌岸然的那些官员，一派末日临头的样子，暗中都在忙着收拾细软和金银财宝，各显神通地经新疆、印度等地逃往台湾。省政府的许多部门，已经找不到正儿八经上班的官员了。

另有一些更糟糕的消息是关于掠夺和抢劫的，单枪匹马作案的有，成群结队杀人越货的也有，往日通衢大道的丝绸之路，近几个月已经绝了骆驼队的踪迹。

常书鸿闻变不惊。心想：乱一乱也是必然的，乱了以后必然有治，也许就如那位署名"戈扬"的人所说的：时势已经到了"即将来临的全国人民大解放"吧？

"全国人民大解放"成了常书鸿夫妇常议论的话题，最后，常书鸿总是胸有成竹地一锤定音："用不着紧张，我们是保护敦煌艺术的，我们迎接解放的宗旨是以不变应万变。"

"话是这么说，可是，万一有人到这里来捣乱呢？"李承仙不无担忧地说。"你没听说连敦煌县城也人心惶惶吗？不怕一万，就怕万一，我们是要做点准备的。"

常书鸿细想这话也对。当晚他让窦占彪通知全所的人：召集大家，要作简单的动员讲话。

没一刻钟，窦占彪就通知了"全所的人"：眼下，全所连所长夫妇在内不到十人。

常书鸿所长的"动员讲话"只用了几句最简单的话：为防止那些溃逃的军队和土匪勾结起来打莫高窟的主意，大家要提高警惕，做好洞窟的保护工作。

大家把所长的最简单的动员讲话化为最切实的行动——在山口岩边布置岗哨，日夜值班，在最高的石窟内储藏了干粮、咸菜和水缸，在洞窟前垒起了石堆和沙袋，又将几支破旧的步枪找出来，用心地揩拭好以防万一。

全所的人紧张了三天，没见什么动静，大家悬着的心又松了下来。

所长常书鸿表面镇静，心里却越发紧张了。他比平常拿出更多的时间在那几个无比宝贵的洞口反复逡巡，从来没给菩萨上过香的他，进进出出地仰望九层楼那举世无双的大佛时，总忍不住要默默祈祷，祈求大佛护佑他们能平安躲过兵灾匪劫。常所长太知道他们那几支破步枪的"实际火力"了——那是些只能摆样子却唬不了人的玩意啊。

"如果真的来了明火执仗的劫匪，那我就豁出去与他们同归于尽了！"常书鸿摸着这几管破枪，悲壮地想。当然，这话是不能向李承仙透露的。真到这一步，他要先设法将她，还有所里的其他妇幼老弱，都先送走。起码，已经怀孕的李承仙是不能再受惊吓的。

他自己呢？别的做不到，像苏格拉底那样在武力面前演算完数学题再从容受缚的壮举，还是可以效仿的。

他将历史上各种名人志士对付贼寇的办法，统统温习了一遍。可惜诸葛亮的"空城计"只能在戏里演演，实际上却行不通，而且，这里的土匪也不是司马懿，并不是你小用计谋就能吓退的。但世上的事就这样，事已至此，你就是成天忧心忡忡，又该如何呢？反正他只抱着一个决心——誓与莫高窟共存亡！

窦占彪扛着一把大扫把，正往南区的道上走时，常书鸿叫住了他："占彪，你慢点走，喂，我要告诉你，你的好事来了！"

"我的好事？所长，你快别开玩笑了！兵荒马乱的年头，我能有什么好事？"

"真的，不骗你。你记得前几天你来我们家时，有对夫妇带来的那个女子吗？"

窦占彪心里一动。他当然记得：那女子二十出头，水灵壮实，黑眉秀目，一双眼睛乌溜溜的，极有姿色。听所长说，他们也是他的浙江同乡，这对夫妇带的这个女子是江山人，叫春霞。原是给国民党部队的一个团部文官当女佣的。现在，主人撤走了，春霞没地方去，靠了这对夫妇带路，就想来投奔同乡，投奔所长常书鸿，就是要寻碗饭吃。

第二天，这对夫妇走了，春霞留了下来。窦占彪只看见她进进出出地帮所长夫人李承仙打杂做事，知道所长已经收留她了。但他压根没想，也不敢想这事与自己有什么关系。现在所长这么一说，他的心腾地热了起来，他猜测着，有点不敢相信自己的耳朵了。

"占彪，你也快三十了吧？嗯，昨天晚上，我太太问过春霞了：这里有两个男子汉都没有娶过亲，其中一个是窦占彪，你中意哪一个？我太太话音未落，春霞马上说'我要窦占彪！'——你看，人家可是有心看上你呢！你听听，人家可是很爽脆呢！哎，你有空就去跟她当面说说，商量商量，过两天我们张罗一下，简简单单把事情办了，你看可以吗？"

像这样一个比天上掉烧饼还好的好事，他窦占彪还能说"不可以"吗？

窦占彪心头突突地跳，他咧着嘴，没说出一句话来，只是向所长深深鞠了一躬！

窦占彪将春霞领到他的小屋只三日，敦煌解放的红旗就飘扬在县城的城头了！

窦占彪气喘吁吁从敦煌县城赶回，报告所长：城里所有的鞭炮在昨天就卖光了！他惶惶然地在所长面前垂手而立，等待着所长的批评。

谁知所长根本没有工夫也没有心思责备他，只说了句："跟我来！"

刚走一步，常书鸿又说："你让大家都集合到九层楼大殿！"窦占彪不敢怠慢，他迈开大步将众人都叫至大佛殿前时，那口洪亮的大钟已敲响了！

"当——当——当——"莫高窟又一次以响亮的钟声宣告了解放的消息。

钟声连响了21下！

遵照所长的吩咐，窦占彪爬上了雷音寺的檐头，在屋脊正中插了一杆五星红旗。

研究所全体人员在所长布置下，个个忙得不亦乐乎。窦占彪从城里带回了一张由毛主席、朱总司令共同签署的安民布告，他们就按布告的内容，写了红红绿绿的欢迎标语，贴在白杨和果树的枝干上；一幅"热烈欢迎中国共产党和中国人民解放军"的长幅横额，也由常书鸿亲自书写，挂在千佛洞最醒目的高处。

常书鸿的心情真是难以言喻，他既紧张又兴奋，既热切又有许多惶恐。布置部下做完了这一切，照理说，他该安心等待中国人民解放军的到来了。现在，刚从城里回来的窦占彪成了权威人士，一口一声城里怎么怎么的，他一说怎么怎么的，所长就按他说的，怎么怎么的照办。

挂了横额、贴了标语、准备了队伍来时喝水用的茶桶，该想的该办的，好像都办完了，但是，常书鸿还是无法安心，他惶然又热切，就像一只忙碌不堪的归巢工蜂，在他的"蜂房"飞进又飞出。

他一夜无眠，心事重重。

共产党和解放军会怎样看待他？这是他最忧虑的问题。他的朋友和上司，都是国民党的，毕竟，在今天以前，他还拿着国民党政府的俸禄，毕竟，他这个"国立敦煌艺术研究所所长"的桂冠，是国民党政府的教育部所封的啊！……

敦煌县庆祝胜利解放大会举行的前一天下午，一封大红请柬由敦煌县人民政府送到了莫高窟。望着封皮上的"常书鸿所长收"的字样，常书鸿好不激动。他把请柬捧在手里，反复端详了半天。

共产党领导刚成立的人民政府，也承认他这个"所长"！这一邀请，名正言顺的称谓，比什么都具有说服力：共产党信任他。常书鸿把请柬揣在怀里，就像揣了一颗火炭似的，心头一阵阵发热又紧接着一阵惴惴不安。他一边热切地盼望着人民政府对他的这份毫无顾忌的信任，他也迫切地需要这份信任。可反过来想想，他又觉得自己问心有愧。

他于事业无愧无悔，于敦煌、于莫高窟无愧无悔，可他毕竟不是现在要当家作主的劳苦大众工农兵啊！自己不是国民党，但毕竟在国民党手下吃了这么多年饭啊！不说别的，他说的话和共产党的话，就有很大区别，以后呢？共产党还会不会让他当这个所长？

现在，风言风语传出来，军管会要接管敦煌研究所，那么，到时候他该怎么办？研究所的其他人怎么办？研究所还能叫"国立敦煌研究所"吗？那是国民党政府的称呼呀！不管怎么说，自己是块落过染缸的布，再说自己如何清白，人家会信吗？他和国民党的许多官吏曾经关系密切，尽管是工作关系，总也是有所来往吧？比如于右任。

是的，他听说于右任已经去了台湾，现在到台湾去的都是蒋介石的追随者啊！还有，他常书鸿毕竟也是出去吃过"洋饭"的啊！还有，他的女儿沙娜，现在美国学习，这也是个令他十分不安的问题。不行不行，无论如何，他得设法给沙娜捎信，让她早点回来。唉，真是一念之差，他怎么会答应让沙娜去美国学习的呢？现在后悔有什么用？远水不解近渴，现在就是捎信也来不及了！

常书鸿啊常书鸿，恐怕人家不知道你的这些底细，要真知道了，像你这样的人，还有什么资格上这个庆祝大会的主席台啊！常书鸿走在他走了不知多少次的沙砾路上，怀里揣着请柬，高兴一阵又惶恐一阵，惶恐一阵又高兴一阵，想着想着，他又走进了中寺前院的办公室。

办公室里没别人，只有刚从四川老家探亲回来的段文杰，正在笔记本上写着什么。

常书鸿一眼看见段文杰，立刻有了主意。"正好，文杰，你在这里。"他拿出了那封请柬，吞吞吐吐地说："你看，明天政府要我们研究所去人参加庆祝大会，我想，既然解放军首长到这里来过了，我自己去不去都无所谓的，这样的热闹事，你们年轻人去一下也好，你看怎么样？要不，就请你代表我们研究所去吧。啊？"

段文杰接过请柬一看，讶然地叫了一声，连连摇头道："所长，这是请你参加的盛会啊，我咋好代替你呢！不行不行的，你是一定要亲自去的。"

"这没有什么，政府请我，我请你代去，不也一样吗？"

"咋会一样呢？你是你，我是我，你是所长，是我们这里的最高领导，我只是一个专业人员，是技术组长，根本不能画等号的，常所长！"聪明的段文杰说到这里，已经看出所长的难言之隐了，但他更明白这件事对于所长今后工作的实际意义，便起劲地劝说道："所长，这件事，别人不好代替的，不要说我，任何人都没有这个资格代替你的。"

正说着，李承仙和另外几个人走了进来。

李承仙伸头一看请柬，知道了事情的来龙去脉，就快人快语地说："书鸿，你也真是的，政府给这么大的面子，怎好当儿戏？你有什么权力随随便便让别人代替呢？"

大家也一齐劝道："所长，这是天大好事，你就放心去吧，我们等着你披红戴花回来呢！"

第二天一大早，常书鸿还没出门，只听外边蹄声，人声嘈杂。老窦两脚生烟，气喘吁吁地奔来告诉他："所长，解放军首长派人专门给你送来了一匹高头大马！"

常书鸿迎出去一看，果然！一匹白色灰点子的骠马，雄赳赳地来到面前。

牵马的警卫员向他敬了个礼，说："这是贺老总的马，首长专门让我来接你去参加大会呢！"

贺老总？是不是大名鼎鼎的贺龙？

常书鸿惊喜莫名，跃身上马。白马四蹄腾空，绝尘而去。

这哪里还是平日的敦煌呵！

几天前，敦煌这个古沙洲城，还是一片荒凉凋敝的景象，商店倒闭，行人稀少。城外的古道上，更是沙尘滚滚，路人绝迹。今天，同是一个敦煌县城，却从里到外变了模样！

常书鸿简直不相信自己的眼睛了：到处是张灯结彩，到处是红旗飘扬；大街小巷，满是欢乐的人流；锣鼓震天，鞭炮声不绝于耳；腰鼓队、秧歌队，连多年不见的民间杂耍高跷队也浓妆艳抹地披挂上阵了。

敦煌城万人空巷，狂喜的人们，载歌载舞，附近的村民百姓，也扶老携幼，无不出动。这头有女学生在高唱"解放区的天是明朗的天，解放区的人民好喜欢"；那头又有另一支解放军队伍在齐唱"向前向前向前，我们的队伍向太阳！"

小小的敦煌城熙熙攘攘，成了欢乐的海洋！

常书鸿觉得自己几乎要被这欢乐的海洋所淹没，他不知道自己是怎样被送上庆祝大会的会场的，也没有听清在震耳欲聋的声音里，所有上台的首长和领导都讲了些什么。好在没有人要他讲话，在这种时候，发蒙的他，也根本不会讲什么。他只记得他和所有的人一样，被这个那个介绍来介绍去，所有的人也和他一样，被伸出来的各种各样的手紧紧相握。处在狂潮中的他，一会儿觉得两眼发潮，一会儿又觉得耳鼓里万籁齐鸣。他只知道自己处在一种极度的狂喜和感动中。

庆祝大会很快结束，欢乐的狂潮才刚刚开始——红红绿绿的小旗在他眼前舞动，这红红绿绿汇成一片五颜六色的水波。他晕晕乎乎地随着这水波人流游行，声音极响地跟着大家举拳头喊口号，没一小会，他就觉得自己的嗓子哑了。

入夜了，又是另一种五光十色的斑斓！

游行的队伍依然欢声不绝，行走在队伍中的常书鸿，在摩肩接踵熙熙攘攘中，他所能做的，便是朝同行者不断发出打从心底流出的微笑。

"哟，快看，快看哪！"

常书鸿循声望去，只见敦煌城的钟楼上，悬挂着一幅高三丈、宽二丈的巨幅绢绘彩色经变画像，绢画后壁，装置了一个巨大的铁架，架上高高低低地插着百余盏油灯，这彩画被这灯光照耀，在夜空中金光灿烂，金碧辉煌。

常书鸿虽然第一回亲见敦煌城的这等辉煌的装饰，但他已听说过这样的装饰，在敦煌县城来说也是亘古未有的。他的心仿佛已被这片金光闪耀的灯彩融化，又被彩色的长河托起，他不由自主地被裹卷进这金光错彩的长河，只是欢乐地旋转，旋转……

"常所长，你也来扭个秧歌，或者跳跳舞吧！"一个小战士来招呼他。

"不，这两样我都不会，谢谢，谢谢！"

"不要紧的，只要你跟着节奏踩点子走就行！跟着，来，跟着！"那小战士不由分说地扯了他就往秧歌舞的队伍里挤，常书鸿跟跄一下，但他虽然笨拙却很快地适应了这样的步法，不知不觉地旋转起来。

刹那间，旋转的常书鸿再次产生了错觉，仿佛自己现在的步法，就是在效法"飞天"的舞姿，于是，他好像被注入了魔法似的，一下子通透轻盈起来，历来的笨拙都已离他而去！

不知不觉间，常书鸿也变成了天乐神"紧那罗"，而在他上下左右的人群，一个个都好似或是香音神"乾闼婆"，或是如他一样是天乐神"紧那罗"，与他一起狂歌欢舞。一时间，这浩无际涯美轮美奂的绚丽场景，竟分不清是人间天上，而所有活动着的、舞蹈着的，都成了美妙绝伦的"飞天"!

敦煌艺术展新颜

常书鸿的病室。

夜半时分。

值班护士走来，为常书鸿作着检测记录。

监护屏上的一切记录数据都显示：病人的情况不仅稳定而且趋向好转。

"真是不可思议！……"护士轻轻地几乎没有出声地道出这一句，一双睁得大大的眼睛显示了她的惊喜和惊异。

值班室里，护士将记录数据交给了护士长，护士长若有所思地眯起了眼睛。凭她的经验，这是危重病人常有的现象，是俗语说的"回光返照"。

但她没有说出口，她宁愿相信意志顽强的常书鸿，是自然状态下的好转。

"好转"中的常书鸿，仍处在一种迷离惝恍的状态中。他微闭着眼，安详地沉入回忆。

常书鸿的"内视觉"就像一面放大了的电视屏幕，盘踞在他脑海里的人物，一个个从脑海——荧屏中凸现出来……

首先是他的老妻李承仙。

李承仙一点不老，她奇迹般地恢复到1950年春天20多岁的模样，怀中有一褓裸，幸福的红晕涨满了她的双颊。

"抱抱他吧！抱抱我们的这个敦煌出生的儿子吧！"

他顺手就接了过来。儿子很重，肥头大耳，双唇憨厚，像极了婴幼时的他。但儿子身上穿的却是大西北人家喜得贵子时的大红缎绣花服。

他清楚记得：这是西北军政委员会文物处长赵望云和副处长张明坦送的。

在得到这不寻常的礼物之前，研究所的急需物品：收音机、绘画颜料、笔墨纸张、文化用品，也如雪里之炭，送到了千佛洞。

"喂，别光是咧嘴笑啊，快给儿子起名字吧！"李承仙骄傲地催促。

"那还用想？你不是早就起好了吗？"

"哎，快说说，叫什么名？"护士也跟着起劲起来。

"你们猜！很容易猜到的。只要你们都喜欢敦煌。"李承仙又是一副幸福无限的表情。但是，不待别人猜，她自己首先就说了起来："嘉煌！我们的小不点儿叫嘉煌！"

"嘉煌?！"

是的，嘉煌。这"嘉"与嘉陵的"嘉"，有某种相连和延续；嘉，更是嘉许和无尽的期望，他们就是期望这个诞生在敦煌的儿子，能够子承父业，记住自己是敦煌的儿女……

在常书鸿含着泪光的注视中，沙娜迎着阳光向他走来……

女儿果然听从了他的建议，为了表示对新中国的一片赤子之心，沙娜学业未完，就在1950年底回到了祖国。

1950年于他，是个奇迹之年。这一年中，他与他的家庭，发生了多少不平凡的事呵！

就在沙娜回国这期间，他再次赴京筹备《敦煌文物展》。

当他的思绪在这一事件上"定格"时，又一张笑貌可亲的脸浮现在眼前。

那是郑振铎——就是这位学者朋友的召唤，使得这个展览紧锣密鼓地筹备起来。

常书鸿十分明白这个展览的重要意义，对于敦煌，对于世人难于得见的这个中华民族的宝库，这是新中国成立以后对他们这些敦煌工作者的第一次检阅和召唤，更是对他们工作的肯定和鼓励。

"这是个爱国主义教育的重要内容……"当时已是社会文化局局长的郑振铎当面指示说。

郑局长的话，在当时的他听来，真是语如千钧，他自然是不折不扣不遗余力地照办。

当郑局长对他说着这些话时，他的脑海里却闪现出30年前，在杭州梅花碑旧书店里第一次邂逅这位商务印书馆《小说月报》主编"西谛"先生的情景。

人与人之间确有缘分。当时的常书鸿，怎么也不会想到，就是当年关于《小说月报》的几句短短的交谈，会使郑振铎先生和他，互视对方为艺术上的知音；24年之后，当他在上海举办"敦煌艺术展"时，他真真切切体会了郑先生的仗义言辞对他的影响和作用。那时，他还不甚理解郑先生最后那句"后会有期"是什么意思。现在，当他们重逢于解放的年月，一切都"相会于心"时，正应合了普希金的美妙诗句：

"一切过去的都成了亲切的记忆"……

北京的这个展览，是由敦煌文物研究所和中国历史博物馆主办的，为取回1948年存放在沪、杭两地亲戚家中的敦煌摹本，他让李承仙和沙娜两人分别去了两位亲戚家。两位亲戚都没有辜负他的重托，全部摹本保存完好，毫无缺损。

亲情的支持和慰藉，始终是他心灵的一片绿荫。

在历史博物馆西朝房进行筹备工作的日子里，他是那么深地体会了什么叫中国共产党的领导，而共产党领导下的工作又是什么样的力量！

在郑振铎和王冶秋领导下的筹备工作有条不紊。短短时间，集合了那么多专家学者和教授来指导：夏鼐、向达、王重民、徐悲鸿、梁思成、周一良、周叔迦、邓以蛰、王逊、沈从文、阴法鲁、陈梦家、董希文、傅乐焕、阎文儒、宿白……几乎所有的专家，所有的无论是纸上笔下或是直接亲近过敦煌、对敦煌情有独钟的人都来参与了，都来出力了。常书鸿每每念叨这些名字，总不由得涌起可托知己的情怀——他们与敦煌，都和他一样：都有打断骨头连着筋的血肉情缘！

在专家们的悉心指导下，潘洁兹、李承仙、常沙娜和历史博物馆的同志分头承担了编排的任务，大家夜以继日地操劳，从1950年底开始的这场筹备，直忙到第二年的4月，才大体就绪。开幕前的那一天，在文化事业管理局的所在地团城，郑振铎局长的报告又是那样鼓舞人心，也是这一报告，再次提出了敦煌石窟艺术是"敦煌学"的重要组成部分。

"……这个宝库，像藏经洞宝藏一样，受到无缝不钻的帝国主义者们的觊觎，他们借考古为名，像在云岗、龙门一样，胶粘、斧砍……当我们叙述着我国近50年来受帝国主义侵略的惨痛经过，也便是叙述着一部我国文化、文物近50年来被帝国主义侵略、掠夺的惨痛经过。这一切，使我们提高了爱国主义精神，使我们感谢中国共产党和毛主席彻底干净地扫除了百年来帝国主义的腥膻，使中国人民从此站立了起来！我们决不允许过去的那种被侵略、被掠夺的惨痛史重演！只有在人民政权之下，才能保护人民最高的艺术创作与文物，而不令其遭受掠夺与破坏。这便是敦煌文物展览的主要意义……"

如潮的掌声，不仅是与会者对这位专家学者、对这位热爱祖国文化艺术的赤子的这番铿锵有力的话语的认同，更是对每一位真正爱护中华民族优秀文化遗产的战士的褒扬。

这场开设在故宫午门楼上的展览，注入了大家的全部心血，它如此激动人心。对常书鸿来说，最激动的自然是 4 月 7 日这一天，一位非凡人物的出现……

那是个细雨蒙蒙的日子，两点半钟光景，一辆小轿车从端门朝午门开来，停在了午门的城楼下。

一位警卫员先从车子里出来，随手就把一件天蓝色的雨衣披在刚刚下车的一位首长身上。

这位刚下车的首长，把脱下的那件雨衣又交给了警卫员。

常书鸿停睛一看，几乎不相信自己的眼睛了——上午，他曾接到中南海办公厅的电话，说是下午 3 时左右有领导同志要来，让他到时候不要外出，以便能在会场亲作介绍。可是，常书鸿怎么也没有想到，这位领导同志就是日理万机的周恩来总理！

正在他惶恐诧异时，周总理在张秘书的陪同下，已大步走了过来，紧紧地握住他的手。

"您就是常书鸿先生？早已知道您了！……记得是 1945 年，我在重庆七星岗，是七星岗吧？看过你们办的敦煌摹本的一个小型展览。五六年过去了，那次只有十一二件展品，对吧？现在规模大得多了！是不是？"

一切都像在梦中！眼前的人，近在咫尺的对话，那么近那么近地看着总理，看着总理那举世无双的、闪着无穷智慧而又无限亲蔼的眼睛，一霎时，常书鸿竟有点走神，眼前的一切，幸运而美妙得不可思议……

常书鸿神思恍惚，梦的感觉再次攫获了他，他想用最流利的语言，不，最好是用标准的普通话，介绍这次的展览一共分三大陈列室：第一室是序厅及敦煌文物参考资料，那是包括了68卷北魏写经、3幅唐代白描绢画菩萨像以及辽阳汉墓壁画残片、敦煌壁画残片和彩塑模本等。第二室是两大类：一是莫高窟地理环境与历史背景；二是莫高窟历代之代表作壁画摹本——其中包括256幅北魏、西魏壁画摹本、177幅隋代壁画摹本、3655幅唐代（分初、盛、中、晚）、五代、宋、西夏、元各时期的代表作。第三室则是一本大账：历年帝国主义者劫夺敦煌文物的罪证……

　　与此同时，他还想对总理倾诉：这三个室的陈列品，可以说是他和敦煌研究所全体人员这许多年来的心血结晶，且不说在临摹时的千辛万苦，就是在奉命将这些作品调运来京，也经历了一番不寻常的斗争……

　　接着，他还想告诉总理：看了这个大型展览，对于那些从未到过敦煌的人来说，从某种程度上讲，等于像当年剽悍的成吉思汗的后裔一样，纵情驰骋了这个大漠荒原，等于游历了一次敦煌，从中领略了完全不同于北京法海寺、蓟县独乐寺、山西永乐宫、河北毗卢寺的那些无比华丽无比神奇的壁画，体味了它们的宏大和磅礴……

　　最后，他还想说：他最大的心愿是在新中国从此更好地兴起敦煌学的研究，培养和造就更多的敦煌痴人，那么，他在前年挥泪写就的《从敦煌近事说到千佛洞的危机》的忧虑，将从此荡然消散……

他还想说……

啊，其实，他什么也没有说，他是在梦中，他最为敬爱的总理也是在梦中向他微笑，倾听他竹筒倒豆子一般，一寸寸地抖落出火热而又百结的愁肠；因此，当他对敦煌艺术发展的期望作出估价而再次侃侃而谈时，他猛想起沙娜曾经提醒过他：

"爸爸，你以后要注意，不要老是一个人抢住话题就没完没了，要让别人多说，你多听听，当所长当领导要善于倾听……"

他猝然住了口。女儿的意见真有道理，他发现自己有时真是不懂得领导艺术，说得太多，太不知节制了！他应当让总理多说一说！

他惶愧地摸了自己热乎乎的脸，欠身道：

"哎，总理，我说得太多了，还是请您多指示吧！"

"哦，书鸿先生，在这方面，您是行家，我就是要听您多谈谈呢！"总理说，仍是那么笑眯眯地看着他，看着壁画。

他见总理的目光停留在428窟的北壁北魏的飞天摹本上，立时又涌起了如遇知音的欣喜，问："总理是不是很喜欢这一幅？……"

总理点点头，说：这个窟是不是绘着《萨埵那太子舍身饲虎图》？

一句问话，立刻又拨动了他的心弦，强烈的和音霎时在他心中鸣响，千言万语都冲到了嘴边。他想对总理说：428洞窟是我常书鸿魂魄所依，精神所在。在自己最不堪最惨淡的年月中，是萨埵那太子的故事使他淌血的心渐渐平静淡定，是萨埵那太子的奉献精神，使他得尝了精神超越的快乐……

但是，他马上又清醒过来：不，不能喋喋不休尽说自己的事了，总理现在最为关注的是这幅画上的飞天，是无可比拟的天乐神和香音神……

果然，总理几乎自言自语地说：我看这一切和云岗、龙门石窟雕刻一样，其气势之雄伟，造型之生动，使人倍加感受到中国艺术的"气韵生动"，你说是不是呢，书鸿先生？

他正要点头称是，又听得总理说：当然，雕刻在石头上展现的是刀斧之功，这里在壁画上却是笔墨之力，南齐谢赫的"画有六法"是当时评选中国画的标准，想不到在敦煌壁画中得到了印证！你说是不是啊常先生？……

常书鸿听得入神，总理忽然这么一问，连忙想说："是，当然是……"

还没说出这一句，他又觉得自己这样应答，很没有水平，他应当说一说自己的见解，可是刚刚想过自己要少说多听，便只是含笑点了点头。

董希文？总理的目光又落在董希文临摹的428窟那幅《降魔变》上了，总理仔仔细细地极有兴趣地歪着头看了半天，才叹道：真是好画！——怪不得他能画出《开国大典》那样的大画，这位董希文真是一位圣手哇！

常书鸿暗暗感叹总理目光的了不得，却又想纠正总理的记忆：现在还是1951年，董希文画《开国大典》是两年后的事，是1953年，为这幅大画，希文后来可没少吃苦头啊！

但是，他突然谨慎地住了嘴，因为他看见李承仙在不断地向他使眼色……

承仙是什么意思？让他说还是不要说？让他谨言慎行？还是直言相告？承仙比他入党早，后来还成了他们研究所的党支部书记，在政治方面比他成熟，那么，她肯定是让他谨言慎行啰，可是，承仙你要知道，他现在是面对周恩来总理，面对他最想见的伟大人物，机会如此难得，总理又如此关注敦煌，他为什么不能尽情地说？

说，说，说……

不，不是他说，而是总理在继续说……

总理说：由我们中国人自己来钻研敦煌学，这一点非常重要。

常书鸿立刻在心里呼应道：总理您这一条指示，等于是给我们所有有志于敦煌研究人士的支持，总理一言胜九鼎！

常书鸿真想对总理高声呼喊一句什么！

总理又接着说：这个428窟所画的饲虎图，真像是一条用之字形发展的长幅连环画，这种方式，不正像我们今天被称作"小人书"的儿童读物吗？为什么在这方面不"古为今用，推陈出新"呢？面对如此宝贵的民族文化遗产，你们应该永远当仁不让地振臂一呼，使敦煌石窟艺术宝藏在我们这一代获得新生……

常书鸿又立刻说："总理，你的这个意见，正是我早就考虑过的……"

可是，他刚刚说出这一句，却又被李承仙使劲扯了一下。

这一下，他立刻明白了：老妻是在暗示他说话不知轻重，你"早就考虑"，不是说自己比总理还高明吗？要是在1957年，在"文化大革命"中，你的每一句不谨慎的言行，都将是你的过错甚至是罪行……

常书鸿觉得奇怪了：他到底在哪里呢？他现在身处何方何时？

他觉得自己的记忆十分清晰，为什么他现在说的想的事情，都变得如此不可思议，似是似非，似幻似真，时序错乱，阴阳颠倒，朦朦胧胧，一切都是又神秘又混乱。现在，他迫切想弄明白的是：他到底在哪里？现在是什么年月？他到底在病中在医院里还是在午门上？他是不是还在团城？是不是还在那个行将展出的大厅，真真切切地面对敬爱的周恩来总理呢？……

啊，常书鸿，还是抛开一切私心杂念，且再听听总理的指示吧！

常书鸿先生，你们多年来在沙漠艰苦地工作和生活，为保护敦煌文物，介绍宣扬敦煌文物，工作十分繁重，今天我看到的几百幅壁画摹本，已经可以看出，你们做了非常宝贵的贡献！古为今用推陈出新的工作，也是需要我们大家来一起做的……通过这次展览，要使全国人民知道古代劳动人民的伟大创造，人民的伟大、祖国的伟大！

最后，总理跨入了第三室。

第三室里，除了一张19世纪帝国主义劫夺我们珍贵文化遗产的表格外，还陈列了被盗的新疆、敦煌一带的壁画、绢画照片百余件以及重要的文书照片等。

看到这里，总理那浓浓的剑眉拧成了一座山峰。

总理说：这是铁证，帝国主义者近百年来对我们中国珍贵文物的巧取豪夺，真正铁证如山！所以，你们的这一展览，不光是为举国动员进行抗美援朝的配合，也是一次真正意义上热爱祖国热爱祖国灿烂文化的生动教育……

最后，总理又关切地问常书鸿：工作上有什么困难？又鼓励他们把敦煌文物和保护研究工作做到底！

常书鸿连连点头。接着，总理又问起了这个展览布置的情况，日理万机的总理，连他女儿常沙娜刚从美国回来都知道，还关切地问女儿今后打算做点什么？

常书鸿说：我当然希望她还在敦煌做我的女儿，做我的助手，可是林女士看了我们的展览……

林女士？

他说：就是梁思成的夫人林徽因。她觉得沙娜挺有才气，想教她能将在敦煌学习的积累和在美国所学的结合起来，用于现代工艺设计，所以沙娜也打算先跟着林老师在清华大学营建系的工艺美术研究室工作一段时间，熟悉熟悉。

很好，这个选择很好。总理说：希望她学有所成，将来我们要造崭新的人民大会堂，要请你女儿这样的专家来担任美术设计……

哦，沙娜，他常书鸿的女儿常沙娜，多么多么幸福！

总理的勉励成了预言。八年后，雄伟的人民大会堂宴会厅以及大会堂的外部装饰图案设计，就出自常沙娜的灵心慧目……

思绪是那样浩茫，回忆是那样甜蜜……

为招待外国驻华使节的参观，举行了专场展览。

法语接待的工作，责无旁贷地落到了常书鸿身上。

欧洲各国的驻华使节纷纷云集，用法语向他们作介绍，常书鸿驾轻就熟。

瑞典公使阿马斯顿先生也是参观者之一，在参观中，听得十分入迷的他，突然对常书鸿做了个手势，问道：

"常书鸿先生，最近，法国出版了一本书，叫《沿着玄奘的足迹》，你看见过没有？"

常书鸿摇摇头，答：没有。

阿马斯顿便十分热情地要他留下地址，说是要将这本书寄给他，借他看一看。

常书鸿没有太拿这件事当一回事，他觉得这是热情的公使先生好心使然。

随后不久，这本书果然寄来了。随后，他又接到公使的信，邀请他全家去使馆作客。

常书鸿诧异了，连忙请示郑振铎局长。

郑局长一听，微笑说：这是好事嘛，当然同意。嗳，你也是吃过洋面包的，他们这样邀请是很郑重其事的，你就按时去吧！

常书鸿去后，阿马斯顿公使热情接待了他。接着就问他："常先生，你可曾丢失过最宝贵最心爱的东西？"

常书鸿想了半天，歉然地欠身答道："请原谅，我想不起来……"

阿马斯顿公使不待他说完，就拉开了客厅的长沙发。

奇迹霎时出现——

1937年7月14日，他在南京匆匆包扎交给德国驻华公使陶德曼那一卷油画，赫然在目！

常书鸿简直不相信自己的眼睛！他惊喜交加，连声音都发颤了："这，这是怎么回事？"

阿马斯顿公使笑了笑，又叫出了另一位人物：给他寄书的王秘书。

那天，公使回使馆后，要王秘书给他寄书时，王一见常书鸿这三个字，立刻就说这是他多年要找的人！

原来，王秘书1937年时就在南京德国驻华使馆工作，日本人占领南京后，德国使馆撤退，王秘书受陶德曼所托，将这卷画带到苏州老家藏起来了。

王秘书叙说往事，感慨万端："一转眼就是14年！常先生，公使和我一直在寻找您，可一直不知您的下落，那天，一知道您在北京，阿马斯顿公使就要我马上回苏州老家取回来这卷画。这下可好了，总算物归原主了！"

常书鸿听了原委，一时间热泪盈眶，不知说什么才好。

阿马斯顿公使要他清点一下原件，看看是否缺失？

常书鸿打开画卷，果然一件不少。

感激得无以复加的常书鸿，连连地说："公使先生，王秘书，我太感谢你们了！这样吧，你们若是喜欢哪几幅，就请留下作个纪念吧！"

阿马斯顿公使连连摇手说："您的心意我们领了，但我知道，画是画家的生命，我不能要。哦，常先生，使您宝贵的东西失而复得，我很高兴。这是我生平做的第二件好事……"

"那么，第一件呢？"

"第一次世界大战后，我给一个孤儿找到了他亲生的母亲。哦，现在是您心爱的画失而复得，我很欣慰这两件事都是通过我做成了。中国古话叫'成人之美'，您说是不是？"

常书鸿连连称是。每到这时候，他总是感觉到自己在表达情感时的笨拙。

周总理参观之后的第三天，即4月10日，"敦煌文物展览会"举行预展。

预展时，就接待了中央政府各部门的有关领导；首都的文化艺术界、文物工作者以及科学界等200余人士。

三天之后，"敦煌文物展览会"隆重开幕。

中央人民政府政务院文化教育委员会、中国科学院院长郭沫若亲临会场指导后，挥毫题写：

> 这样规模的研究业绩值得钦佩，不仅在美术史上是一大贡献，在爱国主义教育上贡献更大。

胡愈之题道：

> 我从这里认识了我们祖国的伟大，也认识了我们文艺工作者的伟大。

这两位高层人物的题词，如镌如刻，几十年来深深印在常书鸿的脑海里。

正式展览开始，参观人流如潮，热闹的景象大大超出筹办者的预计。

大门里外，人群如过江之鲫，人们在三个大厅的1220项辉煌夺目的文物和壁画摹本前鱼贯穿梭，一双双发亮的眼神无不表达着他们的惊喜。

对这些文物和摹品，大家照例有各自特别关注和喜爱的对象，除了人所共知的藏经洞的图片外，人们对第一室的那份在1945 年在中寺土地庙发现的 68 卷北魏写经，也表示出浓厚的兴趣。

参观者大多是有眼光的，68 卷北魏写经与藏经洞的发现，可谓是敦煌双璧。

于是，常书鸿不得不一次又一次地被热情的参观者请到场地中进行讲解。惭愧的是，土地庙遗书之谜，虽经专家们考证，有了比较明确的说法，但是，现在他不能不经常面对参观者的另一个问题：

除了藏经洞和土地庙遗书，敦煌是否还有其他的批量遗书发现？

这个耐人寻味的话题，历来是文物工作者们最感兴趣的，这样的问话，在常书鸿的一生中，每每使他兴味盎然；这样的问话更是一个鼓槌式的巨大感叹号，或说是感叹号式的鼓槌，一直震响在他的耳边……

以前是鼓槌，作用力很大，但现在，现在他已感衰迈无力，现在，他歉然地感到了自己已经是心有余而力不足，时光是如此的不饶人，还没有来得及好好与他的敦煌共话炎凉，敦煌所赋予他的甜酸苦辣，他还没有品尝够，他一下子就衰老了！

啊，他真没有想到：他已活过了耄耋之年，拿俗话来说，他现在已经行将就木了！这是怎么一回事？他真不舍得这个世界，谁说他已经 90 了？他怎么会那么快地到了 90 岁？他常书鸿还没有过够，他与他的敦煌，还远远没有相亲相爱个够哇！

他不能不感激敦煌，敦煌赋予他很多很多，就是在已经神志不清的当下，他或许忘掉了许多许多事，却永远不会忘怀敦煌给予他的一切。

他清楚地记得：就是新中国成立之初的这个展览会，敦煌给他和他的同伴们，带来了巨大的荣誉……

展出的盛况、高层领导的关注、中外参观者的极大兴趣，那都是不待言的，光那本被参观者写得满纸龙蛇的留言簿，就可说明一切。

全国各家报纸、杂志，不约而同地刊出"敦煌"专版或专号，《人民日报》的专文报道：《艰苦八年的敦煌文物研究所工作人员》，就是对全体同志的表彰；在为时近两个月的展览落幕之前，又一特大喜讯传来：

1951年6月6日，中央人民政府再次隆重给予敦煌研究所全体同志颁发奖金和奖状。

颁奖大会在中国科学院的礼堂举行。

科学界和文艺界的著名人士郭沫若、丁西林、沈雁冰、马叙伦、阳翰笙、李四光、吴有训、王冶秋、陈梦家、阴法鲁、王重民、张衡、董希文都参加了颁奖典礼。

在代表全所接受奖状和奖金时，常书鸿激动非常。颁奖人郭沫若讲了些什么，心潮如沸的他，几乎没能听清，当然，他也不怕听不清而记不住，因为，作为当时的副总理，郭沫若在奖状上亲笔书写的这段话，已经择尽了要义，即便到了现在，作为老所长的他也能背得出来——

敦煌文物研究所全体工作人员在所长常书鸿领导下长期工作，保护并摹绘了一千五百多年来前代劳动人民辉煌的艺术伟制，使广大人民得到欣赏研究的机会。这种爱国主义的精神是值得表扬的。特颁奖状，以资鼓励。

奖状对他来说并不陌生：幼年读书时；出国留学时；在里昂和巴黎画画得奖时……但像这样图案特别、制作精良的奖状，却是此生第一次得捧。捧回了这帧不是一般印制而是特别的、长4尺、宽2尺、边上画着富丽堂皇的敦煌唐代图案，并盖有中华人民共和国政务院文化教育委员会朱红大印的十分庄严的奖状时，百感交集的他，禁不住热泪滚滚！

当晚，他在住所伏案疾书，把这一喜讯告诉全所的人：

……为了不辜负党和人民政府给我们的鼓励和鞭策，我们应该再接再厉，以忘我的热情和劳动，更进一步对敦煌文物加强保护和研究……

今后，我们要永远做敦煌艺术宝库的忠实守护者，让伟大的敦煌艺术世代相传，千古流芳……

"千古流芳？你们这班臭黑帮的下场就是遗臭万年！"随着厉声呵斥，一个大大的黑叉打在了这张奖状上。

打黑叉飞出的墨点溅在了常书鸿的白衬衣上。

打黑叉者还嫌不过瘾，又举起那枝毛笔，在奖状中常书鸿这个名字上，再打了个小黑叉！

1966年夏，被批斗了七天七夜的常书鸿对这一切已经麻木，在麻木的状态中，肉体的痛苦，都已经置之度外。

他自始至终觉得，在所有的不堪的日子里，甚至是腰椎骨严重挫伤无法站立也无法躺卧而只能斜倚的日子里，神思冥冥中总有一阵乐声在远处召唤着他，于是，即便满身伤痛，他仍然一如既往地被这乐声吸引，他忘乎所以，全身心的倾听使他灵魂出窍，于是，每到此时，他便总是微微闭起眼睛。

这时，奇迹便一再出现——

乐声中，那些从一开始便紧紧勾系他心魂的飞天，那些轻歌曼舞又婀娜多姿的飞天，飘飘而出地在他的眼前翩然起舞，她们或拈花散花，或反弹琵琶，那摇曳奇美的舞姿，配合着千手眼的观音，慧目垂顾，佛手如风，在无形中便拂去了他所有的难和沉重……

再守敦煌四十年

又是一年秋风爽。

北京香山饭店的一间别致的花窗，正对着银杏满地的庭园。已是耄耋之年的常书鸿，借得这方宝地，正在完成他最后的人生大事。

前年春上，当他参加全国政协七届三次会议时，曾在这座举世闻名的饭店住宿。得力于有关人士的介绍和推荐，他又一次来到这里，一是整理他已经着力了许多年的文稿和回忆录，包括关于敦煌研究的著作，包括他与日本创会会长池田大作为时十天的对谈录。在茶余饭后，面对香山最美好的季节，他还可画两笔。当他终于在这方清静之地安下心来时，他忽然有了一个极好的主意：尽管他对往事特别是与敦煌有关的点点滴滴，铭心刻骨，但是，毕竟上了年岁，他觉得用文学的形象的描述已经力所难及，幸亏他有过去几十年积累的那些发黄的大小不等的记事本，虽然简略，但是用纪年式的笔录，还是可以将他的一生概述出来。

如是一想之后，他感到纷乱的思绪顿时像抽出了丝头。

那么，最新的一页从哪里起始呢？

当然是1949年后。

1950年元月，与李承仙一起为进疆部队画毛主席、朱总司令画像。春节前，用梨木板刻自己新创作的年画《一本万利》《发家致富》《工农赐福》《槽头兴旺》等，并与敦煌县政府联合公告，在敦煌出售。3月起，在千佛洞前有限的土地上开荒种植瓜果蔬菜和粮食。4月28日，儿子嘉煌出生……8月，西北军政委员会文化部文物处赵望云处长、张明坦副处长来莫高窟，正式接管研究所。开团结会，给全所同志及嘉煌送衣物，并总结过去，布置新的工作任务。10月，去西安参加西北第一次文代会，被选为西北文联理事、西北美协副主席。参加西北第一次美展，展出有关少数民族的风情画20余幅。12月，赴京筹备敦煌文物展。

那么，1951年呢？他又查了笔记：元月，敦煌艺术研究所归属中央人民政府政务院文教委员会社会文化事业管理局，改名为敦煌文物研究所，正式宣布他任所长。参加郑振铎任组长的敦煌文物展筹委会。4月7日，筹备工作结束，陪同周恩来总理参观展览会。展览开幕后接待瑞典驻华第一任公使阿马斯顿先生，原以为1937年寄存在德国大使馆陶德曼处的一批油画已经遗失，不料失而复得……

常书鸿思绪翻卷，接踵而来的日子充满着鲜花、荣誉和奖状……

6月6日，中央人民政府政务院文教委员会向敦煌文物研究所颁发奖状、奖金。7月，国家社会文化事业管理局拨款抢修莫高窟，与古建所赵正文、莫宗江、余鸣谦等专家规划莫高窟的抢修工程。8月，配合北京电影制片厂拍摄电影《敦煌艺术》。在北京中国历史博物馆参加忠诚与老实运动……

这年从9月起到年底，他参加中华人民共和国文化代表团出访印度、缅甸，9月20日起程。10月起在印度、缅甸参观，作《敦煌艺术》的报告。这次访问，直到来年2月才结束。

1952年的5月，他回到敦煌，向党组织提出加入中国共产党的申请。将他于1944年购买的《蒙求注》唐人写本（蝴蝶装）赠给敦煌文物研究所。制订新的临摹与研究工作计划。9月，在

1954年，常书鸿在莫高窟峭壁上指导工作人员维修栈道。

兰州主办敦煌壁画临摹作品展。10月，率团考察天水麦积山石窟。11月，率团考察永靖炳灵寺石窟，调查报告发表在《文物参考资料》上。作油画《哈萨克族妇女》。1953年1月7日，儿子嘉皋出生。6—12月在任新疆文物考察团副团长时，重点考察了新疆石窟。这一年，他当选为敦煌县人民代表。任中日友好协会理事、中东文化友协理事。作油画《新

疆维吾尔族姑娘》《活捉乌斯曼》《雪后大佛殿》。1954年写工作报告提交给文化部，主要内容为保护与研究方面的总结与设想、关于改善工作和生活条件的问题，得到周扬批示，拨给研究所带拖斗吉普车，购置了发电机，千佛洞安装了电灯……

自此后到现在，又近30年，哪一年的日历不是用工作填满？自此后的每一个日夜，哪一天他不是以考察报告、论文、临摹敦煌图案送走星星和月亮？

简而化之的年表最能说明问题，记年表事的简录，可以避开1957年、"文化大革命"期间那些教他痛苦揪心的事实……

于是，常书鸿案头的年表，如一条潺湲的小溪，汩汩流泻……

1956 年，主持制订 1956—1966 年敦煌文物研究所 10 年工作规划草案。全年在榆林窟临摹、调查，开始撰写《新疆石窟艺术》，并制图。7 月 1 日加入中国共产党。入党介绍人为高鹤龄、杜芳铭。作油画《榆林窟》《霍老先生》《莫高窟牌坊》《敦煌

1956年7月3日,常书鸿与段文杰、史苇湘、霍熙亮、李复、欧阳琳、李其琼、关友惠等同事在安西榆林窟合影。孙志军供图。

莫高窟大佛殿》《幼苗》等。发表《敦煌壁画中的历代人民生活画》等文。对12册"敦煌艺术小丛书"的著者李承仙、霍熙亮、李其琼、段文杰、关友惠、冯仲年、万庚育、孙纪元、欧阳琳等九位同志的文稿，逐篇修改并补充，完成后交人民美术出版社出版。

1957年，6—7月筹备敦煌艺术赴日展览。夏，郑振铎视察千佛洞，提出编辑出版敦煌石窟120本的计划、编委人选。继续规划榆林窟的临摹工作。10月，进京筹备赴日展览。12月中旬，与康大川、李承仙、崔泰山组成敦煌展览工作团赴日访问、展出。人民美术出版社出版《常书鸿油画集》。《新疆石窟艺术》脱稿，与人民美术出版社签订出版合同。与人民文学出版社签订出版常书鸿散文集合同。作油画《榆林窟风景》《榆林窟之夏》《九层楼侧修防沙墙》，作水彩画《塔婆》《林阴道上》等。

1958年，常书鸿在日本作学术报告。

1958年，1月5日在日本东京高岛屋敦煌艺术展开幕，展出期间作《敦煌艺术》的学术报告。2月16日回国。夏，由中国美术家协会主办的常书鸿油画习作展在北海公园展出，展出作品均为留法期间及回国后所作。被评为甘肃省先进工作者，出席省先进工作者会议。10月，敦煌文物研究所由文化部下放归属甘肃省领导，任务是"保管与发扬"。日本出版常书鸿与北川桃雄合编的《敦煌的塑像》。作油画《水仙花》《水车》《肖像画》等。发表《从中日文化交流历史说到敦煌艺术在日本展出》诸文。

1959年，元月，出访印度，团长为刘敦祯，团员苏晖和常书鸿。访问期间作油画、速写20余幅，有《印度总统速写》《印度公园》《印度晚霞》《印度水牢》《海边》《古堡》《印度工人》等。10月，为庆祝新中国成立10周年，在故宫博物院弘义阁举办敦煌、榆林两地石窟艺术展，撰写展览说明。9月，任兰州艺术学院院长，兼任敦煌文物研究所所长。参加甘肃省党代会。

1959年12月4日，常书鸿和敦煌文物研究所的同事在天梯山石窟第13窟前合影。孙志军供图。

1960年，全面主持兰州艺术学院工作，并在常书鸿画室任导师，指导姜豪、陈克俭等作画。在敦煌文物研究所创办石窟工作、博物馆事业训练班，培养本省各地、县选派的学员，为期半年。出席甘肃省先进工作者会议。作油画《食堂》等。

1961年，主持兰州艺术学院校园建设，继续在常书鸿画室任教。在北京故宫举办"敦煌飞天""供养人"专题展览。任甘肃省政协常委。10月，去青海参加美协工作会议。甘肃省文联主办的常书鸿油画展，在兰州友好馆举行，除公开展出83件作品外，裸体作品内部展出。作油画《青海湖》《塔尔寺》和静物《令箭荷花》《段家滩之鱼》《切开的鱼》等。

1962年，元月，在上海博物馆举办敦煌艺术展和"敦煌飞天""敦煌服饰""敦煌图案"三个专题展览。并作《敦煌图案与现代工艺美术》和《敦煌艺术》的专题报告，报告会由上海美协主办。参加全国政协会议，作《六亿神州尽舜尧》的发言。向周恩来总理报告敦煌石窟的危险状况和维修建议。8月，中央文化部徐平羽副部长率敦煌莫高窟考察工作组赴敦煌。常书鸿汇报并提出了解决敦煌文物保护问题、编辑出版相关图书等建议。文化部党组报请周总理批准拨给经费和材料，设计、施工由铁道部担任，开始了莫高窟崖壁的加固工程。年底，兰州艺术学院撤销。任甘肃省文联主席、甘肃省美协主席。作油画《兰州瓜果》《令箭》等。

1963年，春，国务院拨巨款，莫高窟大规模加固工程开始施工。当选为中国共产党甘肃省代表大会代表，并参加省党代表大会。在敦煌文物研究所作《敦煌石窟与西域佛教艺术的关系》报告。作油画《学雷锋》以及静物《鱼》《豆》等。撰写申请莫高窟第二期加固工程的报告。

1964年，当选第三届全国人民代表大会代表，并参加全国人代会。继续莫高窟加固工程施工，第二期加固工程时，即申请第三期加固工程。撰写纪念敦煌莫高窟建窟1600周年活动的报告。研究所工作重点按纪念活动项目进行，准备本所业务人员的研究论文、编辑出版大型图录、举办展览会等。经过反复研究考证，确定第362窟唐代和尚塑像是第17窟藏经洞的洪辩和尚像，因此，移至第17窟北壁床座上，在碑石背面记录了此事。

1965年，莫高窟加固工程第二期结束，第三期开始。年初，去北京汇报莫高窟建窟1600周年纪念活动的有关工作。拜访郭沫若先生，请郭沫若先生担任纪念大会主席。遵照省文化局7月19日关于莫高窟建窟1600周年纪念活动举行内部小型纪念会的五点指示，主持本所保护、研究等工作。9月，再次写报告申报纪念活动具体准备事宜。

1966年，元月，继续拟订纪念莫高窟建窟1600周年活动的计划，计划于9月下旬举行。4月17日在北京，郭沫若为常书鸿题唐人诗篇《敌戒》。6月起，回兰州就被卷入"文化大革命"的风潮之中，被批判、揪斗、抄家。9月，回到敦煌，又被批判、揪斗、抄家。

1967—1972被批斗、审查、劳动……

1972年，4月，陪同著名美籍作家韩素音访问敦煌，并接受韩素音的采访。6月，在北京参观文物展览。作油画《梅花喜欢漫天雪》、静物《牡丹》等。撰写《敦煌莫高窟参观解说词》。

1973年，撰写《武威出土的东汉铜奔马——学习祖国历史文物笔记》一文，回到兰州，撰写回忆录。作油画《扶桑》《刘家峡》《刘家峡水库》和静物《豆》《牡丹》《丁香花》等。

1974年，在兰州。作油画《水仙》《葡萄》《花》《大理花》等。继续撰写回忆录。

1975年，应国家文物局罗哲文之约，为联合国教科文组织撰写《敦煌艺术》一书。在兰州作油画《向阳花开瓜果香》《牡丹》《牡丹和香炉瓜》《牡丹和菠萝》等。8月起，为兰州中川机场作《激流颂——刘家峡》大型油画（600厘米×300厘米）。

1976年，3月，完成兰州中川机场的绘画任务。为《人民中国》撰写《敦煌的风铃——三十六年敦煌话沧桑》。撰写悼念周总理的文章。9月，与李承仙合作为甘肃省委礼堂、兰州军区绘制毛泽东、华国锋巨幅油画像各两幅。在江苏省扬州作油画《扬州西园》《扬州天宁寺》《扬州施桥船闸》。在兰州作油画《万紫千红》《令箭花》《大理花和葡萄》等。在敦煌接待日本友人西园寺公一先生及夫人。

1977年，继续撰写《敦煌的风铃——三十六年敦煌话沧桑》。与瑞典扬·米达尔笔谈《敦煌石窟与敦煌学》，于6月28日完稿。

1978年，当选为第五届全国人民代表大会代表，在北京参加会议。3月，恢复敦煌文物研究所所长职务。整理散失文稿，组织开展研究工作，规划莫高窟窟前铁栅栏。11月起再次赴新疆考察石窟，修改补充原写文稿。在兰州作油画《珠峰在云海中》，在北京与李承仙合作创作大型油画《献给敢于攀登科学高峰的同志们》（600厘米×340厘米）。方毅副总理视察敦煌，常书鸿汇报开放参观、拍电影及图书出版等事项。在敦煌参与上海科教电影制片厂拍摄大型彩色纪录片《敦煌》。夏，黄镇部长视察莫高窟，常书鸿汇报莫高窟洞窟常年大量人员进出参观、壁画显著褪色，为了确保一些特级洞窟的精美壁画和塑像，建议由部里规定严格控制开放的第一批特级洞窟7个。

1979年，任全国美术家协会理事、中国考古学会理事、壁画学会理事。出席第三次全国文学艺术家代表大会，任全国文联理事。指导中央新闻电影制片厂拍摄莫高窟第45窟的彩色纪录片。带领所内业务人员在洞窟中精选1500余幅壁画的拍摄目录，交与文物出版社。指导新华

1978年5月11日，常书鸿、施娉婷、蒋毅明与日本作家井上靖、清水正夫一行在敦煌莫高窟合影。李贞伯摄影，孙志军供图。

社摄影部用自然光源拍摄莫高窟壁画精华，记录归档案馆。主持兰州西北师范学院美术系学生在莫高窟学习两个月。9月，参与日本NHK广播公司、中央电视台拍摄专题片《丝绸之路》。与日本著名作家井上靖先生从兰州乘汽车沿河西走廊到敦煌莫高窟。10月，应日本友人同朋学园生江义男学长邀请，与李承仙、常沙娜及翻译王庆英一起访问日本两周。任甘肃省文化局副局长。12月，当选为甘肃省人民代表大会常务委员会委员。

1980年，3月27日至4月12日，应德国驻中国大使魏克特先生邀请，由德国波恩国际研究中心接待，与李承仙及翻译屠敏华三人访问德国。6—12月因病在北京住院治疗。与李承仙合作撰文并编辑大型画集《敦煌飞天》。《文化史料》（丛刊）第1辑至第3辑连载回忆录《铁马响丁当》。

1981年，8月，在敦煌陪同邓小平、王震、王任重同志参观。在北京作油画静物《海蟹》《水仙花》《水仙和仙客来》等。秋冈家荣所译常书鸿自传体著作《铁马响丁当》，由日本学研社出版。日本一枚绘社出版《常书鸿画集》。

1982年，3月，调任国家文物局顾问、敦煌文物研究所名誉所长。举家迁往北京。4月，参加浙江大学85周年校庆，并作讲演。10月，在浙江大学与李承仙合作绘制大型油画《攀登珠穆朗玛峰》。继续修改《新疆石窟艺术》一书文稿，并整理图片。整理译文《从希腊到中国》。

1983年，2月，在杭州浙江大学完成大型油画《攀登珠穆朗玛峰》（540厘米×340厘米），并捐赠给母校浙江大学。4—8月，应日本国立东京艺术大学邀请赴日本访问讲学，任日本国立东京艺术大学客座名誉教授。当选为敦煌吐鲁番学会顾问。应日本国际文化教育交流财团邀请作第六回石阪纪念讲演《我与敦煌》和《敦煌艺术》。在日本参观奈良、仓敷、仙台、青森、北海道、札幌等地。作油画《仓敷》《仙台之道》《东大寺后面》《二月堂》《菊花》《君子兰》《东京的街》《拉沙布岬之桥》等。任第六届全国政协委员。

1984年，参加全国政协会议。5—11月，左腿股骨、胫骨、左手腕骨折，住医院治疗。油画静物《大理花和葡萄》参加第六届全国美展，获荣誉奖。整理《我与敦煌》讲演稿，日本东京SIMVL出版社出版讲演集《我与敦煌》。全国美术家协会庆祝常书鸿从艺60周年。

1985年，4—8月，应日本东京枣寺住持邀请，与李承仙绘制组画壁画《玄中寺》（100厘米×183厘米），共7幅。参观访问日本名胜。浙江人民出版社出版常书鸿译《从希腊到中国》。作油画《前事不忘后事之师》《飞天和花》《月季》等。敦煌文物研究所更名为敦煌研究院，任名誉院长。

1986年，应日本奈良法隆寺邀请，赴日参观访问。构思创作《丝绸之路飞天》画稿。作油画《鱼及番茄》，中央新闻电影制片厂拍成电影。作静物《杨梅》等。继续修改文稿。

1987年，与李承仙合作创作壁画《丝绸之路飞天》。在北京、敦煌协助杭州电视台拍摄《魂系敦煌——记画家常书鸿》电视片。日本NHK电视台来北京，并同去敦煌拍摄常书鸿专题电视片《沿丝绸之路而来的飞天》。参加浙江大学校庆,并举办常书鸿画展。任浙江大学校友会名誉会长。赴香港参加香港中文大学召开的敦煌学学术讨论会,会上作题为《新疆石窟艺术》的讲演。作油画《平湖秋月》《断桥之畔》《花港观鱼》《月季》《鱼和西红柿》等。

1988年,4月,完成历时两年创作的壁画《丝绸之路飞天》,共16幅(183厘米×185厘米,1幅;95厘米×185厘米,9幅;95厘米×95厘米,6幅),赠送给日本奈良法隆寺,并与李承仙应邀赴日,参加奈良法隆寺为壁画落成而举行的开眼仪式。4月11日,日本NHK电视台在晚8时播放长达45分钟的介绍常书鸿的专题片《沿丝绸之路而来的飞天》。5月,在杭州浙江美术学院举办常书鸿画展,展出油画70幅。杭州电视台于5月9日播放常书鸿专题片《魂系敦煌》。8月,中国美术家协会和文化部在中国美术馆联合举办常书鸿画展,展出油画作品83件。9月5日,中央电视台播放中央电视台和杭州电视台联合摄制的专题片《魂系敦煌——记画家常书鸿》。任第七届全国政协委员,参加全国政协大会。作油画《远望宝俶塔》《回忆当年南高峰》《刘丹像》《水仙花》《小青》等。

1989年,与李承仙合作创作大型四联画《敦煌舞乐和飞天》。作油画《双鱼》《月季花》《紫玉兰》等。继续撰写、补充回忆录。

1990年,继续创作四联画《敦煌舞乐和飞天》。作油画《邓家牡丹花》《沙漠天宫》《牡丹花》《鲤鱼及福字瓶》《剑兰》《百合花与兰花》等。继续撰写、补充回忆录。10月，赴日本参加日本富士美术馆举办的常书鸿、嘉煌父子画展。日本创价大学授予常书鸿名誉博士学位……

1991年，常书鸿与长女常沙娜合影。

大也盛也一生缘

1994年6月23日，常书鸿在协和医院安详地闭上了双目。

蓝天如海，白云如雪。在千万米以上的高空，苍穹总是那样清明圣洁。

1994年的8月9日，一架波音737客机，从北京西郊机场旋上了清明圣洁的碧空。这架载着常书鸿部分骨灰和衣冠遗物的飞机，像有无数的飞天托护，轻盈稳健地盘旋在广袤无垠的云海上。

常书鸿的灵魂没有离去，有香音神和天乐神伴护，他的那颗永属敦煌的心，而今特别安宁。顺着这条走了一辈子的西行路，他一如既往地闪现着纯朴敦厚的微笑，在天穹中继续与所有归属敦煌的魂灵交谈。

最先扑入他眼帘的是一只小鸟。

这只小小的遁入高空的鸟，在浩大无垠的苍穹中显得那么孤单而无援，那么畏怯而招人怜爱，他定睛细看，原来是一只喜鹊。

哦，久违了！可爱的孤独的喜鹊。

你是否是曾经飞落在我的窗台上的那只喜鹊？还记得四十多年前吗？那个雪后的早晨，你先是在我栽种的梨树枝头停息，后来，由于饥饿，由于我特地为你放上的一点点馒头屑，你成了我窗前的食客，成了我在孤独境遇中天天相见的朋友，我们的情谊维持了那么多年，成就了沙海孤旅生涯中的一段"莫高窟神话"。

喜鹊，你是莫高窟极度清贫生活的见证者，你也是莫高窟职工后来住屋装上玻璃的见证者。我没有想到的是，后来，你竟又几次以撞破玻璃的壮举，启示我注意了一个严峻的事实："对于一只孤单的喜鹊的问题！"

孤单的喜鹊！尽管后来我把这句话写在了文章的末尾，但我最早的忽略仍是不可原谅的。在千里荒漠的莫高窟，我应当想得更多的是那些和我一样孤独的年轻和年老的职工，你启示我应当常常想到有那么多单身汉，从生活到感情都处在沙漠中。

自此，我常常后悔，我为没能更早更多地注意这个事实而"三省"自身，我不能只以自己已和莫高窟融为一体而满足，我应该想到更多更多的和我志同道合者的生活所需，情感所依……

哦，喜鹊，你是我莫高窟生活中的特殊教师！

陈芝秀?!

我差点都认不出你了。你踽踽独行，苍老枯瘦，原来瘦弱的身影，被晚年的潦倒压成了纸片般单薄。

你的状况令许多人恻然。

我听说你对自己曾有过极深的自我谴责，你说这是上帝对你的惩罚。生活对人往往并不公平，可是最终，它往往又是公平的。我们常把这归结于命运。

我很长一段时间都不知道你后来的生活状态，你当然明白我是硬着心肠没去打听的。当然，在人生的最后岁月中，我听说了你的一切：再次易嫁，生活拮据，晚景凄凉。因为自尊，更因为你对自己的不能饶恕，你虽然回到杭州却躲避了以前所有的亲友，你将自己封闭在生活的最下层而最终落魄而死，你只对女儿沙娜说过：这才是你该有的报应。

我恻然而喟然。

我后来常常想，假如你不是被那样卑污的人诱拐而出走，我也许很快就会谅解你的一切。也许我还会回过头来再次尽我的责任。因为我对你未能尽责的保护，是我从痛苦的日子挣扎出来以后最初的内疚。

当然，现在叙说这一切都成了虚幻。我希望我们的故事随着我们在人世的消失而湮灭。但是，事不由人，后人只要想起敦煌，我们之间的故事就会被一再提起，这是从古到今的"警世明言"。而敦煌又是如此恢弘博大，灿如日月，任何跟它有关的人事都在它灿烂的光照下无法消遁。

我们的故事，将会与敦煌的沙砾一样，松脆易朽的将随岁月而风化，而坚硬的石核却会与中寺的土地一起，凝结成一座永远的"劝世碑"。

你是谁？是易喇嘛？不，不对，易喇嘛虽然也清瘦，却比你要高挑结实……啊，我想起来了：你是王园箓。

王园箓，王道士。

没有见过你的模样，却见过你的照片：在下寺的那破败而几近倾歪的寺门前，你斜歪着肩，那顶不成样的贫道帽、那件色泽灰暗、宽大得极不合体的道袍，为你这"游方道士"在莫高窟的清苦生涯，作了最好的注脚——尽管实际上，你是否真像你在游方时诉说的那样清贫凄寂。

我曾不止一次地细细端详你这唯一的"立此存照"，为的是从你那一线细弧般的闪现着愚蠢而狡黠的笑容中揣摩你的"庐山真面目"；想象着你面对狂妄无知的肃州兵备道廷栋时的可怜巴巴；想象着你在面对一个又一个花言巧语的西方大盗们时的同样可怕而又可怜的愚蠢。世上有许多伟大的事件发生于偶然，但世上也有许多伟大的甚至是筚路蓝缕的事业却被某时某人的愚蠢毁于一旦……假如你没有请来记"供物"账的杨师爷，假如他没用那根芨芨草棍点水烟，惊世骇俗的藏经洞的发现还有可能吗？这座沉睡了1000多年的举世无双的古代图书馆也许还会继续沉睡，20世纪的这一最伟大的发现肯定还会被推迟。

可是，当这一伟大的发现却换来了更疯狂的掠夺和洗劫时，王园箓，道士塔所载的你的功德碑，实则就是你的耻辱柱！

王园箓，当斯坦因只用区区4锭马蹄银换得了稀世珍宝而惊讶得连自己也不敢相信、当伯希和也是只用500两银子便堂而皇之地运走了十大马车的文物而暗自窃喜、当华尔纳为那座从328窟盗走的超级瑰宝——半跪式供养菩萨从而使"福格博物馆"声名大震而洋洋得意时；当我们一次又一次在海外得见敦煌瑰宝敦煌文书并为之痛心疾首时，王园箓，历史所记载的你的功过，也成了我们的百年尴尬。

三万多件文物哪！王园箓！

作为一个敦煌人，时至今日，我仍然不能不时时想到这种尴尬，这是我至今未曾痊愈的心病。在辞世之前，人曾屡屡问我有没有"后事"？没有，我说，我个人没有半点放心不下的后事，唯一要交代的"后事"就是这句话——

我们的子子孙孙们，你们一定要继续理直气壮地向掠夺者高呼：

还我国宝！

我们的子子孙孙们，你们一定要呼吁国际道义，要以法律手段追回我们的国宝！

文物归还的日子迟延一天，王园箓和掠夺者们的罪愆就深重一天。

埃及可以从欧洲讨回狮身人面像，日本书法家青山杉雨能够主动送还他得到的8件敦煌文物，为什么我们不能把这一追讨失窃文物、抚平百年伤口的头等大事，列入国事的重要日程呢？

随着人类文明的真正进展，这日子应该为期不远！

置放着王园箓遗骨的道士塔，也常常令我想起后来考查麦积山、炳灵寺和新疆石窟的日子，也常常令我想起杜甫的那首《山寺》：

> 野寺残僧少，山园细路高。
> 麝香眠石竹，鹦鹉啄金桃。
> 乱石通人过，悬崖置屋牢。
> 上方重阁晚，百里见秋毫。

大诗人简练的笔墨自是传情达意，这40个字的八句小诗就把荒山野寺的面貌活画出来了，那样的地方能够"活人"，自然不是由于"麝香眠石竹，鹦鹉啄金桃"的富足，而是"乱石通人过，悬崖置屋牢"的因素——因为，有山必有寺，那些"重阁"是所有荒寺居住者赖以生活的精神大厦。

和所有的佛教徒一样，支撑敦煌朝拜者的精神支柱就是信仰，他们的信念支柱就是"佛"，所以，不管山如何"孤"，寺如何"荒"，生活如何清苦孤独，只因心中有"佛"一切都不在话下。

我没有信过佛，但我心中也有"佛"，我的"佛"就是敦煌。

苦守敦煌的日子，我最大的收获是悟出了信仰对于一个人行为的作用，是的，敦煌就是我心中的"佛"。敦煌应该成为我们中国文化的"佛"！

置着王圆箓遗骨的道士塔，也令我想起你，老工人窦占彪。你看，你又像我们生前所处的光景一样，老是跟在我身后，不声不响，做这做那，黑不溜秋的脸，山一样壮实的身躯，倔儿头的脾气。

窦占彪，你这个攀山崖爬峭壁的能手，对你，我永远心存感激。你不光是探寻石窟秘藏的开路先锋，也是很会动脑子的聪明的"山豹"——在麦积山下的瑞应寺住宿时，我们曾毛骨悚然地听过豹子的叫声——可是有了你这头"山豹"跟随，我胆子无形中就壮了许多。你不光勇敢能吃苦，还能动脑子，你与水文工配合，在五六十米的峭壁上，利用栈道上的旧木桩，抽出一根朽烂的，在原来的桩眼中换上一根新木桩，再架上木板，就这样一块块地铺，一根根地换，一道飞栈通路就这样搞成了，聪明而快捷的办法，保证了我们攀登和考察任务的顺利完成。

窦占彪，你于莫高窟，可谓功莫大矣！可是，王圆箓有着赫赫大塔，窦占彪你呢？和留下这千年宝窟的无名画工一样，在有关敦煌的词条解说中，没有你们的大名。你没有研究成果，可你的成果却积淀于敦煌的一砖一石之中。

人所共敬的赵公朴老，曾说我是"敦煌守护神"。我愧领这一称号，我做得实在太不够了，特别在晚年，真正是心有余而力不足啊！我只想说，在敦煌，正因为有窦占彪你这样的无名者，才共同铸就了敦煌的辉煌，正因为有你们这样一批又一批的"敦煌守护神"，才维护了敦煌。

历史不会忘记你们，敦煌的画工，历史不会忘记你，窦占彪！

啊，是你，孙建初，我的救命恩人，我的朋友！

至今，你一直是我深深感念而又深深愧对的人。"俯仰无愧怍"，本是我的人生信条，一生中，我对事业无愧无悔，可我深为愧疚的事就是：有那么多帮助过我、有雪中送炭甚至像你这样有着救命之恩的朋友，我虽不曾忘怀，却没有竭尽可能来表达应有的谢忱。在被中央领导关怀回北京安度晚年的日子里，我太忘情了，我随俗地只顾"安度"而忘怀了许多，连理该与你应有的青鸟通候，都没有能够做到。

但在今天与你相逢，老朋友，我要对你鞠躬到地地说一句：谢谢！

我在想，你一定与我一样，最后的时刻定然是含笑九泉的。不是吗？你所献身的石油事业，是我们国家发展最快最为优胜的事业。"贫油"的帽子，早在60年代初就被勇敢而艰苦卓绝的大庆人甩到了太平洋中。这些年来，石油工业的发展是我们国家最值得骄傲的事实之一，这些年来，作为虽然回到北京却魂系敦煌的敦煌人，石油也成了流在我周身的血液，为曾经有过的"石油滚滚流"，我也曾经那样热泪迸涌热血沸腾……

现在，我想，关于石油的一切消息，你一定会比我更早得闻，因为这是在地心汹涌的金河，作为一生都在倾听地心的你，怎能不比我更知情？

所以，我不能再弄斧于你的班门了。孙建初，我的恩人，现在，我只想，在天国的乐园，我们能不能还像在那个帐篷的夜晚，再来一次竹筒倒豆子式的叙旧呢？

呵，斯百，老朋友，我们在这里重逢，真可谓是白头之交，百年知己。

我们的人生道路是那样惊人地相似，就像女儿沙娜对我们的称呼一样；我们的追求是那样和谐而一致，就像人的手足一样；我们的一生在尝尽了所钟爱的艺术给我们的酸甜苦辣果以后，斯百，我的老朋友，我引以为憾的是，在你过早地撒手人寰时，我们再也没能像在巴黎、在重庆那样，随时都有畅谈的互慰的良机！原来，我总觉得我们之间那一肚子没有痛快淋漓地倾倒的话，总会有时间有机会诉说的，谁知，人生的不尽意往往就是这样，你越是觉得可以慢慢来的事，却在瞬息间失去了机会。

所以说，"缓事宜急办，急事宜缓办"真是值得人玩味并记取的人生哲理呵！

斯百，老朋友，暌违二十余年，我终于步你的后尘来了，临乙和合内还在人世，继续可以圆我们的梦，让我们祝愿他们健康地活到一百岁吧！斯百，现在，我们终于在许多信徒念念于心的"天堂"相会，我们在天女散花飞天起舞的世界重聚，可以再不受任何羁绊制约，可以毫无顾忌地纵情交谈了！

那么，斯百，你想知道这次相会，我首先要对你说的第一句话是什么吗？

我想说，不，我是想问，在自己的一生画上句号的时候，我是想问你也问自己：

假如生活从头开始？

斯百，这是我晚年时常拷问自己的话。

我知道，你是在最痛苦的日子里含恨离开人世的，你的生命结束在最荒唐也最残酷的日月。每每一想到这些，想到你在最痛苦的时候我也是泥菩萨过江无法帮你，我的心就痛苦地揪成一团。但我听说你在哪怕最难熬的日子里，也从来无悔自己的选择，你以素有的从容安详，以"洁本质来还洁去"的自尽，又一次体现了知识分子的尊严和气节，真令我感佩！这就是你，斯百，这就是几十年来与我相濡以沫的你啊！所以，我这话其实不用问：假如生活从头开始？

是的，假如生活从头开始，你还是你，我也还是我，我们照旧会选择绘画这个令人迷醉的职业，照旧会向往巴黎这个世界一流的艺术之都，照旧会受祖国的召唤、敦煌的召唤而义无反顾地奔回祖国，奔向这个摄人心魄的极地，照旧会在几十年如一日的春蚕吐丝般的劳作中走完我们的人生长途，就像此生此世我们所做的一样……

斯百，说到这里，我想再说一句：假如生活从头开始，我第一件想做的事是创办一所专门的"敦煌艺术学院"，不不，或者叫敦煌艺术学校也好，培养专门的人才。那时，我一定要向文化部教育部力荐你这个老朋友来当院长。你一定会当得如当南京师范学院院长一样潇洒漂亮！

因为，在你身上，我体会了如王国维对敦煌学的治学态度一样：

凡事物必尽其真，而道理必求其是。

这位敦煌学的开创者，业精求深、独慎求真的精神，真值得后人效法啊！

啊，我是不是又说得太多了？不说了，对了，就让我们像年轻时那样，再聊发一次"少年狂"吧！斯百，刎颈之交的斯百，你我就像在巴黎塔格尔路、重庆沙坪坝那样，再玩味一下"两个身躯一副心肠"的时刻；再体验一下"两个思想互相同化"的瞬间吧！

还记得1934年在你催促下我写的那篇《现代绘画的题材问题》吗？这篇文章的末尾，我提到了"一个不可言说的温柔"——那是我关于艺术家之间互相感应的一种体会，那么，就让我们手牵着手，再次拥有这一"不可言说的温柔"时刻的到来吧！

"……因为，只有这些，才能颤动那崇高与渺远的我们灵魂上的音乐的琴弦……"

现在，敦煌研究院的条件今非昔比，可是，在为了今天这一目标而努力的过程中，任何一个怀有"进了莫高窟，就是敦煌人""生为敦煌人，死为敦煌鬼"信条的人，他们为此所作的奉献和牺牲，都应该载入敦煌的史册。

我所欣慰的是，段文杰同志退休以后，敦煌研究院又有了樊锦诗那样的接班人，说到樊锦诗，对她，我也是敬佩非常的。那么了不起的女同志，真正的女中豪杰！有人称她是苦行主义，如果说这评价是准确的话，那么我还要加上一句：她是建立在自愿牺牲基础上的苦行主义者。现在的享乐主义者太多了，苦行主义就分外可贵，敦煌的事业正是有了一代又一代的苦行主义，才有了继往开来的发展。

敦煌研究院的建设发展那么好，十分令人快慰。敦煌学的研究有了那么扎实的队伍，这正是半个世纪前我所盼望的。我欣喜着如今与敦煌研究有关的一切盛典，所以，就这一点来说，我对自己的离去毫无遗憾。我坚信这个中国历史、世界历史最长的画卷，由樊锦诗和许多年轻的人来接笔，定会使这个猜不完的谜，增添无穷的魅力，定会使这个常说常新的话题有更美丽的终结。

我想对老妻李承仙再说几句：

承仙，感谢你整整半个世纪以来为我所做的一切。虽然对你，我用不着以"感谢"二字表达情怀，但正如沙娜所说：在"文化大革命"浩劫中，假如没有妈咪和爸爸相濡以沫，爸爸活不到现在。是的，是你忠心的照护，延续了我的生命。

当然，延续了你我生命的，还有我们在敦煌出生的儿子：嘉煌与嘉皋。

如今，他们弟兄二人都生活在日本，已经成年的儿子，各自选择了他们的生活道路，嘉皋从事印刷业，很好，这是平凡而又不平凡的事业；我最欣喜的是，嘉煌几经周折终于也选择了"做敦煌的儿女"，这正是半个世纪以前我对沙娜的期望。沙娜在艺术和事业上的成就是我深深引以傲的。嘉煌在这一点上要向姐姐学习——你对建立现代敦煌石窟的设想，很大胆，愿望也不错，我不知这事的未来会怎样，因此，虽然不能对你的计划指手画脚，但我还想送你一句话——

这句话是因为我想到了敦煌学的又一位元老、我们的浙江同乡罗振玉（说到这里，我不能不啰嗦一句：嘉煌不知你注意了没有？敦煌学的创始人罗振玉、王国维，都是浙江人：罗出生上虞，王的故里在海宁。你看，爸爸的故乡浙江是多么美妙而不可思议！）一生奉为座右铭的：

知之为知之，不知为不知。

这也是一句为大家耳熟能详的话，为什么我要郑重其事地对你说？

嘉煌，你当然知道罗振玉的声名和学问。在这里，我无需评价他一生的功过，但是，只要提起敦煌学这一研究群体的产生，我们不能不首推这位敦煌学的开山祖师。作为在宣统元年曾经任京师大学堂农科监督的参事官，后来又奉溥仪之召："南书房行走"。应该说，罗振玉的学问和本领够显赫的了。可是，满腹经纶的他，治学时总是谦谦如学子，他的《敦煌石室书目及其发现之原始》《敦煌石室遗书三种》，他和王国维等人集汇的《鸣沙石室佚书》《流沙坠简》等，都是敦煌学兴起的始原。你看，如此有大学问的人，尚有这样严谨的治学态度，更何况你还是年轻辈？你虽然求进求新心切，但在敦煌学这门浩如重洋的学问面前，你要牢记自己永远是懵懂的孩子。你要记住：一切求进求新的基础，是要有科学的态度。学问深如海洋，热情只有与科学的态度相结合，才能结出灿烂的花果。

所以，我期望于你的，就是你在立誓要做敦煌的真正儿子时，在你决心将敦煌的事业作为毕生的事业时，要切切牢记：敦煌的事业，不仅仅是艺术的事业，更是科学的事业。

以科学的态度从事艺术事业，对你不无裨益。

科学和艺术，艺术和科学在这点上都有一样：绝无坦途！记牢啊，儿子！

沙娜，我的好女儿，对成熟干练的你，我好像什么也用不着嘱咐了，我要对你说的，已经在几十年的命运相依中悄然渗透了。你所做的一切，我都高兴，我都放心，你为爸爸所做的一切，我都感激。

包括你对弟弟嘉陵无微不至的关爱。

我对嘉陵很放心，从他后来在部队参军、当了司机直至现在，他过的都是一种单纯而安定的普通人的生活。这很好，太好了，人知足而常乐。我很高兴我的子女中，有嘉陵那样从不以"名人之后"自居的孩子，在这点上，嘉皋也是如此，这令我心安。我永远记着在"文化大革命"后期在嘉陵家度过的普通而平安的日子，它令我难忘。

我的感激，也包括你为你生身母亲垂暮之年所做的一切，这一切，我都理解。

沙娜，你真如我所期望的，虽然离开了敦煌，你也还是敦煌的女儿。这就是我对你最大的满意。你将敦煌赋予你的艺术营养，化为人民大会堂宴会厅穹顶的设计装饰图案的构思，这是许多即便有天纵之才的人也难有的机遇和荣耀。沙娜，我祝福所有的敦煌艺术的工作者，都能在中华大地上，用皇皇史笔，尽情泼写敦煌艺术。

还记得吗？沙娜，少年时你曾经很喜爱罗曼·罗兰的《欣悦的灵魂》，你的"吕爸爸"推荐你读，鼓励你读了后要写读书笔记。你很听话地写了，这篇读书笔记写得很好，由此我们发现了你叙事简练且很有文采，这说明你很有感受能力，有文学细胞。而文学才能，也是从事一切艺术的基础。说实在的，那时我都有点嫉妒斯百了，因为，像这样细心地启发女儿心智的事，竟然不是我这个粗心的亲生爸爸而是"吕爸爸"——你的吕爸爸实在比你的亲爸爸还好啊！

沙娜，我的好女儿，千言万语难表我对你的挚爱，在人生的晚年，我总是回忆不尽我们父女所共度的艰辛岁月。当然，现在，我是再没有什么好说的了，我只想告诉你：爸爸在晚年，这颗饱经沧桑的灵魂，也是"欣悦"的！我只想通过你，对我们所有曾经患难与共的亲友，再次表达衷心的谢意和祝愿。

沙娜，我只想说：我愿你的一生，甚至是晚年，就像我留给你的唯一的一张粉彩一样——那一捧灿烂而又热烈的、五光十色而又芳香幽雅的玫瑰花。

这花，就是你的象征，就是爸爸对你的永远祝福！

当年我出国留学，无非想出人头地，光宗耀祖。到法国后，我的认识逐渐变化，最后，才发生了从为个人到为民族为国家的意识革命。关于我个人的生活，我想简要地说：自从在巴黎见到伯希和的《敦煌石窟图录》，我的命运便与敦煌紧紧联系在一起了，从那以后的半个世纪，我尝尽了一家离散、横遭迫害的苦酒。

在敦煌期间，受到民族意识和佛教的影响后，我产生了一种使命感，我深切认识到：敦煌艺术是中国的传统文化，舍命也得保护它。不管有多少困难都必须克服——就是这种使命感，使我渡过了所有的艰难困苦。

在我最困难时期，在被称为中国历史上最大灾难的"文化大革命"的经历，是无法用三言两语说清楚的。在这期间，我受到多少迫害，受到怎样的侮辱，我和我的家人又是怎样渡过难关的，需要很长时间才能讲完，但在今日，我觉得，所有的恩怨，所有的琐屑，已经没有必要重复了，重要的是总结经验，记住教训：这样的历史悲剧，决不能重复。

我深深感谢周恩来总理，深深感谢邓小平同志，是周总理给了我许多保护，是小平同志使我晚年生活得到很好的照拂和优厚的待遇。

到现在为止，在走完了人生的全部历程后，我想说的就是这句话：到目前为止，我的人生选择没有错。

有人问我：如果来生再到人世，你将选择什么样的职业呢？

我要说：我不是佛教徒，不相信轮回转世。不过，如果真的还有来世，我将还是常书鸿。我要去完成我想为敦煌所做而尚未做完的工作。

尾　声

　　莫高窟皇庆寺——中寺，常书鸿曾经度过了无数年月的家。1994年，常书鸿魂归于这个给予他无数欢乐和悲伤的家。

　　这是敦煌最美好的季节。

　　盛夏的和风轻轻吹进中寺的院子，常书鸿当年栽下的枝繁叶茂的两棵梨树再一次挂果累累，青翠的树叶随风起舞，和着墙外的那圈杨树林，仿佛是一支有机组合的管弦乐队，在夏日的明丽阳光下，飒飒如乐的叶声，此起彼伏。

　　在常书鸿的灵骨栖地，一方黑色的花岗岩大碑上镌刻着赵朴初为之撰写的大字：

常书鸿墓碑。

敦煌守护神 常书鸿

一九〇四——一九九四

2004年，在庆祝敦煌研究（所）院成立六十周年的日子里，敦煌事业的继任者为常书鸿举行了盛大的百年诞辰纪念活动。他的墓碑耸立在面对莫高窟的一派煌煌无垠的金沙中，以其名字命名的故居亦是世人最向往的参观点。

和风轻轻吹来，静静的中寺像听得见远处流过的宕泉河的潺潺水声。

轻风水声中，人们仿佛听到常书鸿依然用他浓重的杭州口音，向每一个初到莫高窟的人作着介绍——

飞天之名见于中国记载者，最早为北魏的《洛阳伽蓝记》，称"飞天伎乐"。飞天在印度佛教中属于"天龙八部"中的两部，叫做乾闼婆和紧那罗。紧那罗是一位天乐神，是能歌善舞的天神；乾闼婆是一位天歌神，由于浑身散发香气，又叫香音神。传说他们是一对形影不离的夫妻，永远在佛国的天空中自由飞翔，并载歌载舞，随手弹奏，娱乐于佛。

飞天是浪漫主义思想方法和创作方法结合的产物，是古人最善良最美丽的理想憧憬的进一步飞腾与升华……由于古代人们对神仙世界的憧憬，因而把自然界的风云走兽都神仙化了。为了征服自然，他们幻想飞行，因而也就出现了有翼的神仙人物，并衬托祥云以示飞行。

在莫高窟的492个洞窟中，有272个绘有飞天，飞天千变万化，婀娜多姿，是敦煌艺术精妙绝伦的象征……

语声中，那些从一开始便紧紧勾系参观者心魂的飞天，那些轻歌曼舞又婀娜多姿的飞天，飘飘而出地在人们的眼前翩然起舞，她们或拈花散花，或反弹琵琶，那摇曳奇美的舞姿，配合着千手千眼的观音，慧目垂顾，佛手如风，拂去了人间所有的苦难和沉重。

后记

愿借丹青写风神

人生飞逝如电，倏忽已七十有余，古稀已过而耄耋之年将至。在此番年纪，往往心境古井不波，少有事物能够让人感到出乎意料；然而年前，浙江人民出版社致电于我，言及修订再版《敦煌守护神:常书鸿传》（出版于2001年），这桩突如其来的"意外"，却是十足送了我一份非同寻常的惊喜。

搁下电话，脑海中首先回忆起来的，是37年前（1983年6月）与常老在全国政协六届一次会议时初次相遇的情形：那是我第一次参加全国政协的全体会议，倍感新鲜，彼时又堪称"年轻力壮"，于是一早起来在香山宾馆花园溜达，却不料迎头碰到一位霜鬓鹤发的老人，精神矍铄，略有老态但不龙钟，手拄一支红木手杖，若有所思地在庭院中踱步。

从胸前的名牌上（那时候的政协委员和人大代表的会议证件，往往都是一张胸卡，写有委员代表的组别和名字），我得知面前这位老者便是景仰已久的常书鸿先生——早在1962年，我拜读过《人民文学》第2期上另一位浙江老乡徐迟先生的报告文学《祁连山下》，写的就是常老。从那时起，常老的大名就已经长驻我的内心深处。

作为"小字辈"的我，怯生生地向常老致意道："常老，您好!"

常老停下脚步，看了一眼我的名牌："你好……你也是文艺组的啊? 你是做什么工作的?"

常老一口的"杭州官话"，换了别人，可能还真不太好懂。偏巧同为浙江老乡的我，对于他的话，理解上没有半点障碍。

我回答说："我是一名作家。"

常老似乎马上来了兴致："你是作家啊? 那你有没有去过敦煌?"

我回答说还没有机会去。

"那你一定要去一趟，去看一看敦煌!"常老干脆利落地说道。

这就是常老"言必称敦煌"的谈话风格。

小组会上，常老不发言则已，一旦开了口就滔滔不绝。他那口北方人不大听得懂的"杭州官话"，所言所说的自然是除了敦煌还是敦煌……20世纪80年代，在知识分子群体里，常书鸿先生一直有着 "特立独行"的风格，那就是在任何时间、任何地点都不加掩饰其对敦煌的拳拳热爱。

与常老同在"文艺界"一个组，朝暮晨昏时总是能看见在庭院中踽踽独行的常老。在我想来，常老的思索，必定是每分每秒，都离不开他所挚爱的敦煌。

写到这里，突然想起，与常老初次见面的那一年，他的年纪与现在的我约莫相仿。这看似平常的巧合，在某种程度上却又像是一种天意，不但引导我在1983年与常老相遇，也指引我在20世纪末开始动笔写《敦煌守护神：常书鸿传》，冥冥中似乎更暗示了我在此时将近40年后与常老、与敦煌再度结缘。

有时候，人生所有的不期而遇，在日后看来，都似乎是别有深意，似命中注定。

翌年（1984年）夏天，我应中国人民解放军总后勤部之邀，沿青藏线，一路采访到了三危山下。在莫高窟前，我又一次巧遇了正好回敦煌"探亲"的常书鸿先生夫妇。那天，部队的同志还为我们拍了合影。

1984年夏，叶文玲（左三）与常书鸿夫妇等人在敦煌莫高窟合影。

虽然只是匆匆一览，却被敦煌深深震撼、被莫高窟的光芒照花了眼睛的我，难以形容心中的万千感受。我说不尽它那无与伦比的辉煌。更忘不了皇庆寺中那一铺又硬又冷的土炕、那一架老式得不能再老式的望远镜、那一只龟裂的边边角角全磨白了的黑皮公文包和那一盏搁在窗台的小小煤油灯……常书鸿与敦煌，又一次深深嵌入我的心中。

　　而我对他的敬重，则是仰之弥高。

　　有关敦煌和常书鸿的写作，原是2001年浙江省委领导给我的一项光荣而又特殊的创作任务，这使我有机会再次学习和了解祖国文化最博大精深的艺术宝库敦煌；学习了用毕生心血守护敦煌艺术的常书鸿先生的一生以及与常先生曾经一道工作过的无数文化英雄们。他们崇高的精神和极富魅力的文化品格，极大地感染并鼓舞了我；他们忘我而极其出色的工作，使我在深入采访时，就像始终被敦煌烈焰炙烤一样，燃烧着欲罢不能的创作热情。

　　于是，从接受任务开始，我在酷暑中再次踏上西行路，在滚滚沙尘中再度来到莫高窟、榆林窟、西千佛洞……从兰州到敦煌直到党河边，我访问了一群前赴后继的艺术殉道者，一群和常书鸿同具品格的民族文化英雄们。对他们的访谈记录，是我行囊中渐积渐满的宝贵财富。仲秋时节，我力排冗务，受省领导指派去法国访问。于是，我徜徉巴黎和里昂的博物馆、亲见被收藏的常书鸿的精品画作……在那些紧张忙碌的白天和黑夜，那一次次的感动和震惊，使我一次次地经历了"灵魂受洗"

的感觉。在面对这些感动和震惊时，我觉得自己的精神和灵魂也经受着煎熬和升华。

我不止一次地想起这句话：在面对敦煌的735个洞窟、2000余身彩塑、45000多平方米壁画时，你没法不心灵震颤。在深入地了解了这位"守护神"的"九十春秋"后，你也没法不为他的一生所歌哭所涕泣。

于是，一切推诿和迟慢都属怠惰，我的心终于在"大也，盛也"的敦煌烈焰中重燃；于是，所有的辛劳都化作了欣慰。

"大也，盛也"的敦煌，与敦煌共一份炽热肝肠的"守护神"，犹如悠悠传送的敦煌天乐，使我借力无穷。深入采访，反复研读有关资料，几经修改，我终于在两年后完成了初稿。我为将卸下这座珍贵而沉重的文化大"山"而如释重负：

我所面对和跋涉的，的确是一座了不得的"山"——无与伦比的敦煌艺术，是中国文化最为璀璨而厚重的大山。之所以感觉沉重，也毋庸言说——常书鸿人生九十年沧桑的心路历程，是历经"三个朝代"的知识分子几近一个世纪的极为斑斓的"经变图"。如果将以常书鸿为代表的一群民族文化英雄纵横捭阖地写下来，那是写上几十万、上百万字都难尽意的。

说这部书是遵嘱之作当然不是虚说——在遵这一"嘱"书写时，我衷心期望的是它能够如常老亲属所说："告慰常老的在天之灵。"为他以及那些奉献了毕生心血的敦煌英雄们献上一炷心香。

在此由衷感谢为我先后六次到敦煌采访提供最大支持的时

任敦煌研究院院长樊锦诗、书中写到和没有写到的为敦煌艺术奉献了自己的青春或一生的专家们，以及包括常书鸿的同事和学生；帮助常老整理了《九十春秋》的原北京中央工艺美院李砚祖；"敦煌学"学会会长季羡林老先生以及秘书长柴剑虹都在百忙中都接受了采访；虽然是病弱之躯但仍然热情接待我的董希文夫人张琳英女士和女儿董一沙……应该写上的名字还有很多，恕我无法一一列举。

这本书的写作，不仅使我再次感悟了一个作家的天职和社会使命，再次体会了艺术创造的艰辛。而礼赞爱国艺术家的辉煌人生，为他们的成就铸一块丰碑，则是我们义不容辞的任务。

我想说明的是：因篇幅所限，不能不将常书鸿的生平事迹"压缩"到敦煌解放为止，因为这是他平生最艰辛也最辉煌的阶段，"敦煌守护神"的英名也是恰因此起。至于新中国成立后的敦煌艺术保护，自是在政府的百般关切下进行，毋庸赘述。

亦因体例要求，常书鸿后来与日本大画家平山郁夫的交往、与池田大作有关敦煌艺术的精彩对话，都只好割爱未收入。好在这些内容，读者可以从常先生本人著述里搜寻，在此谨致歉意和敬告。

修订工作正在准备之际，又有佳音迭传而至：中央广播电视总台中文国际频道（CCTV-4）《国家记忆》栏目，正在筹拍常书鸿先生的专题系列纪录片《敦煌守护人——常书鸿》（五集）。主创与编导甚为有心，在采访了常沙娜女士之后，又辗转打听到我的联系方式，数次联系之后，终于成行，于2019年12月初来到寒舍，耗时整整一天进行访谈，摄录从早到晚。我当然是知无不言，将所知有关常老的一切和盘托出，只求以暮年微薄之力，为世人能够铭记常老的名字，以及他为敦煌这永恒不朽的文化符号所做的一切，再树一块丰碑！

揣想本书再版付梓之时，纪录片应当已经制作完成，荧屏上能够再现常老风姿，于心甚慰。当然文化载体，并不只有荧屏一种形式，作为一辈子以笔为生的人，我依然想要借此书修订、再版的机会，向编辑和出版社表达敬意——是他们的坚持和文化责任感，使得常老这样的文化名人在我们的星空再放异彩。

几经商量，我们为本书重新取了一个书名——《此生只为守敦煌：常书鸿传》，常书鸿先生曾说："如果真的再一次托生为人，我将还是常书鸿，我还要去完成那些尚未做完的工作。若有来生，我还是要守护敦煌。"常书鸿的一生，从在巴黎见到伯希和的《敦煌石窟图录》起，便与敦煌紧紧联系在了一起，且再未分离过。

曾经有人说过：没有任何一个人在看了敦煌后，会无动于衷。而我在写完此书和这篇后记的第一个念头和最后一个念头，始终都是：但愿没有一个人看了此书后，会对常书鸿无动于衷！

2020年1月9日

图书在版编目（CIP）数据

此生只为守敦煌 ：常书鸿传 / 叶文玲著．—杭州 ：浙江人民出版社，2020.6（2020.9重印）
ISBN 978-7-213-09666-2

Ⅰ．①此… Ⅱ．①叶… Ⅲ．①常书鸿（1904-1994）–传记 Ⅳ．①K825.81

中国版本图书馆CIP数据核字（2020）第032862号

此生只为守敦煌：常书鸿传

叶文玲　著

出版发行：浙江人民出版社（杭州市体育场路347号　邮编　310006）
　　　　　市场部电话：(0571)85061682　85176516
责任编辑：余慧琴
特约编辑：陈巧丽
营销编辑：陈雯怡　陈芊如
责任校对：杨　帆　陈　春
责任印务：陈　峰
封面设计：罗信文　朱　珺　张雨彤
电脑制版：杭州天一图文制作有限公司
印　　刷：浙江印刷集团有限公司
开　　本：880毫米×1230毫米　1/32　　印　　张：15.5
字　　数：304千字　　　　　　　　　　插　　页：12
版　　次：2020年6月第1版　　　　　　印　　次：2020年9月第3次印刷
书　　号：ISBN 978-7-213-09666-2
定　　价：88.00元

如发现印装质量问题，影响阅读，请与市场部联系调换。